R 30645

Paris
1869

Caro, Edme-Marie

Nouvelles études morales sur le temps présent

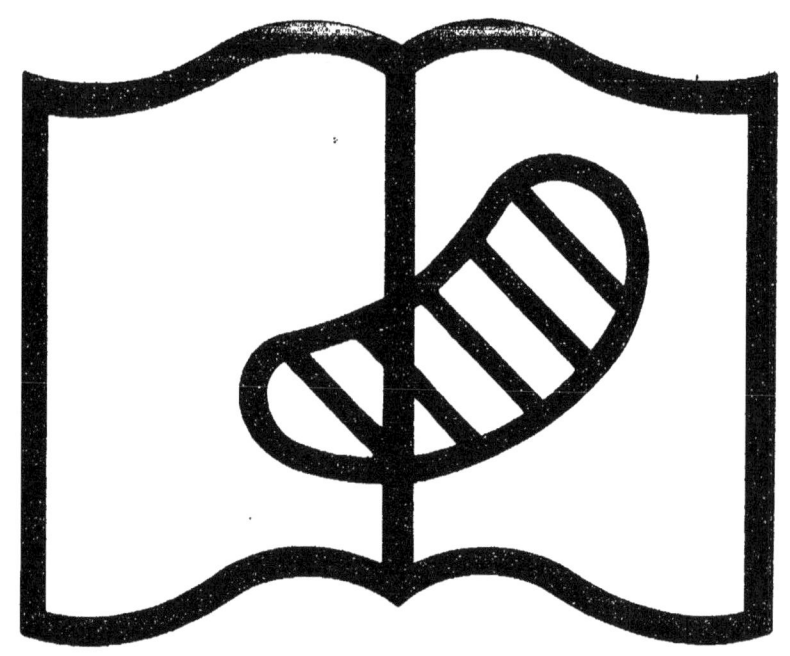

Symbole applicable
pour tout, ou partie
des documents microfilmés

Original illisible

NF Z 43-120-10

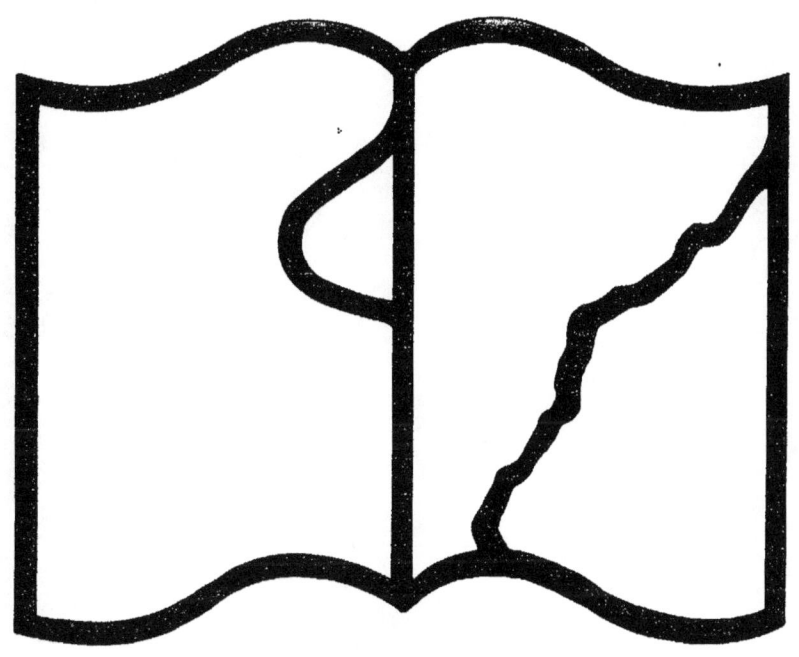

**Symbole applicable
pour tout, ou partie
des documents microfilmés**

Texte détérioré — reliure défectueuse

NF Z 43-120-11

NOUVELLES
ÉTUDES MORALES
SUR LE TEMPS PRÉSENT

OUVRAGES DU MÊME AUTEUR

A LA MÊME LIBRAIRIE :

Essai sur le Mysticisme au dix-huitième siècle. — Saint-Martin, le Philosophe Inconnu. In-8. 1852.

L'Idée de Dieu dans la critique contemporaine. — 4e *édition*. — In-18 (ouvrage couronné par l'Académie française).

La Philosophie de Goethe. — *Étude sur le panthéisme au dix-neuvième siècle.* — In-8. 1866 (ouvrage qui a obtenu le prix Bordin à l'Académie française).

Le Matérialisme et la Science. — 2e *édition*. — In-18. 1868.

SOUS PRESSE :

Études morales sur le temps présent. — 1re série. — 2e *édition, entièrement refondue.*

Imprimerie générale de Ch. Lahure, rue de Fleurus, 9, à Paris.

NOUVELLES
ÉTUDES MORALES

SUR LE TEMPS PRÉSENT

PAR E. CARO
MEMBRE DE L'INSTITUT

PARIS

LIBRAIRIE DE L. HACHETTE ET Cie

BOULEVARD SAINT-GERMAIN, 77

1869

Droits de reproduction et de traduction réservés

AVANT-PROPOS.

Nous réunissons ici quelques morceaux détachés, sous un titre qui nous a déjà servi une fois pour une publication semblable, favorablement accueillie du public. Ce sont des essais de psychologie morale et littéraire écrits au jour le jour sous l'impression vive de quelques lectures ou de quelques incidents de la vie sociale, dans l'intervalle des études philosophiques auxquelles nous avons voué la meilleure part de notre temps. C'est comme une distraction et un repos dans la suite de notre travail accoutumé.

On me dispensera de marquer l'unité d'esprit qui relie entre elles ces différentes études sur l'*Hygiène morale*, sur *le Suicide dans ses rapports avec la civilisation*, sur *les Mœurs littéraires du temps présent*, et sur des personnalités aussi expressives, aussi profondément mêlées à la vie intellectuelle et morale de notre temps que M. de Lamennais et Henri Heine, étudiés dans le fond de leurs sentiments les plus intimes d'après leurs correspondances. — Ou bien cette unité se révélera d'elle-même, ou bien, dans le cas contraire, il est inutile de l'imposer d'avance au lecteur par un effort de synthèse toujours un peu artificiel, auquel personne ne s'intéresse.

Un seul morceau, *la Direction des âmes et la Vie intérieure au XVIIe siècle*, s'écarte du programme marqué par le titre du volume. C'est comme contraste avec la vie contemporaine que j'offre cette étude sur une littérature oubliée et sur des mœurs disparues.

NOUVELLES
ÉTUDES MORALES.

PREMIÈRE ÉTUDE.

DU SUICIDE
DANS SES RAPPORTS AVEC LA CIVILISATION.

J'inscrirai, dès les premières lignes de cette étude, un chiffre qui, à lui seul, en fera comprendre l'intérêt. Une statistique modérée porte à près de trois cent mille le nombre des suicides accomplis ou tentés en France depuis le commencement du siècle jusqu'en 1850. Se fait-on une juste idée de cette nécropole, aussi peuplée qu'une des villes les plus florissantes du monde?

Rien de plus simple que la question de la mort volontaire, si on la considère au point de vue du simple devoir, non compliqué de paradoxe ou de passion. La question est plus difficile si l'on veut sortir de la thèse morale, qui devient aisément vulgaire ou déclamatoire, si l'on veut pénétrer dans la psychologie douloureuse du suicide, scruter les influences générales, les causes particulières, les occasions qui ont pu l'emporter sur l'horreur naturelle de la mort, et déterminer l'homme, malgré ses vives répugnances, à cet acte désespéré. Il ne nous arrive pas de lire un seul de ces récits de suicide, auxquels la presse donne une publicité si périlleuse, sans que nous fassions effort pour nous représenter le drame des dernières heures et des décisions suprêmes. Nous essayons de reconstruire, avec quelques lignes de nécrologie banale, toute cette existence si fatalement terminée. Nous voudrions pénétrer les secrets de cette pauvre âme qui s'est jetée en proie, faire au juste la part de sa liberté en même temps que celle des influences mauvaises qu'elle a respirées, et, sans excuser l'inexcusable par de molles complaisances, marquer la responsabilité qui revient aux idées fausses, aux paradoxes malsains, aux systèmes déplorables qui sont comme les courants empoisonnés de l'atmosphère sociale.

Ce qu'il est fort difficile de faire avec exactitude pour un fait isolé, il est possible de le réaliser dans la mesure d'une précision suffisante pour un certain nombre de faits, groupés selon la loi des analogies. La psychologie emprunte ici de précieu ses lumières à la statistique. C'est ce que M. Brierre de Boismont a parfaitement compris en écrivant ce livre *du Suicide et de la Folie-Suicide*, qui nous fournit de curieux documents pour cette étude [1]. Cet ouvrage est rempli de chiffres, mais de chiffres intelligents, de ces chiffres qui veulent dire et qui disent quelque chose. M. de Boismont, médecin distingué, a étudié ce problème du suicide contemporain avec une curiosité émue et un zèle infatigable, qui nous ont valu de riches matériaux. Une magistrature éclairée n'a pas hésité à lui ouvrir les archives du parquet de Paris, et c'est à cette libéralité exceptionnelle, mieux encore qu'à sa profession, que M. de Boismont a dû de si nombreuses et de si exactes informations, trésor funèbre, d'un prix inestimable pour la philosophie qui tient compte du corps, comme pour la médecine qui croit à l'âme. C'est grâce à ces quatre mille cinq cent quatre-vingt-quinze dossiers, consultés avec ardeur, analysés dans leurs parties les plus curieuses et donnant matière à des rapprochements du plus vif intérêt, que l'auteur a pu écrire les deux chapitres les plus considérables et les plus nouveaux de son livre, l'un consacré à l'*exposé des causes prédisposantes et*

---

[1]. *Du Suicide et de la Folie-Suicide*, par A. Brierre de Boismont, docteur en médecine de la faculté de Paris.

déterminantes du suicide; l'autre à l'*analyse des derniers sentiments exprimés par les suicidés dans leurs écrits.* La lecture de ces deux chapitres est une des plus instructives et en même temps des plus navrantes que l'on puisse faire sur le sujet qui nous occupe. On pensera, en les lisant, que ce n'est là ni une pure spéculation de philosophe, cherchant *a priori* les causes probables ou possibles du suicide, ni la fantaisie lugubre d'une imagination déréglée, exploitant la Morgue au profit d'un intérêt équivoque. On se souviendra que c'est un compte rendu exact, authentique, écrit sur des procès-verbaux impassibles. Voilà ce qu'il faudra penser en lisant ces pages où la statistique s'élève à de si hautes leçons, et peut-être l'on frémira.

Nous avons conçu le sujet à notre manière. Mais sans les secours que M. de Boismont a mis si libéralement à notre disposition, il nous eût été impossible d'amener cette étude à ce degré d'exactitude et de précision que nous voudrions lui donner.

I

Un des points de vue les plus intéressants et peut-être le plus utile de tous dans la question du suicide, est l'étude de ses rapports avec les formes

diverses de la civilisation. Il y a des pays et des
siècles tristement privilégiés, où le suicide se multiplie dans des proportions effrayantes. Il y a des
contrées, au contraire, et des temps où la mort volontaire devient un crime tout à fait rare et presque
monstrueux. A quoi tient cette différence ? La douleur
est partout ; elle ne change pas avec les degrés de
longitude non plus qu'avec les époques. Elle est à
peu près toujours la même, variant d'expression
et d'aspect, non d'intensité, et frappant sans relâche sur le cœur humain. Les passions, qui sont l'éternel aliment de la souffrance, ne changent guère
non plus : c'est l'amour et son délire, l'orgueil et
ses exaltations trompées, la jalousie et ses tortures. Comment donc se fait-il que les mêmes causes, éternellement subsistantes, ne produisent pas
toujours le même résultat ? On a voulu réduire
toute la question à une question de climat. On a
dit, par exemple, que si l'Angleterre est la terre
classique du suicide, cela tient au brouillard qui
porte à la mélancolie, tandis que le suicide est
très rare chez les peuples du midi, l'air qu'on y
respire faisant aimer la vie. Explication bien insuffisante et qui ne rendrait pas compte de ces holocaustes humains dont les bords du Gange ont
été si souvent le théâtre. Je ne sache pas non plus
que le suicide soit en honneur chez ces peuples
relégués aux extrémités glacées du pôle, là où le

climat le plus âpre devrait inspirer les plus sinistres tristesses, chez les Lapons par exemple, ou chez les Samoyèdes. D'ailleurs, au train dont nous y allons en France, nous enlèverons bientôt à l'Angleterre cette triste gloire d'être la terre privilégiée du suicide[1], et l'argument du climat tombera de lui-même. Je ne prétends pas nier les influences mélancoliques de la nature, et je sais trop bien dans quelle étroite amitié l'homme vit avec le sol, le ciel et la mer de son pays, pour ne pas reconnaître et marquer la part de ces affinités mystérieuses de l'homme avec le climat qu'il habite. Mais il y a une cause bien plus active, qui pénètre plus profondément l'homme, et qui explique d'une manière plus vraisemblable ces différences; c'est la civilisation. J'entends par là, sans vouloir faire de définition en règle, ce *milieu moral* d'idées, de désirs, de besoins et d'intérêts généraux, dans lequel nous naissons et nous vivons, cette atmosphère de principes et de croyances que notre âme respire et qui entretient en nous, en la renouvelant insensiblement, la vie immatérielle. On n'échappe pas à ces influences vives, mais presque insaisissables, qui nous pénètrent à notre insu et de tous les côtés à la fois, par l'éducation, la conver-

---

1. C'est déjà fait, paraît-il. Voir plus loin, à la page 64, une note de M. Legoyt communiquée à l'Académie de médecine de Paris.

sation, la lecture et enfin par l'inévitable participation de chaque homme à la vie générale de l'humanité. On est irrésistiblement de son temps et de son pays; tous ne subissent pas, dans la même mesure, l'action des doctrines régnantes ; mais inégalement tous la subissent. Si cette atmosphère est saine et pure, on respire la santé ; si elle est viciée et malsaine, on respire la fièvre, et si tous n'en meurent pas, si tous ne sont pas même gravement malades, tous, du moins, inévitablement, souffrent : c'est la loi, et il ne faut pas nous en plaindre, car c'est cette loi physique à la fois et morale qui consacre, pour ainsi dire, sensiblement la solidarité sacrée des hommes et qui les contraint, même au sein de l'isolement que crée l'égoïsme ou l'orgueil, à se reconnaître frères au moins dans la fraternité de la souffrance.

Il nous serait aisé de démontrer la réalité de cette grande loi par des considérations générales, si nous n'avions hâte d'arriver aux faits, qui, aux yeux de plusieurs personnes, sont toujours plus concluants que des raisonnements. Mais les faits eux-mêmes se chargeront de parler pour nous, et de faire ce que je pourrais appeler la philosophie du sujet. Ils nous diront que tantôt la civilisation est calme, et qu'alors la vie individuelle est reposée, uniforme, lente, qu'elle s'écoule paisiblement au sein d'un horizon borné, sans secousses d'aucune sorte, sans grand bonheur et sans catastrophe. L'homme, né sur un sillon, prend les bornes de son champ pour celles de son espérance. Il ne livre pas son cœur aux désirs chimériques, et meurt dans le lit de son aïeul. C'est alors, qu'au sein de ces existences uniformément immobiles, la tentation du suicide est rare, presque inconnue. Tantôt, au contraire, la civilisation est comme surexcitée, ardente, fiévreuse, et la vie de chacun se ressent profondément de ces ardeurs et de ces fièvres; l'imagination s'échauffe, le désir s'exalte; des horizons immenses, inconnus s'ouvrent; des espérances frénétiques agitent l'âme de ces générations affolées, des ambitions colossales poussent en tout sens l'activité haletante ; des émulations gigantesques produisent une concurrence désespérée; c'est alors le contraste de fortunes fabuleuses, improvisées par d'incroyables jeux du hasard, et de catastrophes inouïes, précipitant au fond de l'abîme des rêves insensés. Dans ce conflit de désirs et de déceptions immenses, le suicide joue le rôle de ce dieu des tragédies antiques qui intervenait au dénoûment. Tous ne peuvent pas réussir dans cette mêlée furieuse de la vie. A ceux qui échouent, il reste la ressource de mourir.

Voilà ce que nous diront les faits, ces témoins incorruptibles. Ils nous diront aussi quelle influence directe, immédiate, les idées dominantes d'un siècle ou d'un pays exercent sur la tentation du suicide. La mort volontaire n'est pas seulement l'effet presque inévitable des agitations fiévreuses d'une société en travail ; elle peut être aussi la conséquence d'un dogme religieux ou d'un système philosophique, ou encore d'une mode poétique et toute littéraire. Ces influences diverses font essentiellement partie de la civilisation, et ce n'est encore là qu'une autre face de la même question. — C'est une loi, que le suicide devient rare ou se multiplie selon les croyances ou les convictions d'un siècle. C'est une loi, qu'il prend exactement la forme, l'empreinte des idées régnantes, et qu'il reproduit avec une étonnante fidélité l'état des âmes aux époques principales de l'histoire. Cette démonstration, on pourrait la faire en suivant la triste histoire du suicide à travers les différents âges de l'humanité, depuis le sacrifice mystique du Brahmane à l'Infini qui l'entraîne dans ses mystérieuses profondeurs, jusqu'à l'école Stoïcienne, ouvrant aux âmes romaines cette issue vers la liberté ; depuis la doctrine Druidique, envoyant le Gaulois, joyeusement affranchi de la vie, dans un monde meilleur, jusqu'au suicide littéraire des fils rêveurs de Werther et de René.

On n'attend pas de nous cette histoire régulière et approfondie. A peine pourrons-nous, dans les limites que nous nous sommes fixées, tracer les lignes générales de cette étude. Nous choisirons trois ou quatre points de l'histoire de l'humanité, auxquels nous ramènerons notre démonstration ; nous serons obligé de négliger tout le reste. Encore n'est-ce pas une étude savante que nous comptons présenter sur ces époques choisies par nous; c'est une esquisse morale, rien de plus.

L'Orient s'offre d'abord à nous, et dans l'Orient, l'Inde, ce berceau des peuples. Laissons de côté la chronologie sans fond de cette antiquité fabuleuse, les savantes ténèbres qui pèsent sur les origines de ces grandes philosophies religieuses, les inventions bizarres de ces théogonies tissues de mystères, les hérésies gigantesques qui divisent depuis tant de siècles ces populations de l'Indus et du Gange. Allons tout de suite à ce qui nous intéresse. Le suicide a été une tradition permanente parmi ces populations fanatiques. — Ce ne fut pas une des aventures les moins merveilleuses du pèlerinage armé et civilisateur d'Alexandre au fond de l'Orient que sa rencontre, à Taxila, avec ces philosophes qui vivaient nus sur les bords du Gange et que les Grecs appelèrent les *gymnosophistes*. C'était la Grèce face à face avec les Brahmanes. Il n'en faut pas douter ; aux traits circonstanciés que nous ont laissés Arrien, Plutarque, Strabon, sur cette apparition étrange qui avait si vivement frappé l'imagination de la Grèce, les gymnosophistes étaient bien des sectateurs de Brahma, et le premier manifeste de leur doctrine qu'ils donnèrent au conquérant et à son armée, ce fut un suicide. Mandanis, le chef de ces philosophes, avait refusé de suivre Alexandre. Calanus seul avait consenti, mais on dirait que ce fut pour mourir avec plus d'ostentation, en présence de l'armée étrangère, à laquelle il donna l'étrange spectacle de sa mort, au milieu d'une pompe magnifique préparée par les soins du roi. Alexandre se retira avant la fin de cette cérémonie cruelle, qui devait répugner à une âme élevée, comme elle devait choquer les habitudes de la civilisation grecque. Plutarque prétend que César eut, à son tour, son gymnosophiste qui se brûla comme celui d'Alexandre. Ce fut par ces holocaustes sinistres que la philosophie indienne se révéla à la Grèce et à Rome. On voit que ce fanatisme extravagant date de loin dans les mœurs de l'Inde, et l'on sait que les Brahmanes se tuent aujourd'hui avec la même facilité que du temps d'Alexandre, sous l'inspiration insensée des mêmes doctrines. Ce n'est pas par individus, comme chez nous, qu'il faut compter les suicides sur cette terre mystique, c'est par centaines d'individus, c'est par milliers. Ce sont moins des suicides individuels que des hécatombes humaines, exigées chaque année par la superstition homicide, qui fait à la fois la terreur et la volupté de ces peuples. Est-il besoin de rappeler ces fêtes monstrueuses où l'on voit l'idole de Djaggernat se promener sur les corps écrasés de ses adorateurs, et ces dévotions tristement bizarres par lesquelles des sectes entières de pénitents se condamnent à d'horribles et lents supplices? Par une sorte d'émulation atroce, c'est à qui inventera les souffrances les plus raffinées. Le tout n'est pas de quitter la vie, il faut encore immoler ingénieusement le corps ; il faut le sacrifier dans des tortures nouvelles, et l'imagination se met ainsi au service de ce goût fanatique de la mort. On sait que le Bouddhisme, en pénétrant au Japon, a introduit sur cette terre les mêmes mœurs et les mêmes folies qui règnent depuis un temps immémorial sur le sol sacré de l'Inde. Les récits de Charlevoix nous montrent avec quelle exaltation ces malheureux sectateurs d'un culte impitoyable s'entassent dans des barques qu'ils poussent au large, et se laissent submerger en chantant des hymnes, ou bien encore comment, se faisant ensevelir vivants dans des cavernes, ils s'y laissent mourir en bénissant leur destinée. On le sait, le fanatisme développe des forces surhumaines, et ce n'est qu'une foi implacable qui peut donner cette trempe à ces courages violents et froids.

Là est le secret de tant d'énergie dépensée à

souffrir et à mourir. Sans entrer dans l'analyse des doctrines qui séparent l'Orient indien en deux mondes irréconciliables, le monde qui suit le culte de Brahma et celui dont le Bouddhisme s'est emparé, disons que ce qui fait également le fond de ces religions, qui comptent par centaines de millions leurs sectateurs, c'est le sentiment vague de l'Infini, abîme sans fond dans lequel vient s'absorber toute forme périssable, toute âme individuelle, après les étapes successives d'une laborieuse métempsycose. Tous ces vastes systèmes ont ce trait commun de proposer à l'homme, comme le plus grand objet auquel il puisse aspirer, une félicité finale, parfaite, l'émancipation et la délivrance. Il importe assez peu de savoir de quelle sorte sera cette félicité idéale. Sera-ce la réunion finale avec l'Ame suprême comme le promettent les Brahmanes? Sera-ce, au contraire, comme le veulent les Bouddhistes, le repos du Nirvâna, l'*apathie parfaite*, l'existence dépouillée de tout attribut corporel, et considérée comme la suprême béatitude, une cessation de tout mouvement, une négation de tout mode d'être et de sentir, un repos absolu qui ressemble au sommeil du néant? Nous laisserons ces graves questions à débattre aux indianistes. Qu'il nous suffise de savoir, pour le sujet que nous traitons, que la doctrine de la *délivrance*, c'est-à-dire de la mort finale de l'individu, absorbé dans le grand Tout, est le fond de toute la théogonie et de la morale indoue, qui, des bords du Gange, s'est répandue sur les innombrables populations de l'Asie. On comprendra mieux, alors, comment le suicide est le dénoûment de cette lutte du principe individuel, illusion de l'être, contre le principe universel qui rappelle dans son ample sein toutes ces existences dispersées et ces âmes errantes. On aura le secret de tous ces suicides accomplis avec le calme le plus parfait, sous le coup de l'exaltation intérieure, quand on saura que la mort n'est pas pour l'Indou ce qu'elle est pour nous, l'angoisse de l'inconnu ou l'incertitude du jugement suprême. Pour lui, las de la vie et impatient de l'être ou du néant divin, la mort n'est rien que le sacrifice agréable d'une personnalité chétive et souffrante, c'est un évanouissement mystique et un voluptueux ravissement dans l'Infini.

Des rives du vieil Indus, transportons-nous à l'autre extrémité du monde connu des anciens, chez nos ancêtres les Gaulois, disciples des Druides. Le trait essentiel qui a frappé tous les historiens de l'antiquité, c'est une bravoure incomparable, un calme inouï devant le danger, une insouciance parfaite de la mort. « Heureux ces peuples, a dit Lucain dans des vers souvent cités, heureux dans leur erreur ces peuples que regarde le Nord ! La plus grande des craintes, la terreur de la mort, ne les tourmente pas. De là ces cœurs si hardis à courir sur le fer, ces âmes capables de la mort, cette idée qu'il ne faut pas épargner une vie qui va revenir. » La mort n'était pour eux qu'un accident. Pénétrés de l'espoir d'une émigration dans les régions splendides du firmament, déjà peuplées de leurs ancêtres et de leurs amis, ils s'élançaient d'un cœur vaillant vers cette vie nouvelle qui n'était guère que la continuation de la vie présente. On faisait librement des emprunts dont l'échéance était dans l'autre monde. Le dogme druidique de l'immortalité n'était plus, comme dans l'Inde, la croyance à un repos éternel dans le néant ou bien à une apothéose dans l'Ame universelle. Non, c'était le même monde prolongé, c'était la personnalité humaine continuée sur quelque globe céleste. On comprend qu'avec de telles espérances, mourir était un jeu. Aussi voit-on, à travers les documents imparfaits qui nous restent de l'antique civilisation de nos aïeux, apparaître l'habitude de la mort volontaire comme une tradition profondément nationale. On mourait pour accompagner un ami aux rives lointaines. D'autres fois, on mourait pour le sauver d'une maladie, et ces remplaçants volontaires de la grande armée de la mort partaient, sans regret, pour la patrie mystérieuse.

En Grèce et à Rome, la doctrine du suicide eut

une tout autre origine. Elle se répandit dans le monde antique comme un enseignement philosophique plutôt que comme un dogme religieux. Platon a des paroles élevées pour interdire le suicide. C'est lui qui, le premier, a comparé l'homme au soldat qui doit garder le poste où l'a placé la volonté des dieux. Mais, en d'autres endroits de ses écrits, sa sévérité semble fléchir, et dans les *Lois*, il admet tant de circonstances atténuantes qu'il semble, au nom de la philosophie, lever l'interdiction qu'il avait mise ailleurs, au nom de la volonté divine, sur la mort volontaire. Après lui, après Aristote, il y a comme un grand relâchement de doctrine qui ne pouvait être que très-favorable au dogme du suicide. Le doute tempéré des académiciens, le doute absolu de Pyrrhon et de son école aboutissaient trop ouvertement à l'indifférence en morale et à l'incertitude de la vie future pour ne pas énerver le ressort de la volonté humaine et ne pas prédisposer l'âme, lasse d'elle-même, à demander le repos au néant. On croit qu'Arcésilas et Carnéade, au déclin d'une longue vie, avancèrent l'heure de la mort qui tardait trop à leur gré. L'école cynique, cette mère brutale et grossière du stoïcisme, forma Diogène, ce Socrate en délire, comme l'appelait Platon, qui termina par le suicide son existence orgueilleusement bizarre. On sait l'histoire de ce descendant vaniteux de Diogène, le cynique Peregrinus, qui, au second siècle de l'ère chrétienne, monta solennellement sur le bûcher, en présence de toute la Grèce assemblée aux jeux olympiques, parodiant à sa manière les martyrs chrétiens dont il n'avait ni l'humilité ni la foi : spectacle impie et triste dont un sot orgueil faisait tous les frais. Les philosophes de Cyrène, sectateurs éloquents de la volupté, produisirent les premiers une apologie régulière et doctrinale du suicide. On a conservé quelques traits des apologies que présentait Hégésias, un des maîtres les plus entraînants de cette école. Considérant le bonheur comme l'unique fin de l'action humaine, il recherchait par quels moyens on pouvait l'atteindre, et arrivait à cette conclusion, qu'il développait avec une rare habileté : le bonheur est une chose imaginaire qui se dérobe à tous nos efforts ; les maux l'emportent sur les biens, et les biens eux-mêmes, les rares jouissances que nous éprouvons, n'ont rien de réel ni de durable, puisque l'habitude les émousse et que la société peut nous les ravir. Toute sa doctrine se résumait dans cette maxime. « La vie ne semble un bien qu'à l'insensé ; le sage n'éprouve pour elle qu'indifférence, et la mort lui paraît tout aussi désirable. » C'est ainsi qu'il passait en revue, avec un scepticisme désolant, tous les biens de la vie, les vertus, les sentiments, les jouissances du cœur comme les avantages du corps et de la fortune. Il voulait que le sage s'habituât à mépriser la reconnaissance et l'amitié, la bienfaisance et l'estime des autres, sa liberté enfin, tous biens illusoires dont la jouissance précaire ne peut enivrer que des esprits vulgaires ou abusés. Il avait le talent de peindre l'existence humaine sous de si tristes couleurs, qu'un grand nombre de ses auditeurs, pris d'un invincible dégoût pour la vie, se tuèrent en sortant de ces dramatiques leçons ; d'où lui vint le surnom de *Pisithanate* (qui conseille la mort). L'influence de ce prédicateur de la mort devint un véritable péril, et le roi Ptolémée, effrayé de la contagion de sa parole, fit fermer cette école, qui était devenue une école publique de suicide. Une doctrine beaucoup plus élevée, le stoïcisme, mit la liberté humaine sous la sauvegarde de la mort. Nous retrouverons cette philosophie à Rome et nous verrons quels résultats elle y produisit. Rappelons seulement ici que le fondateur de la secte, Zénon, déjà vieux et brisé par l'âge, se donna la mort, léguant à ses disciples un exemple qui trouva de nombreux imitateurs.

A Rome, nous n'avons pas à nous occuper des innombrables suicides qui eurent leur origine dans des circonstances particulières, soit le dévouement à la patrie, qui se montra dans la mort de Décius ; soit la fierté de l'amour conjugal, que l'on vit éclater avec tant de force dans le courage de Porcia, la femme de Brutus, d'Arria, la femme de Pœtus, de Pauline, la femme de Sénèque ; soit enfin le sentiment de la chasteté offensée, qui se produisit dès les premiers temps à Rome dans le trépas héroïque de Lucrèce. Nous ne voulons nous occuper ici que du suicide philosophique et politique, inspiré par des doctrines, et mettant en relief certains principes. A Rome, en effet, le suicide devient toute une philosophie, toute une politique, tout un système.

Je voudrais résumer en peu de mots cette doctrine non sans prestige, qui servit de refuge à tant d'âmes incapables de lutter avec fruit, mais incapables de se soumettre. C'est dans Sénèque surtout que l'on trouve la revendication de ce prétendu droit de l'homme sur lui-même. Il s'efforce d'établir que l'homme peut mourir, quand il ne lui plaît pas de vivre. Le suicide est l'acte énergique par lequel l'homme prend possession de lui-même, s'affranchit des servitudes inévitables et proclame solennellement sa liberté en face de l'humanité qui plie sous le joug de la fortune. Le sage ne peut jamais être esclave ; il a sa liberté dans sa main. Il tend son effort à maintenir son indépendance, et sait, quand il le faut, chercher un abri où nulle tyrannie ne peut l'atteindre. Il conserve ainsi son inaltérable félicité, prêt à mourir pour la garder intacte, et se mettant par sa vertu au-dessus des dieux; car le bonheur des dieux est le privilége de leur nature, la félicité du sage est une conquête de sa liberté. C'est là le fond de la démonstration, le reste est du pur oratoire. Cette fière doctrine eut pour elle, à Rome, un double prestige : le prestige de l'opposition républicaine et l'éclat des grands noms qui s'y rallièrent. Ce prétendu droit de l'homme sur lui-même, Caton le revendiqua dans Utique, Brutus à Philippes, Sénèque et Thraséas à Rome. Il se propagea sous l'auspice de ces noms consacrés et devint le dogme favori de cette minorité menacée du sénat romain, qui sut du moins soutenir avec honneur, par des morts illustres, la tradition de la république expirante. Ils ne défendaient plus qu'une ombre, ces républicains de la dernière heure; ils ne couvraient de leur gloire qu'un principe abstrait; mais n'est-ce donc rien que de savoir mourir ainsi, même pour un grand souvenir ou pour une belle chimère? Le stoïcisme romain a eu le tort de s'étaler en spectacle au monde, comme sur un théâtre. Il a eu le tort plus grave encore de déclamer. Mais est-ce une raison pour déclamer contre lui? En défendant les stoïciens contre des accusations excessives, je ne prétends pas m'associer à leurs apologies du suicide. De tout temps il sera vrai que la vie qui sait se rendre utile aux autres l'emportera infiniment sur celle qui ne cherche qu'à s'honorer elle-même par un sacrifice stérile et orgueilleux. Encore est-il vrai pourtant qu'en l'absence d'une plus noble doctrine, qui devait apprendre à l'humanité la science supérieure du dévouement, il y a de la grandeur dans ces morts volontaires, qui étaient moins un suicide qu'une protestation. Doctrine fausse, soit; mais de telles erreurs ne vont ni à des cœurs vulgaires, ni à des âmes lâches.

Ce ne fut pas seulement le dogme stoïcien de la liberté qui arma le bras des Romains contre eux-mêmes, ce fut aussi le dogme de la volupté. La secte d'Épicure ne marchandait pas ses victimes. Après avoir répété souvent que la mort est bonne quand il n'y a plus de joie dans la vie, elle se frappa dans quelques-uns de ses plus illustres maîtres. Est-il bon d'attendre la mort et ne vaut-il pas mieux la prévenir ? A quoi sert de différer l'heure inévitable, à quoi sert de disputer quelques jours précaires à la fortune, quand ces jours ne sont plus comptés que par des chagrins ou des souffrances ? Tandis que l'école stoïcienne disait à ses fiers adeptes : « La force t'écrase ; mais personne n'est maître de toi ; tu tiens dans ta main ta liberté, » la doctrine d'Épicure soufflait l'ivresse de la mort à ses sectateurs : « Tu as épuisé la vie jusque dans ses dernières jouissances ; tu n'as plus rien à attendre d'elle que la douleur, les infirmités, la vieillesse. Une dernière libation ; mais cette fois sache y mêler quelques gouttes d'un poison subtil. Bois la mort; aussi bien n'est-ce pas encore le bonheur que le repos? » Telle était la dernière leçon et la suprême sagesse de la volupté antique. Ainsi les deux plus célèbres doctrines de la morale païenne aboutissaient au même terme, la mort, seul remède d'une vie ennuyée d'elle-même ou d'un courage épuisé par la lutte. Et l'on mourait ainsi, sans espérance et sans regret. Ce serait sans doute une témérité de ranger le suicide d'Antoine parmi les suicides épicuriens. Et pourtant, si la cause de sa mort fut toute politique, la forme au moins fut celle d'une mort épicurienne, préparée à loisir avec toute sorte de précautions jalouses pour en écarter la souffrance, acceptée ensuite avec la résignation du fatalisme voluptueux, quand l'heure fut venue. On sait qu'Antoine et Cléopâtre avaient formé en Égypte une académie de la mort (les co-mourants), dont tous les membres s'étaient engagés à mourir ensemble et dont l'unique occupation était la recherche des moyens les plus doux pour finir gaiement la vie[1]. Cléopâtre manqua au rendez-vous funèbre et ne s'y rendit que plus tard, quand elle y fut contrainte. — Lucrèce, ce grand poëte, qui

---

1. Plutarque, *Vie d'Antoine*.

sut chanter en vers énergiques et brûlants le dogme aride d'Épicure, donna à sa vie le triste dénoûment d'un suicide, accompli dans les plus mystérieuses circonstances. Pétrone, le peintre de l'orgie romaine, joua jusqu'au dernier instant avec le suicide, se faisant ouvrir successivement et refermer les veines, comme pour goûter plus à loisir l'âcre volupté de la mort. A mesure que les temps avançaient vers le déclin, les suicides se multipliaient sans mesure. Étrange contraste auquel l'histoire de toutes les civilisations, usées par leur excès même, devra nous habituer ! Au sein de la volupté, naît un goût étrange, désordonné pour la mort. Il y a du sang au terme de toutes les orgies. Quand on a épuisé toutes les sensations de la vie, il s'éveille un appétit nouveau pour une sensation suprême, celle qui la termine. On a remarqué que les âmes impures ont je ne sais quelle jouissance malsaine à voir souffrir ou même à souffrir, et que le suicide a été souvent le dernier rêve de la débauche. Les Romains de la décadence, épuisés de volupté, fatigués de ne rencontrer jamais au bout de leurs désirs que les mêmes plaisirs éternellement prévus, jetaient dans une dernière fête leur vie et se plongeaient avec une sorte d'impatience dans cet inconnu de la mort qu'ils croyaient être le néant.

Le mépris de la vie, voilà un phénomène que

nous présentent invariablement tous les siècles de décadence. Il semble que l'existence n'ait plus de prix, quand il n'y a plus nulle part un noble but où elle puisse tendre. L'humanité, lasse d'elle-même, fatiguée de voluptés sans but, laissait couler la vie avec le sang de ses veines épuisées. Elle se laissait mourir, n'ayant plus la force de vivre. Il était temps qu'une doctrine plus austère à la fois et plus humaine vînt retenir la main violente de l'humanité, tournée contre elle-même ; il était temps que le christianisme vînt arrêter cette insouciance de la mort, et rendre à la vie sa haute signification, l'épreuve, à la liberté humaine son but, le devoir, à l'âme enfin le secret perdu de ses immortelles destinées.

A ma connaissance c'est saint Augustin, le premier, qui, dans une argumentation subtile et pressante, a formulé dans les termes les plus exprès et les plus dogmatiques la réprobation du suicide. Je résume les principaux arguments développés dans une série de chapitres de la *Cité de Dieu* : « Ce n'est point sans raison que, dans les livres saints, on ne saurait trouver aucun passage où Dieu nous commande ou nous permette, soit pour éviter quelque mal, soit même pour gagner la vie éternelle, de nous donner volontairement la mort. Au contraire, cela nous est interdit par le précepte : *Tu ne tueras point*.... Ces termes sont absolus, et la loi divine n'y ajoute rien qui les limite ; d'où il suit que la défense est générale, et que celui-là même à qui il est commandé de ne pas tuer ne s'en trouve pas excepté. — On peut admirer la grandeur d'âme de ceux qui ont attenté sur eux-mêmes, mais à coup sûr on ne saurait louer leur sagesse. Et même, à examiner les choses de plus près et de l'œil de la raison, est-il juste d'appeler grandeur d'âme cette faiblesse qui rend impuissant à supporter son propre mal ou les fautes d'autrui? Rien ne marque mieux une âme sans énergie, que de ne pouvoir se résigner à l'esclavage du corps et à la folie de l'opinion. Il y a plus de force à endurer une vie misérable qu'à la fuir, et les lueurs douteuses de l'opinion, surtout de l'opinion vulgaire, ne doivent pas prévaloir sur les pures clartés de la conscience.... On cite Caton qui se donne la mort à Utique. Oublie-t-on que ses propres amis, hommes éclairés tout autant que lui, s'efforcèrent de l'en dissuader, ce qui prouve bien qu'ils voyaient plus de faiblesse que de force d'âme dans cette résolution. Au surplus, Caton lui-même s'est trahi par le conseil donné en mourant à son fils bien-aimé. Si, en effet, c'était une chose honteuse de vivre sous la domination de César, pourquoi le père conseille-t-il au fils de subir cette honte, en lui recommandant de tout espérer de la clémence du vainqueur? Pourquoi ne pas l'obliger plutôt à périr avec lui? La vérité est qu'autant il aima son fils, sur qui ses vœux et sa volonté appelaient la clémence de César, autant il envia à César la gloire de lui pardonner. — Nos adversaires ne veulent pas que nous préférions à Caton le saint homme Job, qui aima mieux souffrir dans sa chair les plus cruelles douleurs, que de s'en délivrer par la mort. Eh bien! prenons dans leurs propres livres l'exemple de Régulus. Vaincu après avoir été vainqueur, il aima mieux se résigner et rester captif, que s'affranchir et devenir meurtrier de lui-même. Inébranlable dans sa patience à subir le joug de Carthage, et dans sa fidélité à aimer Rome, il ne consentit pas plus à dérober son corps vaincu aux ennemis qu'à sa patrie son cœur invincible. Quelle leçon pour les chrétiens, adorateurs du vrai Dieu et amants de la céleste Patrie! » Après cette réfutation vive et serrée du stoïcisme, saint Augustin passe en revue les différents prétextes que l'on peut alléguer en faveur de la mort volontaire. « Une femme est en péril de subir les derniers outrages? Mais où réside la chasteté? dans l'âme ou dans le corps? Évitera-t-on, par un crime certain, la faute incertaine d'un autre? — Si la mort volontaire était désirable comme un refuge contre le péché, vous seriez conduit à conseiller aux hommes de se donner la mort au moment où l'eau du baptême vient de les régénérer.

Un tel langage ne serait-il pas criminel? — On allègue l'exemple de quelques saints en certains cas où la foi nous assure qu'ils ont agi par une permission expresse du Créateur. Permis à celui qui sait qu'il est défendu d'attenter sur soi-même de se tuer, si c'est pour obéir à celui dont il n'est pas permis de mépriser les ordres; mais qu'il prenne garde que l'ordre ne soit pas douteux. Nous ne prétendons pas au jugement des choses cachées. Ce que nous disons, ce que nous affirmons, ce que nous approuvons en toutes manières, c'est que personne n'a le droit de se donner la mort, ni pour éviter les misères du temps, car il risque de tomber dans celles de l'éternité; ni à cause des péchés d'autrui, car, pour éviter un péché qui ne le souillait pas, il commence par se charger lui-même d'un péché qui lui est propre; ni pour ses péchés passés, car s'il a péché, il a d'autant plus besoin de vivre pour faire pénitence; ni enfin, par le désir d'une vie meilleure, car il n'y a point de vie meilleure pour ceux qui sont coupables de leur mort. »

Nous avons tenu à citer quelques traits de cette argumentation décisive, parce qu'elle rompt avec les doctrines antiques, et qu'elle fixe d'une manière définitive l'idée chrétienne sur le suicide. Les conciles firent bientôt passer cette doctrine dans la législation canonique. Il faut suivre cette curieuse histoire dans les savantes recherches de M. Bourquelot. Le concile d'Arles, en 452, déclare que la mort volontaire ne peut être que l'effet d'une fureur diabolique. Les conciles de Bragues, d'Auxerre, de Troyes, les instructions pastorales du pape Nicolas Ier refusent aux suicidés les prières de l'Église et la sépulture chrétienne. De la loi religieuse, ces sévérités passèrent dans les lois civiles du moyen âge, qui poursuivaient le crime du suicide dans l'honneur et dans la fortune des familles, et faisaient ainsi survivre le châtiment au criminel.

Nous n'avons pas à poursuivre cet historique dans les détails. Ce que nous voulons marquer, ce sont les grandes influences religieuses, philosophiques ou sociales sur le suicide. Ce que nous voulons marquer, dans le cas spécial dont il s'agit, c'est l'autorité décisive du christianisme dans cette grande question, où la philosophie antique avait souvent erré. C'est par l'effet de l'enseignement chrétien que l'idée d'un crime s'est associée irrésistiblement à l'idée de la mort volontaire, et s'est emparée si fortement de la conscience moderne. Le christianisme parvint ainsi à rétablir le sentiment de la dignité de la vie dans les âmes, où ce sentiment s'était complétement perdu. Il apprit à l'homme à respecter en soi ce principe mystérieux de l'existence qui nous a été donné comme un instrument non de volupté ou d'orgueil, mais de lutte salutaire et d'épreuve. La vie avait dès lors un grand but, le perfectionnement de l'âme, et l'âme elle-même, que la corruption romaine avait jetée en proie aux rêves les plus effrénés de la débauche, reprenait aux yeux de la raison chrétienne un prix infini, rachetée comme elle l'était par les souffrances, par la mort d'un Dieu. Tel était l'enseignement de l'Église, et il ne fallait pas moins que cette doctrine pour arrêter la tentation universelle du suicide dont le monde semblait possédé. Il fallut une législation rigoureuse pour changer violemment, à cet égard, les habitudes païennes, et ce ne fut pas une des moindres conquêtes du dogme nouveau, d'avoir ramené l'âme au respect de la vie, d'avoir réprimé cette fureur de l'homicide personnel, qui n'était qu'une des formes du mépris de l'humanité.

On se tromperait pourtant, si l'on supposait que ces prescriptions sévères, terribles de l'Église suffirent à supprimer complétement cette maladie dans les âmes. Une maladie morale, comme celle du suicide, peut être réprimée ; elle ne disparaît jamais complétement, et laisse toujours sa trace dans le monde, parce qu'elle n'est que l'effet extrême des passions, et que tant qu'il y aura des passions, c'est-à-dire des hommes, il y aura des désespoirs violents et des colères furieuses contre la vie. Grégoire de Tours nous rapporte avec horreur quelques traits de suicide, où il voit non-seulement l'inspiration, mais la main du démon. Il nous suffira de rappeler le désespoir de Mérovée, fils de Chilpéric, pris par les soldats de son père, et qui força son ami Gaïlen à le percer d'un coup de poignard. Citons encore le comte Palladius, qui, dépouillé de sa province et menacé de périr, fut pris d'une sorte de délire, et deux fois s'élança sur son épée.

Ce sont là des suicides politiques, guerriers, laïques, si je puis parler ainsi. Mais il est curieux et triste de voir la mort volontaire pénétrer jusqu'au sein des monastères et dans le sanctuaire de l'Église. La vie religieuse elle-même ne défendait pas de cette tentation certaines âmes inquiètes et malades. Le démon de la tristesse, si vigoureusement combattu par saint Chrysostome dans l'âme affaiblie de Stagyre[1], s'abattait de temps à autre sur de pauvres moines perdus au fond de leur cellule et ignorés du monde. Il faut lire dans Cas-

---

1. Voir dans le *Cours de littérature dramatique* de M. Saint-Marc Girardin, qui a touché avec une si délicate justesse à toutes ces questions, la profonde analyse de cette tristesse particulière, l'*athumia*, dont l'âme de Stagyre est possédée et qui n'est pas autre chose que le premier symptôme de la maladie moderne de Werther et de René. (*Cours de Littérature dramatique*, Ier vol., p. 93.)

sien, dans Vincent de Beauvais, dans Césaire, la description de cette terrible maladie qui, à certaines époques, désolait les pieuses et savantes retraites où s'abritait la vie intellectuelle et morale de ces temps profondément troublés. Les écrivains ecclésiastiques donnèrent un nom grec à cette maladie, et l'appelèrent *acedia*. L'excès de cet ennui maladif conduisait droit au suicide, et c'est avec un frisson d'épouvante que les pieux chroniqueurs nous en citent quelques exemples douloureux. C'est une religieuse, d'un âge avancé, d'une vertu exemplaire, qui se sent tout à coup troublée par le mal de tristesse, et tourmentée de l'esprit de blasphème, de doute et d'incrédulité. Elle se croit damnée, se désespère et se précipite dans la Moselle, d'où on la retire vivante. C'est un frère convers qui se noie dans une heure de délire. C'est une religieuse séduite par les *artifices magiques d'un moine*, et qui, folle d'amour, incapable de résister à la tentation, veut sortir du couvent. On l'en empêche, elle se précipite dans un puits et meurt. C'est Baudoin, moine de Brunswick, qui, la tête affaiblie par les veilles et le travail, se pend à la corde de la cloche de son couvent. C'est un vieux moine, Héron, qui, troublé tout d'un coup par le démon de la tristesse, se noie. Ainsi, il y avait un sentiment plus fort que la doctrine même du christianisme, plus fort que la foi, plus fort que l'espérance du salut, et qui, à certaines heures, signalait sa présence par de terribles victoires; c'était une insupportable tristesse, un incurable ennui. En vain certaines âmes, malades du dégoût de la vie, cherchaient au fond des asiles sacrés un refuge contre elles-mêmes. Toutes ne trouvaient pas la guérison dans le repos mystique de la contemplation et de la prière; plusieurs languissaient à l'écart dans de mortelles tristesses; quelques-unes souffraient jusqu'à aimer mieux mourir, et la foi vaincue cédait en frémissant à l'horrible joie de la mort. Qu'il fallait souffrir pour que, dans cet âge de la simplicité dans la foi, à l'ombre des tabernacles où résidait le Dieu vivant, la pensée du suicide triomphât de la crainte de l'enfer éternel! Qui nous redira le gémissement de ces pauvres âmes blessées à mort? Mais ces vieux murs mystiques ont gardé leur secret, et ce n'est qu'avec peine qu'on peut suivre à la trace du sang ces histoires ensevelies dans le passé.

En dépit de l'*acedia* et de ses ravages, en dépit de l'hallucination démoniaque qui fit tant de victimes pendant le moyen âge, il faut bien dire qu'en somme, sous la loi chrétienne, le suicide est rare, surtout dans ces temps où la croyance était naïve et forte, la vie laborieuse, la souffrance réelle, la lutte quotidienne contre la famine, la peste, les maux de la guerre. Ce qui montre, mieux que toute autre preuve, que ces faits sont rares, c'est qu'ils ont frappé l'imagination contemporaine d'une sorte de frayeur mystérieuse. Chaque suicide est pour les chroniqueurs le crime inexpiable de Judas. Le récit ne s'en fait qu'avec une pieuse horreur. On peut dire que le moyen âge est comme un point d'arrêt dans l'histoire du suicide.

Pendant toute cette époque où le dogme chrétien règne sans conteste sur les consciences, la mort volontaire apparaît encore de temps à autre; mais ce n'est plus comme autrefois une doctrine, c'est une révolte contre la règle acceptée. Quand vint le protestantisme, il eut de nouvelles condamnations contre le suicide. Luther déclare formellement que Dieu est le maître unique, absolu, de la vie et de la mort. Calvin et Théodore de Bèze ne sont pas moins explicites. On connaît cette lettre admirable de Jane Grey au docteur Aylmers, écrite la veille de sa mort, et dans laquelle cette pauvre reine de neuf jours, cette femme, presque un enfant, raconte quel pieux raisonnement elle opposa aux tentatives de son fidèle serviteur Asham, qui voulait la soustraire par le poison aux ignominies du dernier supplice, et qui l'excitait à la mort volontaire en lui proposant les exemples antiques. « Les anciens, dit-elle, élevaient leur âme par la contemplation de leurs propres forces; les chrétiens ont un témoin, et c'est devant lui qu'il faut vivre et mourir : les anciens voulaient glorifier la nature humaine, et mettaient au premier rang des vertus la mort qui soustrait au pouvoir des oppresseurs ; les chrétiens estiment davantage le dévouement qui nous soumet aux volontés de la Providence. » Ainsi pensait, ainsi mourut cette aimable et douce reine, qui a su émouvoir le cœur de la postérité par ce qu'il y a de plus touchant au monde, la grâce dans l'infortune.

Mais en face du catholicisme qui renouvelle ses arrêts, et du protestantisme qui proclame qu'à Dieu seul appartient le droit sur la vie, voici la Renaissance qui revendique les fiers priviléges du stoïcisme et renouvelle l'école philosophique du suicide. Le réveil éclatant des sciences et des lettres, l'admiration de la savante antiquité, la passion de l'imitation, le prestige des grands noms et des morts illustres, le goût renaissant pour le paganisme, l'ébranlement des croyances, voilà autant de causes énergiques qui contribuèrent puissamment à modifier les idées du moyen âge sur la mort volontaire. Alors se produisent de toutes parts des apologies philosophiques. Thomas Morus, dans son *Utopie*, admet, en certains cas, la légitimité du meurtre de soi-même. Un autre Anglais, Jean Donne, compose, sous la double inspiration de la Renaissance qui exalte son esprit et de la misère qui l'opprime, un livre intitulé : « *Suicide*, démonstration de cette thèse : l'homicide de soi-même n'est pas si naturellement un péché, qu'il ne puisse être vu autrement ; dans laquelle la nature et l'étendue de toutes les lois qui semblent être violées par cet acte, sont soigneusement passées en revue. » En France, Montaigne est un apologiste enthousiaste de la mort stoïcienne, et il exprime sa sympathie décidée pour le trépas de Caton, qu'il glorifie à chaque instant, j'allais dire qu'il déifie. « Ce personnage-là, nous dit-il, feut véritablement un patron que nature choisit pour montrer où l'humaine vertu et fermeté pouvait atteindre..... Son trépas lui procura je ne sçay quelle esjouissance de l'âme, et une émotion de plaisir extraordinaire et d'une volupté virile. » — Et ailleurs : « Le sçavoir mourir nous affranchit de toute subjection et contrainte.... La plus volontaire mort, c'est la plus belle. La vie despend de la volonté d'autruy, la mort de la nostre. En aucune chose, nous ne devons tant nous accommoder à nos humeurs qu'en celle-là. La réputation ne touche pas une telle entreprise, c'est folie d'en avoir respect. Le commun train de la guarison se conduit aux despens de la vie ; on nous incise, on nous cautérise, on nous destruit les membres, on nous soustrait l'aliment et le sang ; un pas plus outre, nous voilà guaris tout à fait. » Sur ce point, Montaigne, c'est Sénèque ressuscité dans la plus pure tradition de l'école stoïcienne du suicide. Aussi voit-on se multiplier, à cette époque, les morts volontaires, presque toutes frappées à l'effigie antique. M. Bourquelot, dont nous abrégeons à regret les curieuses recherches, cite entre autres le neveu du comte de Peterborough, Philippe Mordaunt, qui se tua au sein même du bonheur; Richard Smith, qui en fit autant après avoir perdu toute sa fortune; Charles Blount, traducteur de la vie d'Apollonius de Tyane, qui se perça d'un couteau pour ne pas succomber à une passion criminelle; Bonaventure des Périers, l'auteur du *Cymbalum mundi*, qui *s'enferra de son épée* dans un moment de désespoir; Jérome Cardan, mathématicien et philosophe célèbre, qui avait prédit l'époque de sa mort, et qui, pour ne pas recevoir de démenti de la nature, la força à lui obéir en mourant de faim. Un trépas presque antique est celui de Philippe Strozzi, ce Romain égaré au seizième siècle. Fait prisonnier par le grand-duc Côme Ier, son ennemi, et accusé d'avoir pris part à l'assassinat du duc Alexandre Ier, il préféra se tuer plutôt que de s'exposer à révéler, dans la torture, le nom de ses amis : « Si je n'ai pas su vivre, dit-il, du moins je saurai mourir. » Son testament porte l'empreinte de la fierté républicaine et des réminiscences classiques : « Au Dieu libérateur ! Pour ne pas rester plus longtemps au pouvoir de mes barbares ennemis, qui m'ont injustement et cruellement emprisonné, et qui peuvent me contraindre, par la violence des tourments, à révéler des choses nuisibles à mon honneur, à mes parents, à mes amis; moi, Philippe Strozzi, j'ai pris la seule résolution qui me restait, toute funeste qu'elle me paraisse pour mon âme, la résolution de mettre fin à ma vie de mes propres mains. Je recommande mon âme à la souveraine miséricorde de Dieu, et je le prie humblement, à défaut d'autre grâce, de lui accorder, pour son dernier asile, le séjour où habitent les âmes de Caton d'Utique, et des hommes vertueux qui ont fait une semblable fin. » Tout l'esprit du seizième siècle a passé dans ces dernières paroles.

Le dix-septième siècle est une époque relativement calme, où la vie se régularise, où s'apaisent les ardeurs fiévreuses du siècle précédent. Les croyances, un instant ébranlées, se rétablissent dans les âmes. La philosophie spiritualiste ajoute aux espérances de la foi celles de la raison. Les inquiétudes du seizième siècle se pacifient; c'est un siècle organique, et ces époques privilégiées de l'histoire ont un caractère de solide grandeur et de paix animée qui se concilie mal avec les maladies morales dont le suicide est le terme. C'est au dix-huitième siècle, et surtout au déclin du siècle qu'à la veille d'un monde nouveau, les inquiétudes se réveillent, des pressentiments agités parcourent l'Europe et la conscience humaine, touchée d'un indéfinissable malaise, se tourmente dans les impatiences et les langueurs d'une attente passionnée. Ce mal sans nom, et qui n'est que l'éveil confus de l'esprit moderne, va produire une école nouvelle de suicide. L'âge de Werther commence.

II

La maladie de Werther, qu'on a si souvent appelée le mal du siècle, est une maladie complexe. Il s'y rencontre un peu de tous les éléments humains, et chaque faculté de l'âme y apporte son tribut : c'est l'imagination stérilement active et se tourmentant dans le vide; c'est la volonté avec ses misères, ses défaillances, ses troubles; c'est la sensibilité aux prises avec d'irréalisables désirs. C'est toujours et surtout une sorte de mélancolie amoureuse d'elle-même. Cette tristesse, d'un genre tout particulier, est née du christianisme sans doute, mais d'un christianisme altéré par des sentiments tout modernes. Au fond du caractère de Werther et des innombrables personnages qu'il a inspirés, vous rencontrerez la double influence d'une sorte de poésie rêveuse qui se détourne de l'action, et d'un scepticisme vaniteux qui aime à se replier sur lui-même dans une véritable idolâtrie.

Je voudrais définir avec quelque soin ce sentiment nouveau de la mélancolie passionnée, jouissant de sa douleur même, savourant ses blessures, chérissant et caressant sa souffrance secrète. Nous ne rencontrons presque rien de pareil dans l'antiquité, rien d'analogue dans la littérature du dix-septième siècle.

L'esprit antique avait sa tristesse, mais c'était, si on peut le dire, une tristesse épicurienne, née de la satiété, et regrettant que la jouissance, toujours renouvelée, ne durât pas une éternité. A part la mélancolie exceptionnelle du philosophe Héraclite, à part aussi quelques notes mystérieuses échappées à l'âme de quelques poëtes tels qu'Eschyle, Pindare, Lucrèce et Virgile, les Romains, comme les Grecs, épris des biens de la terre, ne se plaignaient guère que de la brièveté de la vie et du rapide passage de la prospérité. Saisissons l'heure présente ; nous ne savons pas ce que l'heure prochaine nous apportera de trouble et d'ennui ; jouissons : la mort peut venir, qui flétrira ces couronnes de fleurs sur nos têtes. Ainsi chantait Anacréon ; ainsi chantait Horace.

Le christianisme apprit au monde une mélancolie plus digne, plus élevée, plus féconde en grandes pensées : c'est celle qui s'inspire dans le sentiment profond du néant de la vie en face de l'éternité, du néant de l'homme en face de Dieu. L'idée de l'infini, une fois éveillée dans l'âme humaine, ne lui laissera plus de repos ni de paix. Une inquiétude étrange poursuivra l'homme jusque dans ses joies, et tout le bonheur de cette terre ne suffira pas à remplir la capacité de ses désirs, s'il a une seule fois goûté cette ivresse sacrée. Il y a donc dans le christianisme le germe d'une immortelle tristesse, et toute la littérature, toute la philosophie chrétienne en a ressenti l'influence. Cette religieuse tristesse, elle respirait déjà dans les psaumes des Hébreux, dans le livre de *la Sagesse*, dans le livre de Job surtout. Elle marque d'une ineffaçable empreinte chaque page des Pères de l'Église. Elle anime la littérature du dix-septième siècle, la plus haute éloquence comme la plus haute poésie. C'est elle qui dictait à Corneille ces stances où Polyeucte, au seuil de l'éternité, jette l'anathème du martyr aux voluptés du monde. Elle inspirait Pascal écrivant ces incomparables *Pensées* qui renferment l'infini dans une phrase. Elle empreint la grande parole de Bossuet d'une poésie presque lyrique. Mais remarquons-le bien : au fond de la mélancolie chrétienne, il y a des idées positives et précises, qui soutiennent l'âme et qui la dirigent :

cette mélancolie a un objet défini, des limites fixées. L'âme que ce sentiment possède sait à quoi se prendre dans la vie ; elle ne s'abandonne pas à de stériles rêveries ; elle s'assujettit à des pratiques réglées, qui sont à la fois une discipline et un appui ; elle économise le temps de son épreuve au profit de son éternité. Elle ne s'abîme pas en Dieu, même dans la prière ; elle se contient avec force ; elle ne s'aventure pas dans les voies détournées et périlleuses ; et si l'âme inquiète et subtile de Fénelon cède un instant au charme des rêveries mystiques, la voix de l'Église le rappelle aussitôt aux vérités simples et à la pratique. Le sentiment religieux a donc un caractère positif ; il se règle sur un dogme ; il ne rêve pas, il agit.

La mélancolie moderne a, elle aussi, pour origine, le sentiment douloureux de ce qu'il y a d'incomplet dans la destinée de l'homme ; mais tandis que l'esprit chrétien s'appuie sur cette considération pour s'élancer de la sphère du temps dans la sphère de la foi, l'imagination moderne, altérant le sentiment de l'infini par un sentiment de doute inquiet, se complaît dans la méditation de ce contraste douloureux qui existe entre les vœux de l'homme et la réalité, entre ses désirs immenses et sa destinée si étroitement mesurée par l'imperfection de ses facultés. Il y a là un vague terrible, un je ne sais quoi d'indécis et d'indéterminé qui offre un singulier et périlleux attrait. L'imagination s'y perd avec délices; la volonté s'y anéantit. L'existence n'est plus qu'un songe agité. Sous l'empire de cette tristesse rêveuse, l'âme souffre et jouit à la fois. Elle souffre de ce vide immense que la sensibilité lui fait trouver dans la vie, de ces déceptions de l'intelligence et du cœur qui avaient rêvé une science ou un amour impossible; de ce tourment ineffable que produit en nous la pensée de l'infini, quand nous n'arrêtons pas cette pensée sous la forme précise d'une croyance, d'une espérance ou d'une prière; mais elle jouit en même temps de ses rêves, même ébauchés, de ses facultés, quoique incomplètes, de sa souffrance même, qui est un prétexte pour s'occuper de soi et se concentrer dans une contemplation perpétuelle qui ressemble à une adoration. Il y a quelque douceur à souffrir ainsi; mais, ne l'oublions pas, cette complaisance idolâtrique de l'âme pour elle-même l'énerve insensiblement; elle la rend incapable d'agir, elle détend le ressort de la volonté, et si c'est là une disposition romanesque, avouons au moins que ce n'est pas un état moral et sain. L'incapacité d'agir amène bientôt l'impuissance de vivre. L'âme, éternellement appliquée à s'analyser, devient irritable à l'excès, impatiente des obstacles; elle se fatigue de la vie, c'est-à-dire de l'effort ; elle se laisse peu à peu gagner par la curiosité de la mort. En dehors de la foi, il n'y a plus pour l'âme, après la vie, qu'un immense inconnu ; cet avenir mystérieux sollicite la pensée comme une indéchiffrable énigme : au terme de ces vagues tristesses, sans remède parce qu'elles sont sans cause, apparaît l'idée du suicide, comme l'unique moyen d'échapper à la fatigue de vivre et de connaître le mot de la destinée, s'il y en a un.

Tel est le sentiment de la mélancolie qui va produire, à la fin du dix-huitième siècle, l'école littéraire du suicide. Cette école on la connaît : Werther, Jacopo Ortis, Manfred, René, Obermann, Adolphe, Raphaël, Jacques, voilà la triste famille de ces héros dont Hamlet est l'aïeul. C'est à Shakspeare, en effet, que remonte la paternité véritable de cette race maladive. Mais la pensée de Shakspeare ne devint féconde qu'à la fin du dernier siècle. On ne comprit le délire d'Hamlet qu'après avoir senti les souffrances de Werther. Gœthe portera dans l'histoire la responsabilité de ce type romanesque de la passion et de la mélancolie. C'est lui qui a donné un nom à cette maladie de l'esprit moderne.

Le prodigieux succès de Werther, qui fut beaucoup plus qu'un succès littéraire, prouve incontestablement que Gœthe avait exprimé autre chose que des émotions de fantaisie ou des sentiments individuels. C'était une douleur vraie qui parlait dans ce livre, et la génération à laquelle il s'adressait l'accueillit avec enthousiasme, en y reconnaissant une partie de son âme, quelques-unes de ses passions, de ses rêveries et de ses tristesses. Quand Werther parut, seize années avant la Révolution française, il y avait partout comme une sorte de langueur maladive et d'attente passionnée. On pressentait que quelque chose allait mourir, que quelque chose allait naître; l'esprit était à la fois éveillé et inactif. On était en suspens devant l'avenir qui se préparait, mais on n'agissait pas, parce qu'on ne voyait nulle part un but où dût tendre utilement l'action. Cette oisiveté fébrile se tournait aisément en rêveries délirantes, en amours chimériques, aliments d'une imagination ardente et désœuvrée. Ne sachant où se prendre, on se prenait à des passions factices qu'on aimait à se forger à soi-même, pour donner un but à sa vie. Mais le rêve ne soutient pas longtemps l'activité; il lui faut de plus solides appuis, et cette activité, un instant amusée avec des chimères, s'abattait bientôt et ne laissait à l'âme que le sentiment amer du vide. Le néant de l'âme agité par des rêves, n'est-ce pas là le caractère de cette génération à la fois enthousiaste et sceptique, métaphysique et sentimentale, faible de volonté, violente de passions, pleine de contradictions et de caprices, dédaignant l'action et périssant par l'oisiveté, que Werther nous représente dans un relief si saisissant?

Mais pourquoi essayer de rendre compte de cette situation morale? Personne ne l'a mieux décrite que Gœthe lui-même, dans cette page de ses *Mémoires* dont nous empruntons la traduction vivante et animée à M. Philarète Chasles. Nulle part, le *mal de la vie* n'a été plus finement analysé. Gœthe, c'est Werther, jusque dans ses souffrances, jusque dans la tentation du suicide. Mais Werther, c'est plus qu'un homme, c'est toute une génération : « Au milieu d'études stériles, privé de mobile et d'excitation, je traînais une vie languissante. Il me semblait que le but de ma vie n'était pas atteint; et mon orgueil se révoltait contre une destinée sans rapport avec mes désirs, contre une existence sans but et sans honneur. La connaissance intime et le goût de la littérature anglaise que je n'avais point cessé d'approfondir augmentait encore l'intensité de mes tristes méditations. Dans la plus heureuse situation imaginable, il arrive que le défaut d'activité, joint à un vif désir d'action, nous précipite vers le besoin de la mort, nous donne soif du néant. Nous demandons alors à l'existence beaucoup plus qu'elle ne peut nous donner; et ces impôts exorbitants que nous prélevons sur elle ne pouvant être ni durables ni suffisants à l'immense avidité de nos sensations, nous cherchons à nous débarrasser, insensés que nous sommes, d'une vie qui ne correspond plus avec la hauteur et l'exigence capricieuse de nos pensées. Je sais ce que m'ont coûté de souffrances toutes ces spéculations, je sais aussi quels efforts j'ai dû faire pour me délivrer de leur obsession constante ; la vogue qu'a obtenue *Werther* m'a prouvé que ces mêmes idées, si maladives qu'elles fussent, ne m'étaient point particulières ; je ne cacherai donc ni les douleurs que je partageais avec les hommes de mon siècle, ni ces méditations sur le suicide, méditations qui ont absorbé une grande partie de ma jeunesse. — Tout, je l'avoue, me semblait monotone dans la vie. En proie au dégoût, insensible à l'amour, je n'entendais plus cette voix douce de la nature qui, à des intervalles réglés, nous appelle à jouir de ses métamorphoses merveilleuses. Je ne puis mieux comparer cette situation qu'à la surdité du malheureux dont l'ouïe blessée ne perçoit plus aucun son. Lessing se courrouçait contre l'éternelle verdure du printemps ; il eût voulu que les feuillages, au lieu de cette verdure toujours la même, se fussent, pour changer, teints de pourpre ou d'azur. J'ai connu un Anglais qui se pendit pour échapper à l'ennui de s'habiller tous les jours, et un honnête jardinier qui, appuyé sur sa bêche, s'écriait du ton de la désolation la plus sincère : « Verrai-je toujours ces nuages maudits aller d'un bout du ciel à l'autre ? » — Souvent la puissance de cette maladie morale se proportionne aux qualités et aux vertus du malheureux qui en est victime. La faveur des grands, le caprice des amitiés et des amours, tous les accidents de la destinée humaine, blessent une âme irritable et fébrile : faibles dans nos combats contre nos vices, nous sommes harassés de cette lutte interminable. Nous retombons sans cesse dans les mêmes erreurs ; souvent elles tiennent à nos vertus mêmes, et dans l'impuissance où nous sommes de séparer les unes des autres, désespérés de notre débilité incurable, nous nous déterminons à triompher d'elles par un coup de poignard. — Telles étaient les pensées dont l'influence dangereuse dominait mon imagination assombrie. J'avais longtemps médité sur les moyens divers dont l'homme peut se servir pour se délivrer de l'existence. La mort d'Othon surtout excitait mon admiration ; vaincu, mais encore maître d'une partie du monde, il pense avec douleur aux victimes dont son ambition jonchera bientôt le champ de bataille ; il se résout à ne pas commettre ce crime, à sortir de la vie, à renoncer à l'empire et à la lumière du jour. Ses amis, convoqués à un grand festin, sont loin de pénétrer ce dessein de leur empereur et de leur héros. Le lendemain matin, on le trouve dans son lit, calme, un poignard dans le sein. De tous les suicides, c'est peut-être celui qui prouve chez son auteur le plus de force d'âme et de liberté d'esprit. — Je possédais une assez belle collection d'armes antiques, entre autres un poignard de forme élégante, richement monté, et dont la pointe aiguë eût accompli, en peu d'instants, sous une main assurée, ce que Shakspeare nomme la *grande action romaine*. Plus d'une fois, je l'appuyai sur mon sein ; la force me manqua ; je ne tardai pas à reconnaître que cette soif de la mort n'était chez moi que la fantaisie d'un désœuvrement lugubre. Je me pris à rire de moi-même et je fus guéri. Cependant les mêmes sentiments d'ennui qui m'avaient obsédé me tourmentaient encore. Il me fallait une œuvre poétique dans laquelle je pusse consigner pour mon repos ces tristes pensées ; c'était le seul moyen de leur donner l'essor et de m'en délivrer en les exprimant. Dans ce moment le bruit de la mort du jeune Jérusalem se répandit ; le plan de *Werther* fut aussitôt tracé ; l'ouvrage, conçu d'un seul jet, fut écrit de même ; et les fantômes, qui venaient d'obséder ma jeunesse, prirent une réalité qui acheva ma guérison. »

On sait comme les souffrances du jeune Werther passionnèrent l'Allemagne et plus tard la France.

On sait aussi que Gœthe lui-même, qui avait jeté dans le monde ce grand gémissement, fut effrayé quand tous les échos le lui renvoyèrent si profond et si prolongé. Les vrais poëtes sont ainsi les interprètes de l'âme universelle, dans ses inspirations et ses souffrances, à un moment déterminé de l'histoire; ils ne sont aussi grands qu'à la condition de traduire des émotions générales; ils subissent l'influence des idées ou des sentiments de leur époque ou de leur pays, et c'est parce qu'ils ont donné une expression à ces idées qui ne pouvaient se définir, à ces sentiments qui s'ignoraient encore, c'est parce qu'ils ont su faire parler le cœur de l'humanité, qui avant eux n'avait ni parole ni voix, que l'humanité les consacre comme ses poëtes privilégiés. Mais cette influence de leur siècle, qu'ils ressentent si profondément, ils la renvoient au siècle, multipliée à l'infini. Ils agissent à leur tour, et avec une incroyable puissance, sur la génération qui avait agi sur eux. Gœthe avait puisé l'inspiration de *Werther* dans le sentiment profond des souffrances de son temps; il avait eu pour collaborateur, dans cette œuvre unique, l'esprit rêveur de son pays et de son époque. Mais, à son tour, il inspira toute une génération et lui donna ce goût de mélancolie, cette curiosité de la mort, cette susceptibilité souffrante, cette passion pour l'analyse, dont il avait formé le caractère de son héros. Il répandit au loin la contagion du désespoir poétique. Son œuvre fut donc à la fois une cause et un effet. Le roman était né d'une douleur vraie et d'une émotion générale; cette douleur, il en propagea le goût, j'allais dire le culte; cette émotion, qui avait été une souffrance, il en fit une mode, et le suicide, pendant plus de quarante années, porta l'uniforme de Werther.

Gœthe n'avait eu qu'une tentation vague de suicide, et il s'était décidé à faire mourir Werther à sa place. Un quart de siècle après, Chateaubriand, obsédé du même dégoût de la vie, poussait les choses beaucoup plus loin que Gœthe; le hasard seul le sauva, s'il faut en croire les *Mémoires d'Outre-Tombe :* « Me voici, nous dit-il, arrivé à un moment où j'ai besoin de quelque force pour confesser ma faiblesse. L'homme qui attente à ses jours montre moins la vigueur de son âme que la défaillance de sa nature. Je possédais un fusil de chasse dont la détente usée partait souvent au repos. Je chargeai ce fusil de trois balles, et je me rendis dans un endroit écarté du Grand-Mail. J'armai ce fusil, j'introduisis le bout du canon dans ma bouche, je frappai la crosse contre terre; je réitérai plusieurs fois l'épreuve, le coup ne partit pas : l'apparition d'un garde suspendit ma résolution. Fataliste sans le vouloir et sans le savoir, je supposai que mon heure n'était pas arrivée, et je remis à un autre jour l'exécution de mon projet. Si je m'étais tué, tout ce que j'ai été s'ensevelissait avec moi; on ne saurait rien de l'histoire qui m'aurait conduit à ma catastrophe; j'aurais grossi la foule des infortunés sans nom : je ne me serais pas fait suivre à la trace de mes chagrins, comme un blessé à la trace de son sang. » Il ne se guérit pas, comme Gœthe, même en écrivant *René*, et toute sa vie, selon son énergique expression, ne fut qu'un long bâillement d'ennui. Au fond de ces dégoûts superbes, quelle part faut-il faire à la vanité blessée? Que de petitesses dans ces désespoirs qui jettent le défi à la vie et au monde! Que de Renés on aurait sauvés en les nommant ministres à propos!

Le *mal du siècle* existait pourtant, et il y aurait mauvaise grâce à le nier obstinément. Cette inquiétude, cet ennui du monde, cette lassitude de la vie, cet élan souvent trompé mais indomptable vers les choses invisibles, la passion du romanesque incapable de se plier aux petits devoirs que chaque jour et chaque heure amène, l'appétit de l'âme qui veut, comme dit Gœthe, boire la vie à la coupe écumante de l'infini, ce sont bien là les traits du lyrisme moderne, et ce lyrisme n'aurait eu ni tant de grandeur ni tant d'éclat, s'il ne s'était inspiré dans des sentiments sincères. A l'émotion panthéistique de Werther, substituez une religiosité vague, vous aurez les *Méditations* et les *Harmonies*. C'est le même genre de sublime enivrant, mélodieux et triste. Au fond, vous trouverez toujours le goût de la mort. Si Raphaël n'est pas une fiction, s'il a existé, il a subi, lui aussi, comme Gœthe et Chateaubriand, la tentation du suicide. « Oh! mourons! disait Julie; mourons et étouffons cet avenir douteux ou sinistre dans ce dernier soupir, qui n'aura du moins sur nos lèvres que la saveur sans mélange de la complète félicité! » — « Mon âme me disait au même moment et avec la même force ce que sa bouche me disait à l'oreille, ce que son visage me disait aux yeux, ce que la nature solennelle, muette, funèbre dans la splendeur de son heure suprême, me disait à tous les sens. En sorte que les deux voix que j'entendais, l'une au dehors, l'autre au dedans, me disaient les mêmes paroles, comme si l'un de ces langages n'eût été que l'écho ou la traduction de l'autre. J'oubliai l'univers, et je lui répondis : « Mourons!.... » J'enlaçai huit fois autour de son corps et du mien, étroitement unis comme dans un linceul, les cordes du filet des pêcheurs qui se trouvèrent sous ma main dans le bateau. Je la soulevai dans mes bras que j'avais conservés libres, pour la précipiter avec moi dans les flots. Au moment même où l'élan que j'avais pris allait nous engloutir à jamais ensemble, je sentis sa tête pâle se renverser, comme le poids d'une chose morte, sur mon épaule, et son corps s'affaisser sur ses genoux. L'excès des émotions, le bonheur de mourir ensemble, avaient devancé la mort même. Elle s'était évanouie dans mes bras. »

Descendons le cours du siècle, et nous rencontrerons dans la jeunesse rêveuse de Mme George Sand, sous l'influence de lectures romanesques, la même fascination de la mort : « Cela prenait, dit-elle dans *l'Histoire de ma vie*, la forme d'une idée fixe. C'était surtout l'eau qui m'attirait comme par un charme mystérieux. Je ne me promenais plus qu'au bord de la rivière, et ne songeant plus à chercher les sites agréables ; je la suivais machinalement jusqu'à ce que j'eusse trouvé un endroit profond. Alors, arrêtée sur le bord comme enchaînée par un aimant, je sentais dans ma tête comme une gaieté fébrile, en me disant : Comme c'est aisé, je n'aurais qu'un pas à faire ! D'abord cette manie eut un charme étrange, et je ne la combattis pas, me croyant bien sûre de moi même ; mais elle prit une intensité qui m'effraya. Je ne pouvais plus m'arracher de la rivière aussitôt que j'en formais le dessein, et je commençais à me dire *oui* ou *non!* assez souvent et assez longtemps, pour risquer d'être lancée par le *oui* au fond de cette eau transparente qui me magnétisait. » Un jour même, il paraît que le *oui* fatal gronda dans ses oreilles, le vertige de la mort s'empara d'elle, son cœur battit, sa vue se troubla; elle poussa brusquement son cheval à l'endroit le plus profond de la rivière. Sans le précepteur Deschartres, elle était morte.

Il nous a paru curieux de rapprocher les aveux de ces grands poëtes, qui tous se sont si fortement emparés de l'imagination moderne. Saisis de l'ennui de la vie, Gœthe, Chateaubriand, Lamartine, George Sand, ont traversé cette tentation du suicide. Ils nous représentent, dans le vif de la réalité, ce *mal du siècle*, que l'un d'eux a si bien défini en disant que c'est une maladie sans doute, mais une maladie dont le sentiment même est un attrait, au lieu d'être une douleur, et où la mort ressemble, comme celle des mystiques de l'Inde, à un voluptueux évanouissement dans l'infini. Ils ont vécu, ils ont souffert comme les héros de leurs romans ou de leurs poëmes. Ils ont été, ils sont Werther, ils sont René, Raphaël, Jacques. Ils ont créé toute une tradition de suicide, dont nous avons vu un dernier et sinistre exemple dans la mort de ce pauvre Gérard de Nerval, qui a ému si vivement Paris il y a quelques années. La misère ne suffit pas à expliquer ce triste dénoûment d'une existence à laquelle n'avaient manqué ni la sympathie publique ni l'amitié. Dans cette intelligence mélangée, il y avait eu toujours une lutte entre un bon sens français, presque voltairien et une imagination livrée aux fantaisies. Le rêve avait fini par tuer le bon sens, et, avec le bon sens, la vie. *La maladie de Werther* compta une victime de plus.

Faut-il nous étonner si de l'imagination assombrie de ces poëtes il est sorti une littérature romanesque, raisonneuse et enthousiaste, inspirant en même temps le mépris de l'activité humaine et la curiosité de l'invisible, énervant la volonté pour l'action et ne l'excitant que pour la passion, aimant à promener sans cesse l'imagination de la fatigue de la vie à l'inconnu de la mort; substituant enfin à l'austère tristesse du christianisme, qui, loin d'exclure l'action, la multiplie par la charité, une sorte de mélancolie inquiète qui aime à se concentrer dans l'agitation solitaire de ses rêves. Telle est cette littérature, véritable littérature du suicide, dont l'influence a été si grande sur la génération qui nous a précédés dans la vie.

Cette époque, il faut le dire, est déjà éloignée de nous, moins par la distance des années que par la différence des mœurs, et, bien que l'on rencontre encore des descendants éplorés de Werther, il faut avouer que leur nombre se restreint chaque jour et que les derniers survivants de cette race bientôt éteinte ressemblent fort à des anachronismes. Qu'on n'aille pas croire pour cela que le suicide diminue parmi nous ; la statistique nous répondrait qu'il se multiplie. Mais il a changé de caractère ; il tient à des causes nouvelles, qui n'ont plus rien de littéraire. Marquons brièvement quelques-unes des influences sociales qui peuvent agir sur l'extension du suicide contemporain.

Je ne veux pas calomnier mon époque. On est de son temps comme on est de son pays, et il y a une sorte de patriotisme qui consiste à ne pas trahir l'un plus qu'on ne trahit l'autre. Mais enfin, on ne me démentira pas si je dis que tous les progrès ne nous sont pas donnés à titre gratuit, et qu'il y a dans l'effort des sociétés modernes pour s'organiser sur leurs bases renouvelées, d'inévitables causes de souffrance. Ce sont là autant d'occasions pour le suicide, chaque souffrance nouvelle aboutissant à la tentation de la mort volontaire.

Un des caractères les plus incontestés de notre temps, c'est l'avénement de la démocratie. Il serait aussi puéril de nier les conquêtes éclatantes du principe nouveau que d'en contester les sérieux bienfaits. C'est la loi des temps et la démocratie ne peut qu'étendre de plus en plus sur les institutions et les mœurs son impérieux niveau. Il faut s'habituer aux conditions d'une société rajeunie, où le mérite seul doit distribuer les rangs, où la hiérarchie ne doit plus être que l'harmonie réglée des services et du talent. Qui ne voit du premier coup d'œil que la force de ce principe est dans son invincible équité? Mais qui n'en voit aussi les inévitables dangers? Que de perturbations dans la vie sociale! L'ordre ancien périssait par l'immobilité. L'ordre nouveau court les risques d'une mobilité excessive. Le principe démocratique abaisse les barrières et fait appel à l'activité intelligente des plus dignes et des meilleurs. Mais c'est l'élite que l'on appelait et c'est la foule qui se présente. Et quelle foule! Que de vanités ardentes! Que de médiocrités enflées! Que d'incapacités ambitieuses et de nullités avides d'emplois, d'honneurs, de fonctions! Et dès lors, que de déceptions, de désespoirs et d'imprécations furieuses contre la société! Il arrive aussi que, dans ces rangs pressés, plus d'un tombe en chemin, à qui son intelligence et son mérite semblaient promettre un meilleur sort. A ces infortunés une de ces deux choses a manqué: le caractère ou le bonheur. Il en est qui succombent, dans cette grande mêlée de la vie, par défaut d'énergie, de patience ou de conduite. Chez eux, la force morale n'a pas été au niveau des désirs ni de l'intelligence. La volonté a été inégale à la lutte, elle s'est abattue sous la douleur ou sous l'effort. Ils sont retombés dans les rangs inférieurs d'où leur talent devait les faire sortir. D'autres, bien plus dignes de sympathie, ont tout pour eux, en apparence au moins, le mérite, le zèle, la volonté fière et vaillante : une seule chose leur fait défaut, ce je ne sais quoi qui fait que sur deux jeunes gens d'une valeur égale, l'un réussit et l'autre échoue, et que j'appellerais le hasard ou le sort, si je ne croyais plutôt à quelque vice secret de caractère ou à quelque mystérieuse épreuve. Nous en avons connu de ces blessés de la vie, pour qui chaque ambition, même légitime, n'a été que l'occasion d'un désastre, pour qui chaque effort n'a été qu'un échec et dont l'existence tout entière est un avortement. Ce sont eux qu'il faut plaindre, ce sont eux qu'il faut consoler, qu'il faut chérir, si l'affection peut quelque chose sur ces incurables tristesses de l'activité trompée ! J'indique à peine quelques effets de cette concurrence inouïe, inévitable résultat du principe démocratique dans la société moderne. Mais ce que j'ai dit suffit pour montrer combien ces conditions nouvelles doivent contribuer à multiplier le suicide. Le prodigieux déclassement de ces activités ardentes, qui veulent à tout prix conquérir une place au soleil, la fièvre de l'ambition universelle, l'impuissance condamnée à rentrer dans son néant, l'intelligence trahie par une volonté médiocre, le talent mal servi par la fortune, voilà bien des causes qui doivent engendrer des désespoirs sinistres. Et tous les jours, ne voyons-nous pas en effet des malheureux se venger du sort, des hommes, ou d'eux-mêmes en désertant la vie? N'est-ce pas un chapitre de l'histoire contemporaine que nous écrivons?

Le progrès ! c'est un beau mot; bien plus, c'est une idée sainte. Mais prenons garde que le progrès matériel ne vienne tout seul, et n'amène après soi des maux terribles qu'il serait impuissant à guérir. Certes, c'est un beau spectacle de voir la science et l'industrie couvrir le globe d'œuvres prodigieuses et l'homme régner sur la nature, sur l'espace et le temps. Je m'associe par l'enthousiasme à ce mouvement miraculeux, et je ne veux être ni injuste, ni ingrat; surtout je ne veux pas déclamer. Mais à quoi servirait-il de fermer les yeux sur des périls, sur des entraînements qui tous les jours augmentent? La civilisation actuelle est-elle dans un état normal et sain ? On en peut douter à voir dans quelle effrayante proportion se développe chaque jour le contraste du luxe et de la misère. Et qu'on le remarque, la misère moderne est bien plus insupportable que ne l'était celle des temps passés. Elle a conscience d'elle-même; elle rougit d'elle-même; elle est aigrie et comme irritée encore par cette demi-instruction universelle qui flotte partout dans l'atmosphère, et que l'on respire même sans le vouloir; enfin, dernier supplice, elle est bien plus mêlée qu'autrefois, par le mouvement même de la vie moderne, à ces élégances exquises, à ces splendeurs enviées, qui sont le lot des heureux du siècle. Elle voit de plus près ce luxe, auprès duquel pâlissent les féeries des *Mille et une Nuits*. Toutes les tentations de l'imagination et des sens viennent tour à tour solliciter ce pauvre homme, grelottant de froid et de faim sous ses haillons, ou pis encore sous son habit noir râpé, à la porte des cafés à la mode, des théâtres, des bals. Peut-être cet infortuné, dans les mille vicissitudes de la vie sociale, a-t-il cru toucher un instant, lui aussi, à ce bonheur splendide qui passe maintenant sous ses yeux. N'est-ce pas assez d'une vision pareille, par une nuit d'hiver, pour que la Morgue reçoive un hôte de plus le lendemain?

Les besoins croissants du luxe ont éveillé, dans certaines classes sociales, une faim terrible, insatiable, un désir toujours inassouvi de richesse. Il y a des hommes, et ils sont en grand nombre, d'une intelligence rare, d'une effrayante activité, qui dévouent tout ce qu'ils ont de pensées et de forces à la poursuite d'une fortune fantastique. Ils n'estiment comme rien tout ce qui reste en deçà de leurs fabuleux désirs. Essayerons-nous de peindre ces fièvres honteuses de l'agiotage, ces espérances qui tiennent du délire, ces craintes qui touchent au désespoir? Montrerons-nous comment ces imaginations malades, en proie au vertige, se précipitent vers des mirages de millions? A quoi bon? Qui ne connaît cette maladie et ses effets? Quelle vie que cette vie jetée en proie à d'effrayants hasards, alternée de succès et de chutes, balancée perpétuellement des sommets aux abîmes! Quelle âpreté dans ces émulations folles, quelle course haletante et furieuse! Ces existences ne sont plus qu'un jeu gigantesque. Si l'on gagne, on double, on double encore, jusqu'à ce qu'on arrive au but fixé. Mais pour un qui atteint le but, combien le manquent et le manqueront toujours! Ils n'en jouent pas moins, mais avec fureur; et si la chance s'obstine à les trahir, ils mettent, pour dernier enjeu, leur vie : Un coup de dé encore, et s'ils ont perdu, ils meurent. — Est-ce la calomnie de notre époque? N'est-ce pas plutôt la trop faible peinture de quelques-uns de ses entraînements? Quelle révélation que cette mort récente du plus étonnant spéculateur des temps modernes, Sadleir, qui laissa derrière lui plus de cinquante mille victimes, et mourut en entraînant dans sa ruine des contrées entières! Je sais que ce spéculateur était de plus un faussaire et qu'il jouait avec des dés pipés. Je ne prétends pas en faire le type de l'agiotage ; à Dieu ne plaise ! Mais n'était-ce pas encore un effet des spéculations effrénées, que cette tentation infâme à laquelle le malheureux a succombé? — Qu'on ne l'oublie pas, à ce jeu terrible, insensé, on peut gagner ; cela se voit ; mais on peut perdre aussi ; cela se voit plus souvent encore, et perdre, c'est mourir, quand on a mis sa vie sur un coup de dé.

Tout le monde ne spécule pas, sans doute, tout le monde ne poursuit pas ces fabuleuses fortunes, qui sont la tentation de quelques esprits malades. Mais tout le monde, à peu d'exceptions près, désire passionnément le bien-être. Et que de conditions, que de ressources il faut pour composer ce qu'on appelle le bien-être aujourd'hui ! Où sont-ils maintenant ces sages d'autrefois auxquels la tradition attribue une vie modeste, et qui se faisaient, dit-on, une richesse de la modération de leurs désirs ? Aujourd'hui on est trop pressé de vivre. On vit trop et trop vite. La civilisation a la fièvre et la donne. On épuise son intelligence pour lui faire produire tout ce qu'elle peut, dans le moins de temps possible. On ne lui laisse le loisir ni de se préparer par l'étude, ni de se renouveler par le repos. On surmène son activité, on lui demande des prodiges, que l'on s'empresse de transformer en excès. La jouissance s'exagère, comme le travail. Chacun lance sa locomotive à toute vapeur, jusqu'à ce qu'elle éclate. Il n'y a pas eu d'époque où l'on ait plus audacieusement abusé de la vie. Il n'y en a pas eu où plus d'hommes soient tombés, au milieu de leur carrière, comme foudroyés. C'est Gœthe qui l'a dit : « Dans tous les genres, l'activité sans repos finit par la banqueroute. » Cette pensée pourrait servir d'épigraphe au temps présent. Et remarquez-le bien, cette banqueroute dont nous parle Gœthe, c'est celle de la raison ou de la vie, c'est la folie ou le suicide. Terrible alternative où vient aboutir l'activité désordonnée, dans une société peu soucieuse du devoir et pour qui Dieu devient de plus en plus une énigme. — Il y aurait enfin un long et douloureux chapitre à écrire sur l'instabilité de la vie sociale, sur le peu de sécurité des existences modernes, sur la fréquence des révolutions. Tout cela agite terriblement les cerveaux faibles. C'est une cause épidémique de folie et de suicide.

Notre esquisse est bien incomplète sans doute ; mais nous avons du moins indiqué les principales influences sociales. Que l'on compte les recrues volontaires qu'amènent incessamment à la mort l'ambition refoulée dans son obscurité, l'incapacité orgueilleuse, la volonté faible et découragée par la nécessité de la lutte, la misère perpétuellement aigrie par le voisinage d'un luxe effréné, le délire de la spéculation, la précipitation fiévreuse de la vie, l'inquiétude propre aux sociétés nouvelles qui cherchent leur équilibre sans l'avoir encore trouvé, et l'on aura une idée des influences diverses de la civilisation moderne sur le suicide. Il s'est fait, à cet égard, depuis vingt ans environ, un grand changement dans les mœurs. Werther, de nos jours, agit trop pour rêver. Il se tue encore, mais sans phrases, et parce qu'il a perdu à la Bourse.

III

Laissons là les généralités historiques et abordons de près, avec M. de Boismont, les particularités du suicide contemporain[1]. Dans cet amas immense de matériaux, nous ferons un choix. Nous irions à l'infini s'il nous fallait suivre notre guide à travers toutes les subdivisions de son analyse.

---

1. D'après une note communiquée par M. Legoyt à l'Académie de médecine, postérieurement au travail de M. de Boismont, c'est actuellement dans l'Allemagne du Nord et dans le Danemark que se présentent les cas les plus nombreux de suicide. Contrairement à l'opinion générale, l'Angleterre se trouve au dernier rang dans l'ordre de la fréquence du suicide. La Belgique, l'Autriche, l'Espagne, viennent immédiatement après. La France occupe une position intermédiaire. Elle viendrait au même rang que ces trois États, sans Paris, qui fournit le sep-

La progression des suicides augmente à mesure que nous avançons dans le siècle. C'est là une leçon décisive que nous donne la statistique. Il y a eu en France, en 1843, 154 suicides de plus qu'en 1842, 206 de plus qu'en 1841, 268 de plus qu'en 1840, 273 de plus qu'en 1839, 434 de plus qu'en 1838, 577 de plus qu'en 1837, 680 de plus qu'en 1836, 715 de plus qu'en 1835, et 742 de plus qu'en 1834, c'est-à-dire une augmentation environ du tiers en dix ans. La période décennale suivante, de 1843 à 1853, a présenté une progression plus rapide encore, en exceptant toutefois l'année 1848 qui a offert un chiffre inférieur à ceux de 1847 et de 1849, comme si le drame qui se passait alors eût tenu la curiosité en éveil et la vie en suspens. — S'il est vrai que les chiffres aient leur éloquence, combien celle-ci est sinistre! En moins de trente années, le nombre des suicides aura doublé.

La proportion des femmes, sur ces listes funèbres, est très-inférieure à celle des hommes. Sur 4595 suicides, plus spécialement étudiés par M. de

---

tième du total des suicides en France. Pour la Bavière, le Danemark, la France, la Prusse, la Saxe et la Suède, le suicide est en progression plus rapide que la population et la mortalité générale. —On compte en moyenne 29 à 30 suicides féminins pour 300 masculins. Les suicides croissent régulièrement avec l'âge, au moins jusque vers 60 ou 70 ans. Le mois de janvier est celui où il y a le moins de suicides, le mois de juillet celui où il y en a le plus.

Boismont, on compte 3215 hommes, et 1380 femmes seulement, c'est-à-dire un tiers environ. M. Devergie, dans son relevé de la *Statistique décennale de la Morgue*, de 1834 à 1846, admet une proportion plus faible encore. Suivant lui, le suicide à Paris serait quatre fois et demie plus fréquent chez les individus du sexe masculin que chez ceux du sexe féminin. Cette opinion est aussi celle de M. Lélut. En tout cas, il est constant que la différence est très-grande, et cela nous semble s'expliquer très-bien par deux causes principales : il y a plus de vie morale chez les femmes, plus de croyance religieuse. Il y a en même temps moins de ce courage physique nécessaire pour vaincre, dans un moment de décision suprême, les dernières révoltes de la nature.

La mort volontaire est rare chez les enfants, ce qui se comprend, puisqu'elle est ordinairement l'effet d'une passion poussée à bout et d'une décision énergique. On en trouve pourtant des exemples qui s'expliquent, presque tous, par le développement précoce d'une sensibilité irritable. Saint Augustin nous parle, dans ses *Confessions*, d'un enfant à la mamelle qui ne pouvait voir sa nourrice donner le sein à un autre enfant, sans entrer dans une violente colère, au point d'en avoir des convulsions. Supposez cet enfant, quelques années après, excité par des préférences qui ne seraient pas pour lui, et la jalousie pourra l'amener au suicide. Notre civilisation hâtive contribue puissamment à développer avant l'âge ces susceptibilités orgueilleuses et jalouses. Cette tendance au suicide, chez les enfants, a sensiblement augmenté dans ces dernières années, et surtout à Paris. Si vous donnez à ces petits êtres des habitudes et des idées qui ne sont pas de l'enfance, vous les exposez à concevoir des passions et à imaginer des actes hors de toute proportion avec leur âge. Il y a là, pour les parents, matière à de bien sérieuses réflexions.

La proportion des suicides chez les vieillards est relativement plus élevée que chez les adultes, si l'on tient compte des populations respectives de ces deux séries. Ce fait en révèle un autre, c'est que si le vieillard, à mesure qu'il avance dans la vie, s'y attache davantage, comme on l'a si souvent observé, en revanche les ennuis, les déceptions, la misère s'accroissent dans cet âge triste et glacé, auquel manque cette dernière ressource de la douleur, l'espérance. Il y a, à la fois, pour le vieillard, plus de raisons que jamais de tenir à la vie, s'il est heureux, puisqu'il n'a plus longtemps à en jouir, mais aussi plus de raisons de la quitter, s'il souffre, puisque pour lui l'avenir n'existe pas. Ce n'est pas là une contradiction, ce sont deux faces de la même vérité.

L'influence du célibat est considérable, et cela se conçoit, puisque dans cet état on se considère comme plus libre de disposer de soi-même. Le sentiment de l'inutilité de l'existence est pour beaucoup dans la résolution du suicide. Se sentir nécessaire à quelqu'un, c'est une responsabilité de plus, et bien des hommes même dépravés n'y sont pas insensibles. C'est là un des bienfaits de la famille ; elle impose des devoirs nouveaux, et ce sont autant de liens qui rattachent à la vie une âme révoltée contre elle.

La misère est sans doute, bien souvent, une cause prédisposante. Elle n'intervient, cependant, comme circonstance accessoire ou principale, que dans le tiers des cas relevés par M. de Boismont. Sur les 4595 faits étudiés, 697 individus (le sixième environ) étaient dans de bonnes conditions de fortune ; 2000 gagnaient leur vie par le travail. Dans la troisième catégorie, plusieurs conservaient encore quelque argent, mais étaient sur le bord du précipice. Tous les autres étaient plus ou moins malheureux ; sur ce nombre, 282 paraissent s'être donné la mort par suite de leur profonde misère.

Une étude très-curieuse est celle des professions. Il en résulte qu'il y a, à Paris, une quantité considérable d'artisans qui se donnent la mort. La proportion de cette catégorie est de près de la moitié des professions connues. M. de Boismont indique très-judicieusement les causes de ce fait lamentable : la concentration de toutes les industries dans la capitale, l'attrait des salaires élevés, la concurrence qui amène à chaque instant des perturbations dans la main-d'œuvre, les privations de toute nature, la cherté des vivres, la mauvaise disposition des logements, la facilité des plaisirs, parmi lesquels la débauche et le vin ont une part considérable, l'ignorance ou le mépris des devoirs, les mauvaises lectures et les mauvais spectacles, l'exemple contagieux du vice, la vue continuelle du luxe, l'absence ou l'affaiblissement des principes moraux. — Il y a beaucoup de vrai dans ces observations. Mais qu'on n'oublie pas aussi que la classe des artisans est de beaucoup la plus nombreuse, et que la proportion des suicides doit être en conséquence.

Je ne m'arrêterai pas à des faits d'une importance secondaire, comme celui-ci, que le nombre des suicides augmente chaque année de janvier à juillet, et décroît progressivement d'août à décembre, ce qui s'explique par les influences de la température. Mais voici une singulière observation : les deux premiers jours de chaque mois offrent un chiffre plus élevé que les autres. C'est là une des singularités de la statistique dont une psychologie curieuse pourrait bien tirer quelques inductions, mais qui, en définitive, n'aboutirait à rien de très-sérieux. Je me hâte d'arriver à quelque chose de plus caractéristique. Un triste résultat qui ressort des chiffres habilement interrogés par M. de Boismont, c'est que l'instruction entre pour beaucoup dans les éléments de la question. Il est vrai de dire, et M. de Boismont n'y a pas manqué, que cette instruction est souvent puisée à des sources malsaines, dans une littérature corruptrice, ou encore dans les publications violentes de l'esprit de parti, et que ces influences ne sont de nature ni à former le jugement ni à rectifier le sens moral. Elles agacent les âmes, elles prédisposent à la révolte contre la règle ; le suicide n'est souvent qu'une des formes de cette révolte des intelligences aigries par le paradoxe ou des volontés irritées contre les maux inséparables de la société. Il n'en est pas moins douloureux de penser qu'à mesure que l'instruction s'étend, elle semble répandre avec elle l'idée du suicide, extrêmement rare parmi les populations ignorantes. Ayons le courage de voir le mal et de le signaler. Il est incontestable que la demi-science, non dirigée et soutenue par une forte éducation morale, propage les tentations dépravées de l'imagination, les désirs insensés, et, avec l'esprit de scepticisme, le dégoût de la vie pratique. Et le remède où est-il? A Dieu ne plaise que nous le cherchions dans l'ignorance! Combattons la demi-science, toujours envieuse et défiante, par la vraie science qui répand le calme dans les âmes. Et en favorisant de tout notre pouvoir l'initiation intellectuelle du peuple, n'oublions pas que ce serait lui rendre le plus détestable service, si nous ne nous efforcions en même temps de fortifier en lui toutes les nobles croyances et les saines convictions. Aimons le peuple, éclairons-le, mais si nous l'aimons vraiment, ne le flattons pas. Soyons ses amis, non ses courtisans, et ne lui ménageons pas les vérités sévères.

Les centres considérables, où s'accumule la vie humaine, exercent une grande action sur le développement du suicide. C'est à Paris que se trouve le maximum des morts volontaires, et l'influence de Paris rayonne sur les départements voisins. Un autre fait, qui du reste se rapproche beaucoup de celui que nous venons d'énoncer, c'est que l'élévation ou l'abaissement du chiffre dans tous les départements est en rapport direct avec la force relative des populations urbaines. La conclusion qu'il en faut tirer, c'est que là où la vie est plus active, la tentation de la mort est plus fréquente. Les rivalités d'amour-propre, la concurrence, l'exaltation des idées, l'impatience du bien-être, les ardeurs du désir, toutes les amorces de la volupté facile et de la débauche, voilà ce qui fait le péril des grandes villes pour les imaginations vives ou les âmes faibles. Transportez à Paris un paysan du fond des Landes ou de la Bretagne, et vous verrez, si c'est une âme facile à s'émouvoir, comme la fièvre des désirs s'allumera vite en lui ! Or, qu'on ne l'oublie pas, dans tout désir il y a un germe de passion, dans toute passion une semence de mort. Presque toujours il arrive que le suicide naît d'une passion vive, irritée par un obstacle.

J'ai indiqué quelques faits généralisés qui mettent en lumière certaines influences, comme celles du sexe, de l'âge, du célibat, de la demi-instruction sans contre-poids, sans correctif. Enfin, j'ai marqué l'action dangereuse qu'exercent les grands centres de population, où la vie humaine, multipliée dans un étroit espace, court le risque de s'exciter à l'excès, au grand préjudice de la raison et de la moralité publiques. Il faut maintenant descendre dans l'analyse détaillée des causes particulières. Nous n'adopterons pas exactement la division que M. de Boismont a suivie et qui répartit ces causes en deux groupes : les *causes prédisposantes* et les *causes déterminantes*. Il nous a semblé qu'il y avait beaucoup de vague et de confusion dans cette classification très-artificielle. Sans prétendre au mérite d'une division irréprochable, je veux en proposer une qui soit plus claire; elle se réduit à répartir les causes du suicide en trois groupes : les *causes psychologiques*, où l'organisme joue le principal rôle, les *causes mixtes*, où se rencontre la double influence de l'âme et du corps, les *causes morales* qui tiennent essentiellement aux passions.

Dans le premier groupe, je prendrai tout spécialement l'hérédité et les influences climatériques.

Rien n'est triste comme cette transmission héréditaire dont les exemples abondent. On frémit en voyant ainsi des familles entières exposées ou succombant à cette tentation du suicide. Les preuves sont là, malheureusement, ne permettant pas le doute sur l'existence de cette loi douloureuse, qui non-seulement multiplie la mort volontaire, mais qui souvent répète le genre de mort, à travers de longs intervalles, dans la filière des générations. Cette page, où M. de Boismont accumule les autorités les plus décisives, nous a paru caractéristique, et nous la citons en l'abrégeant : Esquirol énumère de nombreux exemples de membres de la même famille, se tuant ou devenant aliénés. Gall a connu une famille dont la grand'mère, la sœur, la mère, se sont suicidées ; la fille de cette dernière a été sur le point de se tuer et le fils s'est pendu. Falret parle d'une famille composée de six enfants, nés d'un père atrabilaire et morose : l'aîné, à quarante ans, se précipite, *sans motifs*, d'un troisième étage; le second a des peines et s'étrangle, à trente-cinq ans; le troisième se jette d'une fenêtre en essayant de voler dans l'air; le quatrième se tire un coup de pistolet; un des cousins s'était jeté dans la rivière pour une cause futile. M. Moreau cite un jeune homme qui était affecté de penchant au suicide; son père et son oncle s'étaient tués. Un frère, qui venait lui rendre visite à Charenton, était désespéré des idées horribles qui le tourmentaient lui-même, et ne pouvait se défendre de la conviction qu'il finirait par succomber. Mais il est difficile de rencontrer un fait présentant une plus triste combinaison de cas semblables et de suicides que le suivant, rapporté par Cazauvieilh : « D...., fils et neveu de parents suicidés, prend une femme, fille et nièce de parents suicidés; il se pend, et sa femme épouse, en secondes noces, un mari dont la mère, la tante et le cousin germain se sont tués. » Nous trouvons, dans un des curieux tableaux qui accompagnent le travail de Cazauvieilh, des exemples où la répétition héréditaire arrive, non pas seulement à la reproduction de l'acte, mais souvent, après de très-longues années d'intervalle, à la copie la plus exacte du genre de mort.

Le n° 2 se *noie* en 1804, son neveu se noie en 1824;

Le n° 9 se *pend* en 1807, son neveu se pend en 1823;

Le n° 24 s'est *pendu* en 1817, son grand-oncle s'était pendu en 1803;

Le n° 29 s'est *pendu* en 1817, sa fille se *pend* en 1820;

Le n° 30 s'est *pendu* en 1817, sa sœur en 1821, son aïeule en 1802;

Le n° 61 s'est *pendu* en 1827, son grand-père en 1799; son frère et sa sœur ont tous deux essayé de se tuer.

Ne croit-on pas, en lisant cette liste effroyable, qu'on fait un mauvais rêve ou bien qu'on lit un conte d'Hoffmann, dans lequel les personnages seraient devenus des numéros? Mais le fantastique de la plus sombre imagination n'approchera jamais d'une pareille réalité. Il y a au fond de cette pauvre nature humaine des mystères de douleur devant lesquels la raison reste consternée.

Le climat prédispose au suicide. On a remarqué depuis longtemps que le spleen naît de préférence et se nourrit dans les brouillards britanniques. Mais ce n'est là qu'une prédisposition générale, et il y a des cas où certaines influences météorologiques déterminent des morts presque immédiates. Les extrêmes de température y contribuent pour une forte part. On nous rappelle que, pendant l'expédition d'Égypte, l'élévation de la température donna lieu à un certain nombre de suicides, et que l'intensité du froid, lors de la retraite de Moscou, eut le même effet sur un grand nombre de soldats. Le docteur Dietrich cite divers faits analogues, nés d'une impulsion presque mécanique, qui se manifeste chez les marins et qu'il nomme *the horrors*. « Le mal se déclare, dit-il, généralement dans la saison d'hiver, lorsque, après une longue et pénible traversée, les marins, ayant mis pied à terre, se placent sans précaution autour d'un foyer ardent, et se livrent, suivant l'usage, aux excès de tout genre. C'est à leur rentrée à bord que se déclarent les symptômes du terrible mal. Ceux que l'affection atteint sont poussés par une puissance irrésistible à se jeter dans la mer, soit que le vertige les saisisse au milieu de leurs travaux, au sommet des mâts, soit qu'il survienne durant le sommeil, dont les malades sortent violemment en proférant un hurlement affreux. »

Je range dans les *causes mixtes* la folie, le délire, l'imitation contagieuse, la faiblesse de caractère, l'exaltation, l'hypocondrie, et cette espèce particulière de mélancolie qui tient autant du tempérament que de l'inertie morale.

Vouloir soutenir, comme on l'a fait, que tout suicide est un acte de folie, c'est aller évidemment contre le sens commun et contre la science. Il n'en est pas moins incontestable que la proportion des suicides causés par la folie est considérable. Sur les 4595 cas observés par M. de Boismont, il en a noté 652 qui rentrent dans cette catégorie. Les causes de la folie sont multipliées à l'infini : ce sont des monomanies diverses, ce sont des craintes chimériques, c'est la peur de la police à la suite d'un crime réel ou imaginaire, ce sont des chagrins ou des maladies, ce sont encore des hallucinations et des terreurs superstitieuses. Une des formes les plus extraordinaires de la folie-suicide, c'est l'imitation contagieuse. Les exemples que nous cite M. de Boismont sont vraiment extraordinaires. Une femme qui avait l'idée de se tuer, apprend qu'une de ses amies vient de mettre fin à ses jours ; elle se donne aussitôt la mort de la même manière. Quelquefois cette influence ne se fait sentir qu'au bout d'un laps de temps considérable. Une femme, en entrant dans sa chambre, trouve son mari pendu ; elle reste anéantie ; revenue à elle, son caractère change ; elle devient morose et mélancolique : elle parle toujours de mourir, mais ce n'est que douze ans après qu'elle met son projet à exécution, en se pendant à son tour. L'influence de l'imitation se manifeste encore à l'occasion de quelque événement extraordinaire ou qui a eu certain retentissement ; c'est ainsi qu'un suicide accompli par des malheureux qui se sont jetés du haut des tours de Notre-Dame, de la colonne Vendôme, de l'arc de triomphe de l'Étoile, a été plusieurs fois immédiatement suivi de suicides semblables. Il y a un fait curieux à noter, c'est l'impression que produisent des récits de ce genre sur certaines personnes. On en voit qui avouent ou qui laissent deviner, à un frisson, à un regard, que, placées dans les mêmes circonstances, leur vie n'aurait tenu qu'à un fil. L'habitude de parler d'un sujet lugubre, devant des enfants toujours faciles à émouvoir, suffit pour exercer une action contagieuse sur leurs jeunes imaginations. L'imitation, dans le suicide, affecte, en général, la plus bizarre fidélité dans la reproduction de l'acte. Cette fidélité ne s'étend pas seulement au choix des mêmes moyens, mais souvent au choix du même lieu, et à la plus minutieuse représentation de la première scène. Sous l'Empire, un soldat se tue dans une guérite; plusieurs soldats successivement choisissent cette guérite pour se tuer. On brûle la guérite et tout est dit. Du temps du gouverneur Serrurier, un invalide se pend à une porte; dans l'espace d'une quinzaine de jours, douze invalides se pendent à la même porte; le gouverneur la fait murer; la porte disparue, personne ne se pend plus.

La peur joue un rôle considérable dans la production de la folie-suicide. M. de Boismont a noté soixante-neuf cas qui rentrent dans cette classe. Ce sont des malheureux qui se croient trahis, dénoncés, en butte aux persécutions de leurs ennemis. Beaucoup se croient l'objet des poursuites de la police. Esquirol nous fait observer que, de nos jours, cette monomanie de la police a remplacé la peur du démon. Les suicides dus à des hallucinations ne sont pas rares. Un homme se voit sans cesse au milieu d'une scène d'incendie et de carnage; un autre s'imagine être poursuivi par des spectres; d'autres prétendent voir autour d'eux des figures menaçantes; ils se donnent la mort parce qu'on ne cesse de leur dire des injures ou de tenir sur leur compte des propos infâmes, qu'eux seuls entendent. Un halluciné se tue en s'écriant : « Il ne me reste que peu d'argent; depuis deux mois je vis aux dépens de ma sœur; mais ce qui me détermine à en finir, c'est d'avoir entendu dire dans la rue : voici celui qui s'est coupé la gorge. »

Souvent, la folie se produit sous la forme de délire aigu ou de fièvre chaude, et alors elle rentre dans les causes physiologiques. Nous plaçons parmi les causes mixtes la faiblesse et l'exaltation du caractère, parce que nous croyons fermement qu'il n'y a pas là une pure altération des organes, mais en même temps une sorte d'inertie morale ou d'excitation passionnée sur lesquelles la volonté bien dirigée aurait eu toutes ses prises. Le caractère dépend, sans doute, en une certaine mesure, du tempérament, mais il relève aussi de la liberté. On ne se fait pas le caractère que l'on veut; mais on peut le modifier, le fortifier par une application soutenue, et sans nier la part d'un certain fatalisme physiologique dans les dispositions innées des individus, on ne saurait contester les influences décisives de l'effort volontaire sur ces natures molles ou déréglées. Sauf des cas très-rares, il faut garder la place de la responsabilité, au moins à l'origine de ces déviations morales. Il n'y a peut-être eu qu'une époque, dans la vie de certains hommes, où ils aient été vraiment responsables. Mais presque toujours, il y a eu cette heure dans leur vie, et s'ils ont lâchement transigé avec les emportements ou les abattements déraisonnables d'un caractère mobile ou inerte, ils doivent, en une certaine mesure, porter la peine de cette faiblesse. Ils ont été, en partie, les artisans de leur propre infortune; ce malheur même est plus qu'un malheur, c'est presque toujours un châtiment. Cela ne diminue pas la pitié que nous inspirent ces infortunés, dont le caractère semble n'avoir pas de contre-poids et qui ne peuvent supporter le moindre obstacle. Beaucoup d'entre eux, dit M. de Boismont, pleurent, rient pour les motifs les plus futiles. Un de ces malheureux est nommé contre-maître dans une fabrique importante : il s'imagine qu'il n'a pas les capacités pour remplir son emploi, et qu'il perdra sa place; il ne peut supporter cette idée et se pend. Un autre met fin à ses jours, parce que son nom est celui d'un voleur très-connu. — Par contraste, on rencontre des gens qui sont toujours dans un état d'exaltation. Cette disposition est très-favorable à la folie suicide. Dans les trente individus de cette catégorie, il y en avait qui étaient inégaux d'humeur, boudeurs, emportés, turbulents, quinteux, susceptibles à l'excès, se brouillant avec tout le monde. — L'exaltation chez les jeunes personnes est fréquente et doit être surveillée avec le plus grand soin. Pour ces organisations malheureuses, tout devient un motif de mort.

Une classe très-nombreuse est celle des suicides causés par des mélancolies sans cause appréciable, par des dégoûts insurmontables, par cette maladie à la fois physique et morale, que le moyen âge appelait l'*acedia*, que les Anglais appellent le *spleen*, et que nous nommerons simplement *l'ennui de la vie*. M. de Boismont en a compté près de trois cents. Il remarque qu'il est une époque dans la vie, où cet ennui maladif paraît se lier aux modifications que subit l'organisation sexuelle. Les jeunes gens sentent naître alors en eux des idées toutes nouvelles; ils recherchent la solitude, se plaisent dans leurs propres pensées, qui ne leur retracent que des objets mélancoliques. Ils poursuivent un fantôme qu'ils ne peuvent atteindre. Leur sensibilité est surexcitée. Les plus légères contrariétés sont pour eux de graves sujets de peine. L'imagination change pour eux les véritables dimensions et la vraie perspective des choses. Dans cet état, le suicide apparaît comme une délivrance. — Rien de plus commun que le dégoût de la vie chez les artistes, longtemps applaudis par le public, lorsque cette faveur les abandonne. Ils ont contracté, dans cette vie d'excitation, des habitudes qui leur sont plus nécessaires que l'existence même. Un succès douteux ou partagé les pousse quelquefois à des résolutions désespérées. Le nom de Nourrit se présente à tous les esprits. — L'amour-propre blessé, les mécomptes chez les hommes ardents, un sentiment d'orgueil exagéré, une susceptibilité extrême et perpétuellement irritée, des exaltations généreuses trompées, les excès de tout genre et l'épuisement qui en sont la suite, peuvent produire dans l'âme cette lassitude maladive de la vie dont le suicide est le terme. — Nous ne pouvons qu'indiquer toutes ces causes ; mais leur trait commun est de tenir à la fois du corps et de l'âme, du corps par certaines altérations, certain affaiblissement organique, de l'âme par l'impuissance et la faiblesse déréglée de la volonté.

Je place dans les *causes morales* les passions, les chagrins, le désespoir. Il n'y a rien d'absolu dans cette classification ; mais peut-il y avoir une classification absolue en cette matière ? on peut tout au plus noter la circonstance principale ou le point de départ de la maladie qui est à la fois une fièvre de l'âme et du corps. Je sais, par exemple, qu'on pourrait, à certains égards, classer l'ivresse parmi les causes physiologiques de la folie-suicide. Mais si l'ivresse est une cause physique, l'ivrognerie est une cause morale, car elle est incontestablement une passion, et comme les autres passions elle peut être combattue. — Le nombre des individus dont le suicide a eu pour cause l'ivrognerie est considérable. Il s'élève à cinq cent trente, le huitième environ du chiffre général. Chez beaucoup d'entre eux, les chagrins ont été les promoteurs de cette triste passion. M. de Boismont a noté ce fait dans cent douze cas, et il lui a vraisemblablement échappé dans beaucoup d'autres. La plupart de ces malheureux disent qu'ils se sont *livrés au vin*, pour s'étourdir sur leurs maux. Beaucoup se tuent par le regret que leur cause l'impossibilité de vaincre leur penchant. D'autres, en se voyant sans emploi, continuellement chassés de leurs places, couverts de dettes criardes, exposés à des reproches incessants, battus, battant, punis par les tribunaux, en horreur à leurs familles, n'ayant jamais le sou, perdent la tête et meurent. Souvent aussi les actions honteuses; les passions brutales qu'entraîne après soi l'ivrognerie, effrayent ces malheureux par leurs conséquences, quand ils rentrent dans leur sang-froid, et l'épouvante les précipite dans le suicide.

Le désespoir né de la misère a inspiré deux cent quatre-vingt-deux suicides, la seizième partie environ du chiffre total. L'analyse des faits de cette catégorie est navrante. Sur les deux cent quatre-vingt-deux cas de misère, on trouve cent quarante-neuf fois des détails circonstanciés qui ne laissent aucun doute sur les motifs; dans les cent trente-trois autres cas, les procès-verbaux se bornent à indiquer la misère pour cause; les reconnaissances du Mont-de-Piété, la nudité des pièces, l'absence de vêtements, de lit même, sont les meilleures preuves que l'on en puisse donner. Au plus fort de l'hiver, on relève un homme presque entièrement nu; il affirme dans une lettre qu'il a combattu pied à pied, vendant tout ce qu'il avait; on n'aperçoit que les quatre murs de sa mansarde. — Deux individus, à bout de ressources, ont mieux aimé se donner la mort que se faire inscrire au bureau de charité ou mendier. — D'autres se tuent, parce qu'ils ne peuvent plus nourrir leur famille. Un des faits les plus touchants, c'est sans contredit l'histoire de cette pauvre fille, travaillant jour et nuit pour faire vivre sa mère, impotente et presque aliénée; ses forces s'usent, le travail manque, elle s'étend sur son lit et s'asphyxie. Sa mort donnait le droit à la vieille mère d'entrer dans un établissement de charité. — Beaucoup s'immolent pour n'être pas à charge à leurs parents. — Un négociant se donne la mort après avoir assuré sa famille pour une somme de 40 000 francs. — D'autres fois le désespoir de voir le salaire baisser, par suite d'infirmités, et les charges s'accroître, détermine des malheureux à la mort. Une femme se tue en se voyant sur le point d'accoucher pour la sixième fois au milieu du dénûment le plus absolu. — Mais M. de Boismont, qui nous cite tous ces faits, a bien soin de nous faire observer que si l'inégalité des salaires, le chômage, l'élévation du prix des denrées, le fardeau des impôts, sont en beaucoup de cas les causes de la misère, souvent aussi la paresse, les mauvaises passions, la fainéantise, les besoins de dissipation, de divertissement, de plaisir, ont amené cette triste situation où le désespoir de la misère s'aggrave encore par le sentiment de la faute.

Les pertes, les embarras d'argent, les désastres qui suivent certaines opérations commerciales fournissent environ le seizième du chiffre total. Les jeux de Bourse ont causé près de cent suicides. Un assez grand nombre de commerçants, sur le point de faire faillite, préfèrent se donner la mort. Les dettes, par les tracas qu'elles suscitent, par les embarras en tout genre qu'elles créent, ont amené la mort de quatre-vingt-sept personnes. Quelques-uns se sont tués après des scènes publiques qui avaient occasionné des rassemblements nombreux et où ils avaient été insultés par des créanciers. Tout est relatif dans ce cas; tout dépend de la position sociale et du degré d'intelligence des gens. Tel homme se tuera parce qu'il doit cent mille francs, tel autre parce qu'il n'a plus assez de crédit pour acheter du pain. Il arrive souvent que des âmes faibles et orgueilleuses se précipitent dans la mort pour éviter les humiliations d'un changement de condition ou de fortune. La nécessité de solliciter les autres, lorsqu'on a été riche et puissant, est pour plusieurs une cause de mort. Une susceptibilité excessive peut amener le même résultat, comme dans le fait de cet employé qui déclare qu'il se tue parce que son chef a trouvé dans ses papiers une reconnaissance du Mont-de-Piété.

La débauche et la paresse apportent aussi leur contingent, et un contingent très-fort, dans cette triste nomenclature. Des exemples nombreux nous prouvent l'influence des habitudes honteuses. Les convoitises ignobles, les penchants infâmes produisent à la longue une sorte d'abrutissement furieux, qui mène au suicide. Beaucoup de libertins se tuent après une dernière orgie, dans des maisons publiques.

Une classe plus intéressante est celle des chagrins domestiques. M. de Boismont a relevé trois cent soixante-un cas, appartenant à cette catégorie. Il y a des causes très-graves, il y en a d'incroyablement futiles. Tantôt ce sont des chagrins causés par des dissentiments, par des reproches et des querelles de famille, ou bien des désespoirs causés par la mort de parents et d'enfants adorés, des discussions de ménage, l'incompatibilité d'humeur, l'adultère, l'abandon ou la mort de la femme, l'abandon ou la mort du mari. Des remontrances injustes, des corrections excessives, des scènes de violence ont déterminé plusieurs jeunes filles au suicide. Un pauvre homme, d'un caractère faible et mou, poussé à bout par les sarcasmes et les persécutions de sa femme, se noie après lui avoir écrit une lettre, qui sera sa vengeance tardive : « Je vais faire votre bonheur et celui de votre fille ; sans cesse vous me traitiez de lâche, qui n'avait pas le courage de se détruire, aujourd'hui j'accepte le défi ; mais vous n'aurez pas l'acte que vous me demandiez pour vous rendre maîtresse de l'établissement et vous débarrasser de moi. La seule prière que je vous adresse, si mon corps est retrouvé, c'est de le faire enterrer sans aucune démonstration mensongère. » Une cause fréquente de suicide, c'est l'introduction d'étrangers dans la famille, par exemple, l'arrivée d'un beau-père ou d'une belle-mère ; quelquefois c'est le refus des familles qui ne veulent pas laisser leurs enfants entrer dans une carrière pour laquelle ils croient avoir une vocation décidée. Trois jeunes gens se sont tués, parce que leurs parents n'avaient pas voulu les laisser s'engager comme marins. — La honte causée par des fautes graves, comme par la séduction, la crainte de les révéler à des parents très honnêtes ou très-sévères, ont poussé plusieurs jeunes filles à se donner la mort. Les mauvais procédés du mari, l'inconduite de la femme, le désordre intérieur qui en est la suite, rendent souvent la vie insupportable en occasionnant des explications violentes qui se terminent par le suicide.

Des contrariétés vives, des peines morales de toute nature et impossibles à classer parce qu'il faudrait entrer dans des récits particuliers qui nous mèneraient à l'infini, des intérêts matériels lésés, des destitutions brusques ou renvois de place, ont causé la mort de trois cent onze individus. La diffamation et la calomnie ont une bonne part dans ce chiffre. Un très-grand nombre se tuent pour échapper à la douleur physique ou à des maladies incurables.

Les moralistes consulteront avec un vif intérêt l'analyse des suicides par amour. Trois cent six individus, environ le quinzième du chiffre général, se sont donné la mort pour cette cause. C'est le seul cas où nous trouvions le chiffre des femmes supérieur à celui des hommes (134 hommes, 172 femmes). Les chagrins d'amour, sans autre désignation, l'abandon de l'amant ou de la maîtresse, les mariages manqués, la mort, les séparations forcées, les discussions ou les querelles, le mariage des personnes aimées, voilà les motifs les plus ordinaires. Cinquante-quatre personnes sont mortes, victimes de la jalousie. Des circonstances romanesques accompagnent souvent ces suicides de l'amour malheureux ou jaloux. A voir ces tristes récits, on dirait un mauvais roman. On frémit, quand on vient à songer que ce roman qui nous ferait bâiller, c'est une histoire d'hier.

Le remords, la crainte du déshonneur, la peur de poursuites judiciaires, les blessures de la vanité, de l'amour-propre, de l'orgueil, les déceptions de l'ambition, le jeu, l'exaltation, l'avarice, l'amour du gain, la colère, la vengeance, il faudrait énumérer tous ces sentiments, tous ces chagrins, tous ces mobiles, pour être complet. Mais la statistique deviendrait un cours de psychologie sociale, une histoire des maladies morales de l'humanité. Encore serions nous incomplet, même à ce prix, tant la douleur et la passion ont de formes multiples et particulières, tant elles ont de prises sur ce pauvre et faible cœur humain. Même alors, nous serions obligé de laisser en dehors de notre étude cinq cent dix-huit cas, le huitième environ du nombre total, sur lesquels il a été impossible d'obtenir aucun renseignement.

Nous terminerons cette exposition des causes du suicide par un tableau très-intéressant qui la résume dans ce qu'elle a d'essentiel et que M. de Boismont a tracé avec beaucoup de soin : folie, 652 cas ; ivrognerie, 530 ; maladies, 405 ; chagrins domestiques, 361 ; chagrins et contrariétés diverses, 311 ; amour, 306 ; pauvreté, misère, 282 ; embarras d'argent, revers de fortune, cupidité, 277 ; dégoût, spleen, ennui de la vie, 237 ; caractère faible, exalté, triste, hypocondriaque, 145 ; remords, crainte du déshonneur, des poursuites judiciaires, 134 ; inconduite, 121 ; paresse, 56 ; délire aigu, 55 ; jalousie, 54 ; jeu, 44 ; manque d'ouvrage, 43 ; orgueil, vanité, 36 ; motifs divers, 38 ; motifs inconnus, 518. Voilà comment se décomposent les 4595 cas observés. Il ne faudrait pourtant pas donner à ces chiffres ainsi groupés une confiance excessive. La statistique est sujette à faire illusion aux yeux et par les yeux à l'esprit lui-même, tant les résultats moraux semblent ressortir avec aisance et netteté de ces colonnes de chiffres, soigneusement alignés. Il y aurait ici, en particulier, matière à de nombreuses erreurs de détail. Presque toujours il arrive que ces causes se combinent entre elles. La jalousie, par exemple, se combine souvent avec l'orgueil trompé, l'ambition déçue, la misère désespérée. Les maladies peuvent rendre intolérables des chagrins domestiques que l'on supporterait sans peine en d'autres circonstances. Le dégoût de la vie se lie très-bien à l'inconduite ou à la paresse. L'amour malheureux se complique volontiers d'un caractère exalté ou faible. Le cœur humain n'a pas cette unité artificielle que la statistique est forcée de lui attribuer; c'est un monde tumultueux et divers, où toutes les influences se rencontrent, où toutes les passions se mêlent; vous croyez en saisir une, mille autres vous échappent. En fait de statistique morale et de physiologie des passions, le vrai ne sera jamais que le probable; la science du cœur humain, appliquée aux individus, n'atteindra jamais qu'à des vraisemblances. Il y a des lois pourtant, même dans ce monde confus des phénomènes moraux; mais c'est à une si grande hauteur qu'on les rencontre, elles ont un caractère de telle généralité, que l'on court risque de commettre les plus graves erreurs, si l'on veut tirer de ces lois des inductions précises pour les faits particuliers. C'est que le monde moral a pour ressort la liberté, et que partout où la liberté s'introduit, elle amène avec elle le mouvement, la variété, la contradiction même. Il n'y a que les phénomènes physiques qui ne se contredisent jamais, parce qu'ils appartiennent au monde réglé de la matière, et que là où la nécessité commence, commence aussi l'ordre invariable, l'éternelle identité, l'immuable discipline, qui est une beauté sans doute, à sa place, dans l'univers matériel, mais qui serait un principe d'uniformité et de mort dans l'univers agissant et libre des âmes.

La partie la plus curieuse peut-être du livre de M. de Boismont, ce sont les innombrables citations qu'il puise dans les dernières pensées et les derniers écrits des suicidés. Un nombre considérable de ces infortunés veulent laisser, en mourant, quelque témoignage d'eux-mêmes. C'est là un instinct bien touchant de cette pauvre nature humaine. Ceux mêmes qui croient au néant veulent se survivre, au moins dans la pensée des autres. Ils ne veulent pas mourir tout entiers, et ils laissent derrière eux soit une lettre, soit des notes où ils expriment leurs pensées suprêmes, soit des élégies où ils se pleurent eux-mêmes, ou bien encore une sorte de journal tristement authentique, qu'ils écrivent d'une main résolue, jusqu'au moment où la mort est venue les interrompre. Il y a là d'étranges et curieux renseignements à recueillir sur les dernières préoccupations de l'âme qui attend la mort.

Souvent ce sont des citations de vers connus, en rapport avec leur triste situation.

D'autres fois, c'est le suicidé lui-même qui parle,

dans des vers détestables et déclamatoires, où l'on sent la trace des mauvais mélodrames.

Je soupçonne fort les auteurs de ces vers d'avoir voulu faire du bruit dans le monde, après leur mort. Leur nom est ignoré et leur ambition posthume a été trompée. Rien n'est triste comme de voir ainsi cet amour-propre frivole survivre même à la préoccupation et à l'attente de la mort. On croirait qu'à ce dernier instant, l'âme ne peut pas manquer d'être grave. Souvent il n'en est rien, et l'on s'arrange une *mort à effet*, comme on l'a vu faire, sur les scènes du boulevard, à l'acteur en renom.

Parfois aussi il y a comme une note discrète et vraie, comme un cri du cœur dans ces poésies funèbres. Nous en citerons quelques-unes que l'on ne peut lire sans émotion en songeant aux circonstances dans lesquelles elles ont été écrites :

> Pardonnez ma peine secrète ;
> Plaisir, bonheur, j'ai tout perdu.
> Vous jouissez, moi je regrette,
> Vous vivez, moi j'ai vécu.

Et cette autre, si simple et si pleine de découragement :

> Jamais d'enfant ! jamais d'épouse !
> Nul cœur près du mien n'a battu !
> Jamais une bouche jalouse
> Ne m'a demandé : D'où viens-tu ?

Certes, ce n'est pas là une poésie bien brillante et bien neuve. On s'y intéressera pourtant, quand on saura que le papier qui contenait ces vers était maculé de sang.

Ce qui étonne le plus l'imagination, c'est le sang-froid avec lequel plusieurs suicidés analysent leurs dernières sensations. Ce n'est plus là une œuvre d'imagination, comme le *Dernier jour d'un Condamné*, de Victor Hugo, ou les *Mémoires d'un Suicidé*, de M. Du Camp; c'est l'impression exacte, réelle, d'une âme qui voit la mort venir, qui l'attend à un moment fixé, et qui conserve, pour s'observer elle-même, toute sa présence d'esprit. On nous permettra de citer ce document étrange d'un homme de lettres, assez connu dans le monde des journaux il y a quinze à vingt ans, document écrit tout entier dans la nuit de sa mort et auprès duquel toutes les terreurs *purement littéraires* pâlissent :

« Derniers moments du sieur Bourg-Saint-Edme (Edme-Théodore), homme de lettres.

« Pour Monglave.

« Je crois, mon cher ami, que vous devez commencer par faire appeler le commissaire de police, afin que la constatation du suicide ait une origine légale. Pour la suite, vous suivrez mes instructions. Adieu, santé et bonheur.

« 26 mars 1852, quatre heures et demie du matin.

« *Minuit.* — Je prépare les bas, la chemise et le drap qui doivent être mes derniers vêtements.

« Je sens que le moment approche. Je le sens à une émotion de l'âme dont je ne puis me défendre, malgré mon courage.

« Je fais ma prière à Dieu, pour le repos de l'âme de Maria, pour mes enfants, pour moi-même ; car il y a un cri intérieur qui appelle à lui les sentiments du cœur les plus doux, les meilleurs, et, avec eux, la confiance et l'espérance.

« J'entretiens le feu. Il me semble qu'il y a auprès de moi quelque chose qui vit. — Si je n'avais pas été trompé, délaissé, abandonné, je n'en serais pas certainement où j'en suis. Mais seul, entraîné, abusé, dans un chagrin cuisant, depuis la mort de Maria, sans espoir, poursuivi par le besoin, par la misère, humilié, calomnié, outragé, je n'ai vu qu'un moyen de sortir de cette situation extrême.

« *Deux heures.* — Que le temps passe vite ! Deux heures sonnent, le vent est fort et vif au dehors. Il y a dans l'espace une tempête qui retentit au fond de mon cœur. — Je viens de mettre la clef dans la serrure, du côté de l'escalier, et j'ai suspendu à la clef, par un fil rouge, une lettre à la concierge, dans laquelle je la préviens de l'événement et lui donne quelques instructions ; de sorte que la première personne, qui viendra ce matin, la verra, la prendra, la remettra. .

« *Deux heures et demie.* — Il faut pourtant que je m'occupe des préparatifs. Je ne veux pas que le jour me retrouve là. Le genre de mort ne m'était pas indifférent. Je voulais me tirer un coup de pistolet dans le cœur; c'était un mode facile et prompt; je n'ai pu me procurer de pistolet; me noyer, c'était hors de chez moi ! et puis j'ai toujours eu horreur de l'eau; m'asphyxier par le charbon, c'était une agonie dure et lente; j'attacherai au haut de ma bibliothèque une cordelière que j'ai depuis longtemps; j'y ferai un nœud coulant que je me passerai au cou; je chasserai la chaise qui sera sous mes pieds et je resterai suspendu.

« *Trois heures.* — Le feu passe; je suis contrarié. J'entends le bruit des voitures des maraîchers qui vont à la halle; je ne profiterai point de ce qu'ils apportent. Allons !

« O mes enfants, vos douces figures sont devant moi et me troublent ! Du courage !

« *Trois heures et demie.* — Je viens de fixer la cordelière. A quatre heures ou quatre heures un quart, j'exécuterai mon dessein, pourvu que tout marche à mon gré.

« Je ne crains pas la mort, puisque je la cherche, puisque je la veux ! mais la souffrance prolongée m'effraye.

« Je me promène; les idées s'évanouissent.

« Je n'ai que la conscience de mes enfants.

« Le feu noircit.

« Quel silence m'environne !

« *Quatre heures.* — Quatre heures sonnent. Voilà bientôt le moment du sacrifice.

« Adieu ! mes filles chéries !

« Dieu pardonnera à mes douleurs.

« Adieu !... encore une fois adieu, mes enfants bien-aimées ! Vous avez ma dernière pensée. A vous les derniers battements de mon cœur. »

Il y a dans ce journal de la dernière nuit une vérité qui donne le frisson. En présence de la mort, tous ces détails médiocres prennent un intérêt immense : ce feu qui noircit, ce silence de la nuit qui l'environne, cet engourdissement des idées, tout, jusqu'à ce fil rouge auquel est suspendue la lettre *à la concierge*, quel drame !

M. de Boismont s'est habilement servi des 1328 écrits de suicidés qu'il a eus entre les mains pour écrire un des chapitres les plus neufs et les plus intéressants de son livre : *l'analyse des derniers sentiments*. Il a divisé ces sentiments en trois classes, tout en nous avertissant que cette classification n'est pas rigoureuse. Dans la première, il a rangé les manifestations dictées par la bienveillance, le repentir, la religion, l'honneur, la tendresse, l'amitié, la reconnaissance, et il les a réunies sous la dénomination de *bons sentiments*. Dans la deuxième classe, il place les manifestations suggérées par le ressentiment, la vengeance, les plaintes, les reproches, les imprécations contre le sort, les déclarations de matérialisme, les dernières confidences de la débauche; c'est celle des *mauvais sentiments.* Enfin, dans la troisième catégorie, il groupe les manifestations qui n'ont point un rapport direct avec les deux classes précédentes, ou qui, si elles s'en rapprochent d'un côté, s'en éloignent de l'autre, et que pour cela il appelle *sentiments mixtes.*

Les *bons sentiments* dominent. La proportion des cas de cette classe est de 626 (474 hommes, 152 femmes). Parmi ces divers sentiments, dit M. de Boismont, les plus fréquents sont ceux de la sociabilité, et se manifestent par des adieux. Ils suivent une hiérarchie en rapport avec les affections de l'homme; ils s'adressent successivement aux époux, aux parents, aux enfants, aux amants, aux maîtresses, aux amis, aux connaissances, au monde en général. — Ensuite viennent les sentiments moraux, le remords d'une faute commise, la honte d'un crime, la douleur de n'avoir pu se corriger, la crainte de déshonorer sa famille et le désir de se punir soi-même. Quelquefois même c'est une susceptibilité morale presque maladive, c'est un sentiment exagéré de l'honneur, la crainte du soupçon ou de la calomnie. — Souvent aussi c'est le chagrin de la séparation, surtout chez les femmes, qui, presque toutes, prient qu'on garde un souvenir d'elles, qu'on les pleure. C'est le regret de la douleur que leur suicide va causer à leurs parents, à leurs amis. C'est aussi et souvent le dernier adieu au séducteur qui les a perdues, adieu mêlé de pardon. — Le pardon se manifeste même chez beaucoup d'hommes envers leurs oppresseurs et leurs ennemis. — Enfin viennent les sentiments religieux, qui se réveillent avec force, surtout chez les femmes, sous l'inspiration de la dernière heure. Un certain nombre réclament les cérémonies et les prières de l'Église. — C'est une consolante idée de penser que Dieu, à ce moment suprême, recueille un soupir de ces pauvres cœurs brisés, une prière de ces pauvres âmes éperdues. — Ah! laissons à Dieu seul le soin de faire, d'une main équitable et sûre, la part du délire et celle de la liberté. Ne nous pressons pas de condamner. Gardons inflexiblement les principes; mais abstenons-nous de juger trop vite et disons comme la foule assemblée autour du cadavre de ce suicidé : « Le malheureux ! »

Les *mauvais sentiments* comprennent 374 cas (279 hommes, 95 femmes); 304 écrits contiennent des plaintes ou des imprécations contre la famille, la société, Dieu. 29 lettres révèlent l'athéisme et le désir du néant. Une seule de ces lettres est signée d'une femme. Dans 9 écrits, on ne trouve que l'expression d'une idée de libertinage. Dans 31 cas, c'est l'hypocrisie ou la vanité qui a dicté les paroles suprêmes.

Enfin les *sentiments mixtes* sont ceux où la moralité de la dernière pensée ne se marque pas suffisamment. Dans cette catégorie se placent les écrits des aliénés, qui tous attestent l'obsession des hallucinations bizarres, l'état morbide, l'incohérence de la pensée, ce qui les distingue suffisamment des suicides accomplis dans l'état de raison. Parmi les suicidés *raisonnables*, les uns se préoccupent des souffrances, craignent de manquer de courage. D'autres au contraire montrent une résolution froide. Beaucoup ont le souci de leurs funérailles et font à cet égard les recommandations les plus précises. Les opinions fatalistes sont très-fréquentes. Quelques-uns marquent l'indifférence la plus complète pour l'opinion publique. D'autres au contraire, et en assez grand nombre, laissent deviner le désir d'obtenir de la publicité, de faire parler de soi. D'autres enfin trahissent, dans leurs derniers écrits, la futilité des motifs qui les poussent au suicide. Ce serait là l'occasion de réflexions bien amères. On s'effraye de voir des malheureux jouer ainsi avec la mort. Il y a des cas désespérés où la gravité suprême des circonstances donne un intérêt sérieux au suicide. Mais que dire de ces âmes puériles qui se précipitent dans la mort pour se venger des petites contrariétés de la vie ! Quelle effrayante débilité de raison !

Quelle conclusion devons-nous donner nous-même au terme de cette longue et douloureuse étude ? On n'attend pas de nous qu'après avoir retracé dans ses phases principales l'histoire du suicide et l'avoir étudié dans la statistique contemporaine, nous reprenions maintenant la question sous le point de vue moral. Ce serait la matière d'une nouvelle étude, plus difficile que la première en ce qu'elle aurait, à chaque instant, à se tenir en garde contre le lieu-commun et la déclamation. A peine pouvons-nous, en quelques mots, indiquer comment il serait possible de combattre cette tentation endémique du suicide, qui chaque jour fait d'effrayants progrès. Non pas que je croie que le mal puisse être supprimé : je ne me fais pas cette illusion. Je sais que dans ces âges où la foi était naïve et forte, même alors des âmes chrétiennes, des âmes de prêtres et de moines subissaient l'horrible tentation et parfois y succombaient. Je sais que tant qu'il y aura des hommes, il y aura des douleurs sans remède, des désespoirs, des passions, c'est-à-dire, des occasions de suicide. Mais si le mal ne peut pas être supprimé, certainement il peut être refoulé dans certaines limites. Et ce serait encore là un trop beau résultat, pour que l'effort au moins ne soit pas tenté, pour qu'il n'y ait pas comme une conspiration d'honnêtes gens pour raffermir la raison publique et défendre les principes. C'est quand le ressort de la vie morale est affaibli dans les âmes, que la tentation de la mort se propage. Les transfuges de la vie ne sont-ils pas, avant tout, des déserteurs du devoir ?

La plus sûre garantie contre la folie du suicide, on l'a dit mille fois, c'est la fermeté des croyances religieuses. Il est bien rare que la tentation du suicide triomphe des révoltes de la conscience, épouvantée par les défenses de l'Église et par l'idée du jugement qu'elle va subir.

Mais dans une société si mêlée, divisée par des croyances et des doctrines si contraires, la raison laïque elle-même ne peut-elle rien contre un si grand mal? Elle n'a sans doute pas la même autorité pour se faire obéir. Elle n'est pas impuissante pourtant, loin de là! Qu'elle soit infatigable à lutter contre les entraînements d'une civilisation excessive, déréglée, impatiente de bien-être, folle de jouissances et d'argent. Qu'elle soit infatigable à recommander aux âmes l'hygiène salutaire des sentiments justes, calmes et sains, de l'activité raisonnable, du travail réglé, des désirs modérés. Qu'elle propage et défende le culte de la famille, qui est encore un des meilleurs abris pour la moralité de l'homme, un des asiles les plus sûrs où sa dignité blessée se recueille, où son amour-propre humilié se console, où son ambition déçue se repose dans la paix solide des affections vraies. Qu'elle châtie par le ridicule ces oisivetés superbes qui promènent par le monde leurs mélancolies aristocratiques, dédaignant toute profession, méprisant tous les petits devoirs qui forment l'humble trame de la vie, et consacrant leur éternel loisir à des déclamations contre les travers de ce monde dont ils ne veulent pas faire partie. Et surtout qu'elle combatte tous ces paradoxes malsains qui circulent dans les romans et les drames d'une certaine école; qu'elle montre ce qu'il y a de vulgaire et d'insensé dans les anathèmes contre cette prétendue fatalité qui pèserait sur l'homme de cœur et l'empêcherait d'accomplir son œuvre; qu'elle fortifie dans les âmes la sainte conviction de la liberté; qu'elle retrempe vigoureusement ce ressort de la vie, détendu et affaibli par des philosophies déclamatoires; enfin qu'elle s'efforce d'associer l'idée du crime à celle du suicide dans la conscience de l'humanité, si profondément ébranlée par les sophismes contemporains, quand elle ne l'est pas par la douleur et la passion, les plus dangereux des sophistes.

DEUXIÈME ÉTUDE.

L'HYGIENE MORALE,

SES PRINCIPES ET SES RÈGLES.

I

L'hygiène morale peut être définie, la science des moyens propres à conserver la santé de l'âme et par la santé de l'âme celle du corps. Le grand stoïcien des temps modernes, Kant, avait traité déjà, dans un profond écrit, du pouvoir de l'âme de maîtriser la douleur par la volonté. Le baron de Feuchtersleben, dans son excellent petit livre qui a eu plus de vingt éditions[1], va plus loin; il veut enseigner l'art de maîtriser non-seulement la sensation du mal, mais, autant qu'il est pos-

---

1. *Hygiène de l'âme*, par le baron de Feuchtersleben, professeur à la faculté de médecine de Vienne; traduit de l'allemand, sur la vingtième édition, par le docteur Schlesinger-Rahier.

sible, le mal lui-même. « Je veux, nous dit-il, par une alliance, qui peut paraître singulière, de la morale et de l'hygiène, étudier au point de vue pratique l'influence de l'âme sur le corps humain. L'homme a vraiment le pouvoir d'établir l'équilibre dans son âme. C'est là le fondement de toute l'hygiène morale. Mais pour arriver à ce point, il faut d'abord travailler à se connaître et gagner de l'empire sur soi-même. Il ne suffit pas de bien régler sa nourriture, de se déterminer une mesure convenable de repos et de travail, d'apprendre par cœur l'*Art de prolonger sa vie* de Hufeland ; il faut encore se faire violence, apprendre à se connaître, développer ses forces intellectuelles et morales : alors on saura ce que c'est que la santé. Que personne ne dise : Je suis incapable d'une telle entreprise ; je ne me sens pas assez fort. Quiconque nous lit et repousse nos conclusions, a dans l'esprit la force et l'aptitude nécessaire pour assujettir le corps ; mais il faut vouloir : vouloir, c'est pouvoir. » Et l'épigraphe du livre en résume toute la pensée : *Valere Aude*, aie le courage de te bien porter ; — c'est un courage que tout le monde croit facile. On se trompe ; on veut les résultats, mais on ne veut pas les moyens ; les vouloir est rare et difficile.

Quelle utile et généreuse science que l'hygiène morale ainsi définie ! Mais, à vrai dire, peut-elle être une science? Est-elle susceptible d'être ramenée à des formules exactes? Il est au moins permis d'en douter et de craindre qu'elle ne soit condamnée, par la nature même de son objet mobile et complexe, à errer sur cette limite indécise de la physiologie et de la psychologie, entre le monde physique, dont les phénomènes réglés sont la matière même des sciences exactes, et le monde moral, où l'imprévu s'introduit sous tant de formes diverses à la suite de la liberté.

Certes, l'auteur de ce curieux petit livre n'a pu s'imaginer, malgré la popularité dont son œuvre jouit en Allemagne, que tant de problèmes délicats, soulevés par le titre même, étaient résolus en quelques pages et que la science était faite. Il n'a pu se méprendre à ce point sur les innombrables lacunes de son ouvrage, sur l'incertitude et le vague de plusieurs de ses réflexions et de ses préceptes, sur l'indécision de sa méthode d'exposition qui, par ses anticipations et ses perpétuels retours, brouille les idées du lecteur et sous le luxe des classifications ne cache guère qu'un savant désordre. Tout cela ne détruit pas le mérite moral de cet opuscule. Le problème fondamental y est posé en termes excellents, et dans les développements variés que l'auteur nous donne de ses principes, il déploie une sagacité, une expérience du cœur humain, une rectitude de sens psychologique qui nous consolent de ce qu'il y a peut-être de disproportionné entre le titre de l'ouvrage et les solutions pratiques qu'il contient.

Notre prétention ne va qu'à recueillir quelques-uns des faits les plus curieux qui servent de base à l'*Hygiène de l'âme*, et à indiquer les réflexions qu'ils nous suggèrent. C'est une simple excursion de moraliste sur les frontières de la physiologie, avec l'aide d'un médecin philosophe.

On ne peut parcourir ce livre sans être effrayé du mal que l'homme se fait à lui-même. Nous ne mourons pas, disait M. Flourens, nous nous tuons. Axiome sous forme de paradoxe, à l'appui duquel tout ce livre semble avoir été écrit. La plupart de nos souffrances et de nos maladies ne sont pas de simples accidents, mais les conséquences et comme les châtiments physiques de nos ignorances, de nos faiblesses, de nos défaillances morales. La nature pour M. de Feuchtersleben est un tribunal secret; sa juridiction patiente, inaperçue ne laisse rien échapper; elle connaît les fautes qui se cachent aux yeux de l'homme et que ses lois ne peuvent atteindre. Ses décisions souveraines, éternelles comme tout ce qui émane du premier principe, produisent sur les générations leurs effets inévitables, et le petit-fils qui médite avec désespoir sur le mystère de ses souffrances peut en trouver la cause dans les excès de ses aïeux. Mais la nature ne punit pas seulement les fautes et les vices; elle châtie, et très-sévèrement, différentes dispositions d'esprit que nous laissons se développer en nous, la mollesse de la volonté, le défaut d'attention et de vigilance dans le gouvernement de notre vie morale, la prédominance exclusive de certaines facultés nées pour obéir et qui prennent sur tout notre être une autorité despotique. Tout cela s'expie; rien n'échappe à la juridiction de la nature. Tout désordre dans la vie morale produit dans la vie physique un désordre correspondant.

Certes, ce n'est pas là une observation nouvelle; mais cette loi de correspondance entre l'harmonie de nos fonctions qui constitue la santé du corps et le gouvernement intérieur qui fait la santé de l'âme, est mise dans tout son jour par le médecin allemand. Que de maladies amenées par la faiblesse de l'esprit et la tyrannie des idées fixes! Un mal imaginaire, dont on se croit atteint ou menacé, devient tôt ou tard une réalité. L'imagination produit alors une tension nerveuse continuelle vers un même organe, qui finit par être atteint dans sa sphère végétative. On cite ce domestique anglais qui, pour avoir lu dans un journal le récit d'une mort horrible causée par la morsure d'un chien enragé, se trouva immédiatement atteint lui-même d'hydrophobie. On se souvient de cet élève de Boerhaave, chez qui tous les états morbides décrits par le maître se manifestaient successivement : les fièvres et les inflammations pendant le semestre d'hiver, les névroses pendant le semestre d'été. Des malheureux à qui les débauches de leur jeunesse donnent des remords et qui redoutent les conséquences de leurs excès se gravent dans l'esprit l'image des maux dont ils se croient menacés, et ces craintes incessantes amènent à la longue l'état caractérisé par Weikard du nom de *phthisie imaginaire*, triste mélange de terreurs morales et de maux physiques nés de ces terreurs mêmes. Quand on étudie les maladies des yeux, il arrive souvent que la crainte de l'amaurose frappant l'imagination, la vue finit par se troubler et s'affaiblir. La faiblesse de l'imagination est, suivant Hippel, une sorte de phthisie morale. « L'imagination, dit-il ingénieusement, est le poumon de l'âme. »

On vieillit par la peur de vieillir, on meurt de la peur de mourir. Une volonté ferme soutient la vie; en certains cas, elle peut ajourner la mort à laquelle une volonté indécise livre un corps défaillant. Le docteur Marc Herz en rapporte un singulier exemple. Un de ses malades se trouvait dans la dernière période de la fièvre hectique. Le médecin avait cru devoir lui donner toujours de l'espérance; mais le malade avait la conscience de son état désespéré ; la lutte de ces deux sentiments entretenait et redoublait la fièvre. Alors le médecin se décida à une démarche fort hasardée. Il annonça au malheureux qu'il était perdu. Cette révélation amena naturellement une agitation excessive, suivie d'un morne abattement. Le soir, le pouls était régulier, la nuit fut plus calme que les précédentes. La fièvre diminua de jour en jour, et, au bout de trois semaines, la guérison fut achevée. Pour risquer une semblable expérience, il fallait que le médecin connût bien le tempérament de son malade. Il s'appuya, pour la faire, sur une notion exacte de la nature humaine. L'indécision ne prend que trop souvent sa source dans cette idée funeste : « Il est trop tard ; il n'y a plus rien à faire. » C'est précisément cette idée qui devrait donner de la résolution. S'il est réellement trop tard, la résolution devient facile, parce qu'elle est nécessaire ; si, au contraire, il est encore temps d'agir, décidez-vous.

Rien n'est indifférent dans la vie morale. La mauvaise humeur, passée à l'état chronique, ne corrompt pas seulement le caractère, elle prédispose le corps à un état morbide. Elle est bien moins, comme le démontre notre médecin moraliste, le résultat d'un vice organique que l'effet de nos mauvaises habitudes. Si, dès l'enfance, nous étions accoutumés à ne demeurer jamais oisifs, à consacrer chaque heure qui nous reste après des travaux sérieux à des travaux agréables, jusqu'au moment où le sommeil viendrait nous apporter du repos et des rêves tranquilles, jamais alors nous ne serions mal disposés. Si, dès l'enfance, nous étions accoutumés à ne passer jamais au lit les belles heures du matin, nous ne connaîtrions pas cette indolence morose que produit généralement la sensation désagréable d'un réveil tardif; si, dès l'enfance, nous étions habitués à voir tout en ordre autour de nous, bien certainement, par une disposition harmonieuse de l'âme, cet ordre extérieur se réfléchirait au dedans de nous-mêmes. Dans une chambre bien tenue, l'âme éprouve une sorte de bien-être. Si, enfin, il ne nous arrivait jamais de méconnaître, dans le gouvernement de notre existence, cette grande loi du changement, de la variété, si nous savions échapper à propos aux impressions d'une solitude trop prolongée, dont l'effet est de rendre morose, comme aux impressions que ne manque jamais de produire le commerce exclusif du monde, dont le résultat ordinaire est la lassitude et le dégoût; si nous étions plus attentifs à n'abuser ni de l'une ni de l'autre de ces façons de vivre et à les combiner agréablement dans la trame variée de nos jours, pas de doute que notre humeur ne s'en ressentît profondément, que nous ne fussions plus faciles à vivre, moins à charge aux autres et à nous mêmes;

pas de doute que notre esprit, plus ouvert à tout ce qui est bon par cette pratique intelligente des saines habitudes, ne se plût vite à supporter sans trop de peine ce qui chez les autres nous paraît mauvais. Personne ne peut se défendre de la tristesse, mais tout le monde peut se débarrasser de la mauvaise humeur : à une condition pourtant, c'est que nous ne soyons pas les dupes d'une vanité puérile qui nous porte à regarder notre mauvaise humeur comme un signe de sagesse, notre maussaderie comme le privilége d'une haute nature, et que nous osions considérer cette disposition d'âme sous son véritable aspect, comme une maladie.

Il y a deux sortes de tristesse que Kant distingue avec grande raison. C'est à propos de ces paroles de Saussure : « Il règne dans les montagnes de Bouhours *une tristesse absurde*. » Saussure, dit-il, connaît donc aussi une autre tristesse, différente de celle-ci ; une tristesse intéressante, produite peut-être par l'aspect d'une solitude que l'homme a su animer par son énergie ; il y a donc aussi une tristesse qui appartient à la catégorie des affections et qui est aux affections tendres ce que le sublime est au beau. »

Oui sans doute, il y a une tristesse virile et généreuse, celle, par exemple, que conçoit une âme forte, à l'occasion d'un de ces coups du sort qui détruisent en un instant l'œuvre laborieuse de toute une vie, qui renversent un plan savamment combiné, qui rejettent tout d'un coup dans la région des rêves une idée à laquelle étaient attachés de grands intérêts. Ou bien encore, c'est la douleur que nous concevons à la mort d'un parent, d'un ami, au départ d'une de ces chères âmes qui emportent avec elles la meilleure moitié de la nôtre : nobles douleurs qui élèvent le regard au delà de la vie; protestation de l'homme contre l'aveugle puissance du sort, ou mieux, sentiment profond de la moralité de l'épreuve, confiance énergique dans le maître qui éprouve. Il y a aussi une tristesse délicate, religieuse, poétique, celle qui naît irrésistiblement en nous à la vue des grands spectacles de la nature, de l'infini de la mer et des montagnes ou de l'infini étoilé des cieux, le sentiment accablant de la grandeur, l'ivresse presque douloureuse de l'immensité. Cette tristesse élargit l'horizon de la pensée humaine; elle tire l'âme hors d'elle-même et de ses préoccupations mesquines, en ne lui laissant que l'humilité salutaire de son néant profondément senti. Toutes ces formes de la tristesse, regrets ou pressentiments des choses idéales et éternelles, ont leur noblesse et même leur utilité, pourvu qu'elles n'aillent pas jusqu'à abattre le cœur et à le décourager de la grande lutte humaine, pourvu qu'elles n'absorbent pas toutes les forces vives de l'homme et qu'elles ne dégénèrent pas en une sorte de rêve prolongé qui tuerait la vie.

Mais il est un autre genre de tristesse que la médecine et la morale combattent également et contre laquelle M. de Feuchtersleben déploie toute la vivacité mordante de son rare bon sens, c'est l'humeur noire, l'hypocondrie. Quelques esprits distingués ont essayé de nos jours de poétiser cette maladie, et, se sentant malades, d'accuser la cruauté des temps, l'égoïsme de la société, les tristes spectacles que leur offre de toutes parts le monde, et d'expliquer par là pourquoi ils vivent à l'écart, dans l'amertume de leurs farouches dédains, dans la jouissance presque désespérée d'un mal implacable. Il faut lire, pour répondre à ces poëtes de l'hypocondrie, l'analyse terrible que le médecin fait de cette maladie de l'âme, de ses causes réelles et de ses déplorables effets sur l'organisme tout entier.

Au fond, ce qu'il découvre en elle, le vrai nom qu'il lui restitue, en lui ôtant la poétique parure sous laquelle elle se déguise, c'est l'égoïsme, un égoïsme malsain, obstiné à rechercher les plus faibles indices de la plus obscure souffrance, la grossissant par l'imagination, s'en inquiétant outre mesure, devenant ainsi son plus cruel ennemi et trouvant en soi-même la source toujours renaissante de son supplice. La cause principale de ce mal étant une attention exagérée à tout ce qui concerne le corps, l'égoïste est, plus que tout autre, sensible à ses atteintes. Il ne vit, il ne pense, il ne souffre que pour son misérable *moi*, exposé à mille invincibles ennemis. Détourné des beaux et des grands spectacles que le monde et la nature offrent à tout cœur largement ouvert, indifférent aux joies et aux souffrances de ses semblables, il guette avec une persévérance pleine de tourments la moindre sensation cachée dans les replis les plus délicats de son être ; sa vie n'est qu'une longue agonie. Les autres hommes lui sont un objet d'envie ; tout ce qui est humain lui reste étranger ou même lui devient odieux. *C'est avec le désespoir d'Oreste qu'il se cramponne, sans s'en rendre compte, à cette misérable glèbe qu'il appelle son moi et s'affaisse avec elle dans la tombe qu'il s'est creusée....* Il fait pitié de voir ces cerveaux étroits, occupés avec un soin minutieux et incessant de leur existence physique, la miner eux-mêmes lentement par une lâche inquiétude. Le médecin, qu'ils ne se lassent pas de consulter, n'a pour eux que du mépris. Ces gens-là meurent du désir de vivre. Combien y en a-t-il parmi eux qui parcourent avidement les livres et les dictionnaires de médecine, recherchant partout, d'un œil inquiet, les symptômes indiqués, consultant douloureusement tous ceux qu'ils peuvent reconnaître en eux-mêmes, transcrivant toutes les formules qu'ils peuvent trouver ! C'est à l'un d'eux que Marc Herz disait si plaisamment un jour : « Mon ami, c'est une faute d'impression qui vous tuera. » Déjà il y a vingt-deux siècles, avec quel mépris Platon parlait de ces lâches malades ! Il paraît que la belle société d'Athènes, comme celle de Paris, avait ses hypocondries, ses maux de nerfs, ses vapeurs : « N'est-il pas honteux, dit Socrate, d'être obligé de recourir à l'art de guérir pour des maux que l'on s'est attirés non par des blessures ou des maladies inévitables, mais par l'oisiveté et par la débauche, et pour lesquels les Asclépiades sont forcés d'inventer des noms[1] ? » Et avec ce bon sens incisif et familier qui cherche ses exemples partout autour de lui : « Qu'un charpentier tombe malade, il consulte le médecin qui le purge, le saigne ou le cautérise. Si on voulait le soumettre à un régime délicat et minutieux, il répondrait qu'il n'a pas le temps de se soigner et de négliger son travail; il dirait adieu au médecin et retournerait à sa besogne avec la chance de guérir, de vivre et de travailler. Ses forces sont-elles trop épuisées pour qu'il se relève ? il prend congé de la vie, et la mort le débarrasse de ses souf-

---

1. *République*, liv. III.

frances. Ainsi fait le charpentier. Vous qui vivez dans une condition supérieure, aurez-vous moins d'énergie, ayant plus d'intelligence? Par Jupiter! rien n'est plus contraire à la dignité de la vie que cette continuelle attention donnée au corps. Elle empêche de s'occuper sérieusement des affaires de la maison; elle ôte au soldat son énergie; elle entrave le citoyen dans l'accomplissement de ses devoirs publics; elle ôte à l'homme toute aptitude pour les arts et pour les sciences; elle empêche de comprendre et de méditer, occupée qu'elle est à rêver toujours des souffrances imaginaires. C'est un obstacle au courage et à la vertu. Esculape guérissait les blessures des héros, mais on ne voit pas qu'il ait essayé de prolonger, par les merveilles de son art, la vie malheureuse des hommes condamnés à un état continuel de maladie et de souffrance; il ne voulait pas leur donner le moyen de perpétuer leur race misérable. Quant à l'homme faible de tempérament et ruiné par les excès, il pensait que l'existence d'un être semblable était inutile à lui-même et aux autres: l'art n'avait pas à s'occuper de lui, fût-il plus riche que Midas. »

L'hypocondrie ne consiste pas seulement à se croire atteint d'un mal chimérique, mais encore à étudier avec un soin minutieux les maux que l'on éprouve réellement. Qui de nous est exempt de souffrir? Hippocrate n'a-t-il pas pu dire que l'homme entier n'est qu'une maladie? Nous souffrons tous de la vie. Plus ou moins, nous sommes tous des malades que les souffrances particulières acheminent insensiblement vers la mort. Mais qu'importe? Comme le dit M. de Feuchtersleben avec un viril bon sens, tant que nous sommes assez bien portants pour faire notre journée, avons-nous besoin de tant nous occuper de notre corps? La douleur est un rien présomptueux, qui n'a d'importance que parce que nous voulons bien lui en attribuer. Nous devrions rougir de lui faire tant d'honneur, de la flatter, de la caresser, de l'élever ainsi sur un piédestal. Elle ne paraît grande que parce que nous nous abaissons devant elle. Peut-on s'imaginer un Thémistocle, un Régulus, regardant sa langue dans la glace et se tâtant le pouls? « Il y a des maladies, disait Lichtenberg de Gœttingue, qu'on n'aperçoit qu'au microscope. Ce microscope, c'est l'hypocondrie. Si les hommes voulaient se donner la peine d'étudier les maladies avec un verre grossissant, ils auraient la satisfaction d'être tous les jours malades. »

Cette maladie, fruit de l'égoïsme et de la lâcheté, inspire une telle colère au brave docteur de Vienne qu'il propose sérieusement de la traiter comme un crime, tout au moins comme un délit. Il voudrait faire inscrire l'hypocondrie dans le code pénal. « Tout bien considéré, s'écrie-t-il, les hypocondriaques n'étant pas réellement malades, n'excitent et ne méritent aucune pitié; il faudrait donc, à mon sens, les déclarer malhonnêtes, ce qu'ils sont véritablement, et comme tels, les exclure de la société. Une mesure de ce genre, appliquée dans leur propre intérêt, les guérirait plus promptement que toutes les dissertations philosophiques. Je dis plus, il serait bon de les faire souffrir ; si la société a jamais le droit de tourmenter un de ses membres, c'est bien dans ce cas. » C'est aller un peu vite et un peu loin. Il y a pourtant une grande vérité dans cette plaisante exagération, c'est que le meilleur remède à l'hypocondrie, ce sont les souffrances réelles. « Pour faire comprendre à un hypocondriaque ce que c'est qu'une maladie, rendez-le véritablement malade ; alors il recouvrera la santé. »

En résumé, et sans poursuivre à l'excès l'analyse de ces états morbides et d'autres états analogues, nous voyons quelles sont les vraies causes de la plupart de ces souffrances et de ces maladies qui assaillent notre vie, déjà si précaire, et corrompent par une constante amertume la secrète douceur de vivre. Sans doute notre organisme lui-même recèle, dès le jour de notre naissance, le germe de notre mort. Mais par combien d'inquiétudes nous nourrissons, nous développons ce germe funeste! Par combien de lâches soucis et de misérables terreurs nous avançons le triomphe de cet invisible ennemi qui habite en nous! C'est un lieu commun de toutes les philosophies sceptiques que de se plaindre amèrement de la destinée humaine et de tourner contre la Providence tant de maux accumulés, pressés dans un si court espace de temps, cette nécessité de souffrir sans relâche, plus cruelle encore que la nécessité de mourir. Est-ce un Dieu bon que celui qui condamne un pauvre être, qui ne demandait pas la vie, à expier si cruellement le malheur d'être né? Est-ce un Dieu juste que celui qui ne suspend pas cette terrible loi de la souffrance même devant la vertu? On connaît ces récriminations et ces plaintes. Ce n'est pas d'hier que le sceptique a dressé contre la Providence ce formidable réquisitoire, formé des cris de douleur de l'humanité. Ce n'est pas d'hier non plus que l'on a essayé de résoudre cette grande question et cherché le sens de cette énigme de la vie. Cette réponse, elle est déjà dans le *poëme de Job*, où il faut bien de la subtilité pour ne pas clairement l'entendre. Elle est dans Platon, elle est dans Sénèque, elle est dans tout le christianisme. Mais sans nous engager si loin dans les voies mystérieuses et providentielles de l'épreuve, en nous tenant à notre sujet dont la portée n'est pas si haute, toutes ces plaintes ne sont-elles pas singulièrement exagérées? Combien y a-t-il de ces maux qui doivent être mis à notre compte et dont la nature ni Dieu ne sont en rien responsables envers nous ! Même quand ce compte sera fait, il en restera sans doute assez pour que se pose aujourd'hui, demain, toujours, cette grande question de la souffrance humaine qui se révolte et du scepticisme qui tourne cette révolte contre Dieu. Mais encore faut-il rétablir les proportions troublées par la peur, exagérées par l'esprit de système, et les ramener à la vérité.

C'est là surtout qu'excelle la démonstration de M. de Feuchtersleben, démonstration substantielle nourrie de faits et non de déclamations. Après l'avoir lu et médité, on voit quelle part il faut faire, dans les maux dont nous souffrons, aux influences pernicieuses du milieu social où nous naissons, aux abus d'une civilisation artificielle, aux inspirations de l'égoïsme, aux excès d'une personnalité malade et inquiète, aux mauvaises habitudes que nous nous créons à nous-mêmes et dont nous ne pouvons plus secouer le joug honteux et funeste. Par un maladroit amour de nous-mêmes, nous faussons notre tempérament, nous le prédisposons à toutes sortes d'influences morbides. Ou bien, au lieu d'augmenter par la tension de la volonté l'intensité de la vie, nous l'affaiblissons par une sorte de défaillance morale, et notre pusillanimité dissout en nous le principe vital ; ou bien nous l'usons par l'ardeur de nos passions ; dans ces deux cas extrêmes, la nature est moins cruelle pour l'homme que ne l'est son égoïsme. Une déplorable condescendance à tous nos penchants, une sorte de complicité avec cette force d'inertie qui est au fond de nous-mêmes, l'inaction remplissant notre existence et la désorganisant par l'ennui ; d'autres fois l'activité fiévreuse, la précipitation convulsive du désir et du travail, l'impatience de l'ambition exaspérée, la joie maladive du triomphe, les brisements de cœur qui suivent un échec dans cette lutte sociale des intérêts, des vanités et des passions, voilà ce qui trouble si profondément le cours ou trop ralenti ou trop précipité de notre vie, voilà ce qui en corrompt la source ou la tarit prématurément.

Telle est la saisissante leçon qui ressort du livre de M. de Feuchtersleben. Mais ce n'est pas la seule ; l'énumération de tous ces maux que l'homme doit s'imputer à lui-même n'est que l'occasion du livre et comme la matière sur laquelle s'exerce l'hygiène morale ; ce n'est pas l'hygiène elle-même. Nous devons maintenant donner une idée de cette science qui, tout incomplète qu'elle est, a permis à l'auteur de déployer une ingénieuse sagacité, habile aux secrets les plus délicats de l'âme et par l'âme atteignant le corps.

II

Le principe de l'hygiène morale est dans cette action de l'âme sur le corps. C'est une force réelle, nous dit M. de Feuchtersleben, une force dont l'existence n'est guère contestée, dont on raconte, dont on admire les merveilles, mais dont on a rarement examiné les lois, dont on a cherché plus rarement encore l'application pratique. Pourtant, si cette force existe, par son origine et par sa nature elle est soumise à la direction de la volonté; l'homme peut en régler l'emploi.

Or, la première condition pour que l'esprit acquière sur le corps un empire salutaire est de croire à la possibilité d'un tel empire. Aussi M. de Feuchtersleben fait-il les plus consciencieux efforts pour amener cette utile conviction dans l'âme de tous ses lecteurs. — Étrange prétention, dites-vous, de vouloir étendre la puissance de l'âme au delà de ses limites, comme si nous pouvions composer à notre gré le tissu de notre vie. — Cela est singulier peut-être, mais quoi de plus vrai pourtant? Ce sont toujours les images les plus fortement gravées dans l'âme qui font la joie ou la douleur de la vie. Et qui oserait dire qu'il ne dépend jamais de nous, de les faire paraître ou disparaître ? Nous sommes, jusqu'à un certain point maîtres de nos impressions. Elles dépendent de nous, plus peut-être que des objets dont elles nous viennent. Voyez, dans Shakspeare, le roi Lear et son compagnon perdus au milieu de la plaine, sous la tempête furieuse : l'un trempé de pluie, tremblant de froid; l'autre impassible, sourd à l'orage, parce qu'il entend rugir à ses oreilles la voix plus haute de sa colère. — Une des preuves les plus frappantes de la puissance de l'esprit se tire précisément de son impuissance. Qui ne sait que les malheureux auxquels la démence a ravi la direction de leur pensée sont à l'abri d'un grand nombre de souffrances corporelles qui frappent autour d'eux d'autres personnes. Leur attention, absorbée par une idée fixe, se détourne du corps, et cette concentration de toutes les forces de l'esprit sur un seul point les rend inaccessibles aux influences extérieures. Si cela est vrai, et personne n'en doute, comment une volonté droite, ferme, éclairée n'aurait-elle pas autant de puissance et ne produirait-elle pas les mêmes effets qu'une volonté asservie, inerte comme celle d'un fou ?

Qu'est-ce que la vie, sinon le travail de la volonté, qui tend à soumettre les forces extérieures ? L'homme est enveloppé de mille influences qui le *pressent; le monde tout entier pèse sur lui, mais rien n'est plus fort que son caractère.* Les êtres de la nature n'étant que des forces manifestées, le tout de l'homme c'est l'énergie avec laquelle il se manifeste. Si cette énergie ne s'éveille pas en lui spontanément, il faut que, par une secousse violente, il se place dans un état où il soit *forcé de vouloir.*

Comme il modifie les forces extérieures, il modifie son propre organisme, il le plie à son désir, à sa passion, aux caprices de son imagination, il le domine, quand il veut fortement. Une puissante volonté a je ne sais quel pouvoir, au moins indirect, même sur la vie et sur la mort. Barthez va jusqu'à dire qu'un grand désir de voir avant de mourir une personne chérie peut prolonger l'agonie. Voici un fait qui prouve qu'il n'y a presque pas de limites assignables à l'action de l'âme sur le corps. Le docteur Cheyne nous assure que le colonel Townsend pouvait se donner toutes les apparences de la mort. Il se couchait sur le dos et ne bougeait plus. Un jour le docteur Cheyne lui prit la main : il sentit le pouls baisser peu à peu; il lui mit une glace devant la bouche : aucun souffle ne ternit le verre. Le médecin effrayé crut que la plaisanterie s'était changée en une triste réalité; mais, au bout d'une demi-heure, le mouvement reparut, le pouls et les battements du cœur devinrent sensibles, et le colonel reprit la parole. Il y a donc des hommes chez lesquels le cœur lui-même, ce muscle non soumis à la volonté, devient un organe volontaire. On a vu, en Amérique, des sauvages qui, lorsqu'ils pensent avoir accompli leur tâche ici-bas, fussent-ils même à la fleur de l'âge, se couchent, ferment les yeux, prennent la résolution de mourir, et meurent en effet. La puissance de la volonté, exercée et dirigée par un constant effort, ne paraît pas être moindre sur certains états qui, par leur origine, se rattachent au système nerveux. On a souvent parlé de l'action très-remarquable qu'exerce un fort vouloir sur les phénomènes de la vision. L'auteur du livre raconte qu'il parvint, par un énergique effort, à se débarrasser des *mouches volantes* qui troublaient sa vue. N'est-ce pas aussi par une tension énergique de la volonté que s'explique le trait fameux de ce stoïcien qui, cherchant à démontrer, en présence de Pompée, cette proposition *que la douleur n'est pas un mal*, joignit l'exemple à la leçon en triomphant sur lui-même d'une violente attaque de goutte? C'est Cicéron qui rapporte ce trait, et il n'y a rien là de plus merveilleux que dans les mille exemples dont abonde ce livre.

Mais c'est surtout par l'intermédiaire de l'imagination que l'âme a prise sur le corps. Qui ne sait quelle prodigieuse puissance a cette faculté de porter dans l'organisme les troubles les plus profonds ? Et de là nous devons conclure que l'imagination étant si féconde pour l'homme en maux de toute sorte, elle ne doit pas être inefficace pour son bien. Si pour me croire malade je le deviens réellement, ne puis-je aussi conserver ma santé par une ferme persuasion que je me porte bien ? On n'en finirait pas d'énumérer les effets merveilleux que produisent, pour la guérison de certaines maladies, la confiance, l'espoir, la sympathie, la musique, les rêves mêmes. Un malade demande certaines pilules que le médecin lui refuse. Il insiste; le médecin fait semblant de céder et lui administre des pilules de mie de pain dorées. Le lendemain joie et remercîments du malade ; les pilules ont eu l'effet désiré. Pour être produit par l'imagination, ajoute M. de Feuchtersleben, cet effet en était-il moins réel ? Notez bien que l'excellent docteur rapporte cela très-sérieusement, sans aucune intention de méchante épigramme contre les homœopathes.—Un médecin anglais donnait ses soins à un homme atteint depuis longtemps d'une paralysie de la langue, et que nul traitement n'avait pu guérir. Il voulut essayer sur ce malade un instrument de son invention, dont il se promettait un excellent résultat. Avant de procéder à l'opération il lui introduit dans la bouche un thermomètre de poche. Le malade s'imagine que c'est là l'instrument sauveur. Au bout de quelques minutes, il s'écrie plein de joie et s'empresse de prouver qu'il peut remuer librement la langue. La passion produit souvent des effets analogues. Les histoires anciennes parlent de ce fils de Crésus, muet de naissance, qui, voyant le glaive levé sur la tête de son père, retrouve tout à coup la voix et s'écrie : « Soldat ! épargne mon père ! » On se rappelle aussi l'anecdote du chasseur muet qui, se croyant ensorcelé par une femme, la rencontre, entre, à sa vue, dans un violent accès de colère et recouvre soudain la parole. Les vives émotions agissent en certains cas, avec une force extraordinaire, sur l'organisme malade. Boerhaave, dans la maison des pauvres de Harlem, guérissait l'épilepsie par la peur.

Voilà quelques-unes des prises que l'âme a sur le corps, soit par un acte énergique de la volonté, soit par quelque secousse de la sensibilité. Comme le remarque judicieusement M. de Feuchtersleben, ce qui a la vertu de guérir des organes malades ne doit-il pas avoir plus d'efficacité encore pour conserver des organes sains ? Et ne peut-on pas conclure avec lui de ces faits et de mille autres que l'on pourrait citer, que des forces, dont on ne soupçonnerait pas l'existence, sommeillent dans l'organisation merveilleuse de l'homme ? Une volonté de fer peut les révéler d'une façon éclatante.

Mais la volonté même d'un homme ordinaire, par un effort persévérant, ne peut-elle pas s'emparer de sa sensibilité flottante, de son imagination mobile, d'abord pour ravir ces puissances au dangereux empire de l'inconnu et du hasard, puis pour les appliquer à la bonne direction des forces secrètes de l'organisme, sous l'autorité de la raison ? En tout cela pourtant, il y a un point qui ne saurait être dépassé sans péril et au delà duquel il serait téméraire de conclure, malgré quelques cas singuliers, trop légèrement recueillis peut-être et d'ailleurs trop rares pour justifier des assertions si hardies. Nous ne croyons pas nous tromper en jugeant que ce point délicat, au delà duquel une raisonnable induction ne peut s'étendre, a été plus d'une fois dépassé par le docteur allemand. Il faut laisser ces exagérations aux poëtes. Un exemple va éclaircir ma pensée. Goethe est dans le vrai quand il nous raconte que dans une fièvre putride épidémique qui exerçait autour de lui ses ravages, exposé à une contagion inévitable, il parvint à s'y soustraire par la seule action d'une volonté ferme, et quand il ajoute en commentant ce fait : « on ne saurait croire combien la volonté a de puissance en pareil cas ; elle se répand, pour ainsi parler, dans tout le corps, et le met dans un état d'activité qui repousse toutes les influences nuisibles. La crainte est un état de faiblesse indolente qui nous livre sans défense aux attaques victorieuses de l'ennemi. » Voilà la vérité, saisie dans son trait juste et sa vraie proportion, la vérité physiologique à la fois et morale. Mais Gœthe n'exagère-t-il pas, quand il nous dit ailleurs, dans son *Egmont*, que l'homme n'appartient qu'à lui-même, et qu'il peut ordonner à la nature d'éliminer de son être tous les éléments étrangers, cause de maladie et de souffrance? C'est au fond la même vérité, mais sous deux formes, l'une précise et scientifique, l'autre toute poétique et sensiblement agrandie. — J'ai peur que plus d'une fois M. de Feuchtersleben n'oublie qu'il est médecin et ne devienne poëte. Parfois sa pensée touche le point au delà duquel la science s'aventure dans les régions d'un idéalisme crépusculaire. Je ne citerai que cette page, empreinte sans doute d'une certaine beauté poétique, mais d'où le caractère scientifique a complétement disparu :

> Ces phénomènes (de la volonté et de l'imagination) sont les symboles de beaucoup d'autres faits, des faits les plus importants qui s'accomplissent dans le monde. Il est une sorte d'atmosphère morale qui enveloppe la terre comme l'atmosphère extérieure; il s'y fait un flux et un reflux de pensées, de sentiments, d'idées, qui flottent dans l'air, invisibles, que l'homme respire, s'assimile et communique sans en avoir nettement conscience. On pourrait appeler cette atmosphère morale : l'âme extérieure du monde ; l'esprit du temps est son reflet, la mode en est le mirage.

Aucune sphère de la société n'échappe aux effets de l'influence secrète que l'opinion publique exerce sur les intelligences les plus libres ; mais le milieu moral qui agit sur les individus peut être à son tour modifié par l'action d'une force individuelle. Le courage du héros se transmet comme un fluide magnétique ; la crainte a une sorte de puissance contagieuse ; le rire, la gaieté se communiquent d'une manière irrésistible et gagnent même l'homme le plus morose. De même les bâillements ou l'ennui ne sont-ils pas épidémiques? N'ont-ils pas le même effet que la présence d'un traître au milieu d'une société d'amis ? Et l'on refuserait de comprendre comment des hommes bien portants ont pu, sincèrement et de bonne foi, attester la réalité de certains miracles et voir des revenants conjurés par l'exorciste! Oui, la foi est une force toute-puissante ; la foi accomplit des merveilles: la foi transporte des montagnes. Regardez votre frère comme un homme de bien, et il le sera. Ayez confiance dans celui qui n'est bon qu'à demi, et il le deviendra tout à fait. Supposez des aptitudes chez votre élève, il les développera. Si vous le jugez incapable, il restera tel. Persuadez-vous que votre santé est bonne, elle pourra le devenir; car la nature n'est qu'un écho de l'esprit, et la loi suprême qui la régit, c'est que l'idée est la mère du fait, et qu'elle façonne graduellement le monde à son image.

Sans doute, il y aurait manière d'interpréter dans un sens exact ces vagues et poétiques formules, visiblement inspirées par l'esprit de Hégel. Il y a d'ailleurs, dans cette page, beaucoup de vérités de détail qu'il serait facile de mettre en pleine lumière, en les dégageant des hypothèses et des hyperboles voisines. C'est néanmoins un grave péril pour un savant physiologiste de parler de cette manière : *La nature est l'écho de l'esprit.... L'idée est la mère du fait, elle façonne graduellement le monde à son image.* Auprès de beaucoup de bons esprits, ce genre de sublime compromettrait son crédit.

Revenons à l'hygiène morale. Se soustraire aux influences organiques ou extérieures, croire au pouvoir réel de l'esprit sur le corps, telle est la condition de cette science. Élever son cœur et son intelligence, cultiver les plus hautes et les plus délicates parties de son âme, voilà l'œuvre. Et pour prendre le langage même du docteur allemand, *se posséder* est la première loi de l'hygiène morale ; *s'agrandir* en est le second précepte.

S'agrandir ! C'est prendre le contre-pied de toutes nos mesquineries, de toutes nos misères, de toutes nos défaillances morales ; c'est élever et fortifier l'homme intérieur ; c'est remplacer par de nobles amours les vulgaires tentations d'une sensibilité troublée, par des contemplations idéales les étroites et lâches préoccupations du *moi* ; c'est se désintéresser de l'égoïsme en s'intéressant aux destinées générales de l'humanité ; c'est élargir l'horizon de la pensée à la mesure de l'infini : c'est se délivrer des mortelles langueurs du doute pour prendre dans de viriles convictions le point d'appui de sa volonté et de sa vie. Certes, le mot n'est pas trop fort pour exprimer ce que l'auteur veut dire, et quand l'homme aura accompli ce travail d'Hercule sur lui-même, on pourra bien dire qu'il sortira de ce rude effort, *agrandi*.

Voici, en ce sens, d'utiles conseils. La volonté et le sentiment, nous dit-on, et, par conséquent, la joie et la tristesse, dépendent en nous du point de vue d'où nous envisageons le monde et nous-mêmes. Ce point de vue est déterminé par la culture de notre esprit. C'est en soi que l'on puise ou la consolation, ou le découragement; en soi l'on porte et le paradis et l'enfer. Nos idées agissant sur notre humeur, elles agissent même sur notre bien-être et notre santé. Une conviction forte et raisonnée devient, dans l'individu qui la possède, comme une partie intégrante de sa personne. C'est, pour l'homme fatigué, un appui; pour celui qui souffre, un adoucissement à ses maux. Représentez-vous le monde dans son ensemble et dans son enchaînement, et votre regard se rassérénera; ne perdez pas de vue le but final, et les maux passagers vous paraîtront plus légers et plus supportables. La cause principale d'une foule de maladies, c'est l'égoïsme. Élargissons donc le cercle de nos sentiments et de nos idées. Comprenons que la vie n'est pas un don gratuit de la nature; que c'est avant tout une tâche, une mission à remplir, et que, si elle confère des droits, elle impose des devoirs. Il n'est pas de meilleur remède à opposer à l'égoïsme qui dissout le principe vital que les hautes conceptions de l'esprit qui retrempent la volonté, et par la volonté, la vie.

N'est-ce pas ce que disait Spinoza dans un de ses axiomes moraux : « plus s'étendent les conceptions de notre esprit, plus nous approchons du vrai bonheur. » M. de Feuchtersleben ne fait guère que commenter cette grande pensée. Qui a rempli la mesure extrême de l'existence accordée à l'homme sur cette terre, sinon les esprits sérieux tournés avec ardeur vers les plus hautes idées, depuis Pythagore jusqu'à Gœthe? Une vue sereine de l'ensemble des choses est une condition nécessaire de la santé, et l'intelligence seule peut donner à l'homme cette sérénité nécessaire. C'est alors seulement que l'homme sait se comprendre comme une partie du *tout*, et se rapprocher des autres parties du même tout. On peut dire que c'est avec cette conception que commencent la véritable culture intellectuelle et en même temps un état de satisfaction réelle, de bonheur même physique. La sérénité de l'âme, acquise par l'habitude de ces hautes pensées, entretient la santé par une influence douce mais continue que l'auteur compare à la vertu bienfaisante d'un aliment exquis et nourrissant. Il est bon, dit-il, de pouvoir montrer ces individualités brillantes, symboles de la puissance de l'esprit sur la matière, qui sont placées dans le temple de l'histoire comme des images vénérables. Platon enseignait et apprenait encore à l'âge de quatre-vingts ans ; Sophocle était chargé d'années quand il composa *Œdipe à Colone*; Caton, à l'extrême limite de la vieillesse, n'éprouvait aucun dégoût de la vie ; Isocrate brillait comme orateur à quatre-vingt-quatorze ans ; Kant, maltraité par la nature, trouva dans la grandeur de ses pensées la force de vivre pendant une longue période d'années, comme ces méditatifs de l'Inde, ces brahmanes qui vivent au delà d'un siècle, perdus dans une rêverie sans fin. Wieland, dont l'existence fut un modèle d'harmonie, bien qu'il fût poëte, eut une vieillesse heureuse et pleine de santé, due moins à son imagination qu'au développement régulier de ses facultés intellectuelles. Gœthe, le maître suprême, Gœthe-Jupiter, parvenu bien au delà des bornes ordinaires de la vie, cherchait encore à pénétrer le secret de la nature dans le type primitif de ses créations.

Plusieurs moyens sont mis à notre disposition ou pour conserver le calme, préservatif inappréciable, ou pour reconquérir, quand nous l'avons perdu, ce premier et indispensable remède de tous les maux ; ce sont la science, l'art, l'histoire et la nature. C'est à chacun de nous de choisir, mais gardons-nous bien de choisir au hasard et d'abdiquer notre raison dans une épreuve si décisive. Appliquons notre plus délicate attention à chercher la vraie place qui nous est marquée dans l'enchaînement des caractères et des destinées humaines, à bien distinguer les fonctions que nous avons à remplir, et notre valeur une fois connue, efforçons-nous d'être et de rester nous-mêmes *purs et vrais comme une parole de Dieu.* Soyons vrais avec les autres, avec nous-mêmes. Sortons de tous les mensonges qui composent cette civilisation bizarre où personne n'a le courage d'être soi-même. « Les philosophes ont bien compris quelle est la maladie de notre temps; ils en ont indiqué le remède. Seule, ont-ils dit, la vérité peut sauver le monde. Hommes, soyez vrais partout et toujours ! Ce qu'ils enseignent à notre génération tout entière, le médecin doit le recommander avec instance à chaque individu en particulier. C'est, en effet, un métier fatigant et qui use vite les forces humaines de rester continuellement en scène et de jouer un rôle toute sa vie, dût-on même au dénoûment s'écrier, avec le même droit qu'Auguste : La pièce est finie, applaudissez ! Hufeland compare cet état à un spasme continuel de l'âme, à une fièvre nerveuse latente. Pourquoi nous y condamner? Ne vaut-il pas mieux être vrai? Faut-il de si grands efforts pour suivre l'instinct de la nature? Je dis à l'homme : Il n'y a pas de force sans vérité ; à la femme : Il n'y a pas de vérité sans grâce. » Aimables paroles où le charme de l'expression égale la justesse de la pensée.

Contre l'homme et les tentations de son égoïsme, contre la société et le vaste mensonge sur lequel elle se fonde, M. de Feuchtersleben invoque éloquemment la nature. Fait admirable et d'une mystérieuse profondeur! La beauté et la grandeur de la nature ne peuvent pas se déployer à nos regards sans qu'aussitôt notre esprit s'élargisse et s'élève, sans que le calme physique et moral se répande en nous. C'est qu'au fond la santé de l'âme est le sentiment de l'harmonie, et l'harmonie, c'est la nature même. La nature, par ses lois immuables, enseigne la justice; elle est bienfaisante, même quand elle anéantit. — Parmi les savants, ce sont surtout les naturalistes qui ont eu la vieillesse la plus longue et la plus sereine. La nature, en effet, qui pour se révéler exige qu'on l'interroge avec un cœur d'enfant, rajeunit, en retour, ceux qui se consacrent à elle avec la candeur de la jeunesse. Une remarque délicate de l'auteur, c'est qu'aucune étude, même celle de l'histoire, ne produit dans l'âme un calme aussi salutaire et aussi profond que l'étude de la nature. Et cependant on cite des exemples d'hypocondriaques guéris de leurs tourments à force d'étudier l'histoire et de s'intéresser sans réserve aux destinées de l'humanité. Mais ce remède n'est pas infaillible. L'histoire encore touche de trop près à nos intérêts, à nos passions. Elle est trop profondément engagée dans le variable et le relatif pour nous tirer complétement de nous-mêmes et nous élever à la sphère pure où commence l'entier désintéressement de nous-mêmes. Il y a des âmes particulièrement sensibles sur certains points, dont elle irrite les passions et les souffrances. C'est dans la nature seule qu'on trouve la contemplation sans fatigue, la vérité sans trouble, le repos, la santé.

Revenir à la vérité, à la nature! c'est ce que voulait aussi, dans les intervalles de ses grandes luttes, un solitaire, un méditatif aigri par la polémique, jeté hors de sa voie par l'étrange conspiration de ses ennemis et de son propre caractère, las des hommes, peut-être effrayé de lui-même, quand il promenait sous les grands arbres de la Chênaie l'orage de sa pensée. Revenir à la nature! c'est le cri que nous trouvons dans une lettre de M. de Lamennais. Il écrivait à l'une de ses pieuses amies, en Italie : « Vous allez entrer dans le printemps, plus hâtif qu'en France dans le pays que vous habitez ; j'espère qu'il aura sur votre santé une influence heureuse. Abandonnez-vous à ce qu'a de si doux cette saison de renaissance; faites-vous fleur avec les fleurs. Nous perdons par notre faute une partie, et la plus grande, des bienfaits du Créateur :

il nous environne de ses dons, et nous refusons d'en jouir par je ne sais quelle triste obstination à nous tourmenter nous-mêmes. Au milieu de l'atmosphère de parfums qui émane de lui, nous nous en faisons une composée de toutes les vapeurs mortelles qui s'exhalent de nos soucis, de nos inquiétudes et de nos chagrins, fatale cloche de plongeur qui nous isole dans le sein de l'Océan immense. » La pensée, le regret vif de la nature est là. Mais la nature invite en vain ce grand esprit à ses secrètes délices. Sa colère l'emporte dans le bruit, dans l'éclat, dans la mêlée ardente. Il fuira l'ombre calmante de ses forêts; il n'y rentrera pas et ne s'apaisera jamais.

C'est que, comme le dit quelque part l'auteur de *l'Hygiène de l'âme*, il y a un moment unique pour ces grandes guérisons des âmes blessées. Ce moment passé, l'occasion perdue, il est trop tard.

Nous n'insisterons pas sur des détails qui sembleraient secondaires, après ces grandes vues de notre auteur sur la culture intellectuelle et morale, sur la *géorgique* de l'âme. Nous rappellerons seulement l'insistance avec laquelle il nous recommande de ne pas anéantir en nous les passions, mais seulement de les maintenir en équilibre, de les dominer. Gardons-nous bien de les détruire; elles sont les germes naturels de la vie même et de la santé. Nous signalerons enfin *la loi d'oscillation* à laquelle M. de Feuchtersleben attache une si grande importance et qui nous enjoint d'établir en nous l'équilibre nécessaire entre tous les mouvements et les sentiments contraires, le travail et le repos, la joie et la douleur, *l'austère raison et une douce folie.* Comme le peintre sait opposer et combiner ses couleurs, le sage doit réaliser dans son âme l'harmonie des contrastes. Le sage est un grand artiste, son œuvre d'art est son âme.

Tel est ce livre, auquel nous avons fidèlement emprunté la matière et les éléments de cette étude, mais sans nous astreindre à l'ordre dans lequel l'auteur les distribue, et en butinant en pleine liberté à travers ses pensées éparses. OEuvre d'un mince volume, mais d'une grande portée. On y recueille comme un parfum pénétrant de haute morale qui se répand dans chaque page, dans chaque ligne. La foi dans la spiritualité est l'inspiration même et l'unité vivante de ce livre. Cette confiance dans l'autorité de l'esprit, cette fière affirmation des merveilleux effets que l'intelligence peut tirer de l'organisme éclairé et transformé par elle, l'idée même de cette science et les développements féconds que l'auteur nous donne de son principe, tout cela n'est-ce pas une démonstration implicite plus persuasive que tous les arguments de l'école? Mais ce qui fait l'originalité de ce précieux petit livre, c'est l'abondance des impressions morales qu'il dépose dans l'âme de ses lecteurs. Je ne sache pas de moraliste contemporain qui nous excite plus vivement aux nobles et grandes obligations de l'existence, à la tâche de vivre, au rude métier d'homme ; qui nous recommande par des raisons plus convaincantes, plus humaines, l'activité généreuse du corps et de l'esprit, le dévouement, l'exercice assidu de la pensée et de la liberté, la foi en soi-même, l'amour des autres ; qui ait fait mieux ressortir ce grand devoir, être vrai dans sa conscience et dans sa vie, en même temps que ce grand bonheur, se sentir utile aux autres ; qui nous convie enfin à un plus large et plus salutaire développement de toutes nos forces intellectuelles et morales. Il y a dans cette âme de médecin allemand l'élévation morale et la tendresse du génie d'un Channing. Et surtout qu'on n'aille pas croire, sur la foi de sa profession et du titre de son livre, que la morale y soit subordonnée à l'hygiène dont elle ne serait à ses yeux qu'un moyen et comme un procédé pratique. Ce serait bien mal comprendre la signification de ce livre et le sentiment de son auteur. Ce sentiment, c'est que la santé du corps n'a d'importance que comme signe et symptôme de la santé de l'âme, que l'harmonie des fonctions ne doit nous intéresser qu'en tant qu'elle nous révèle l'harmonie des sentiments et des idées. L'hygiène morale, telle qu'il la conçoit, est tout un grand art, l'art d'embellir la vie, de l'ennoblir, plus encore que de la prolonger. A ce dernier point de vue, quelques objections seraient possibles. Ce n'est peut-être pas une si mauvaise recette pour vivre longtemps, que l'égoïsme qui supprime dans la vie les affections, cette prudente économie du cœur qui supprime les passions, cette application incessante à ménager la sensibilité et à calculer les doses de la vie. D'illustres égoïstes, Cornaro, Fontenelle et bien d'autres, sont d'assez beaux exemples de la longévité acquise à ce prix, d'après un code qui n'est pas précisément celui de notre auteur. Mais quand cela serait, quand bien même les sages préceptes de M. de Feuchtersleben ne pourraient nous donner l'assurance de prolonger notre vie d'un seul jour, qu'importe? On sent, à un demi-sourire socratique qui perce à travers les promesses du bon docteur, qu'il s'en consolerait facilement, et sa figure doucement railleuse semble nous dire : « Je n'ajoute peut-être pas une heure à votre vie; mais si je vous ai inspiré un bon sentiment, de quoi vous plaignez-vous? »

TROISIÈME ÉTUDE.

LA DIRECTION DES AMES

AU DIX-SEPTIÈME SIÈCLE.

Je viens de faire une lecture qui m'a jeté tout d'un coup dans un autre siècle et dans un autre monde que celui où nous vivons, dans une sphère d'idées et de sentiments si différente que le récit de cette excursion morale pourra n'être pas sans intérêt, au moins par contraste avec notre existence moderne si affairée, si répandue en surface, toute en dehors.

Cette littérature de *Lettres spirituelles*[1] demande pour être goûtée des saisons et des jours propices. Elle ne supporte guère la vie de Paris. Elle veut des conditions toutes particulières de solitude et de silence, une sorte de climat moral qui porte au

---

1. A propos de la *Bibliothèque spirituelle*, publiée par M. de Sacy, de l'Académie française.

recueillement. Si vous mêlez cette lecture au tumulte de la vie extérieure, il y a bien des chances pour que vous en gâtiez l'impression et que vous en dissipiez le parfum. Mais supposons que vous ayez emporté avec vous quelques-uns de ces petits livres, d'un style exquis et rare, au fond d'une campagne, et que vous en lisiez chaque jour quelques pages sous les ombrages jaunissants d'automne, dans une paix profonde autour de vous et en vous, il semble que vous devrez mieux goûter ce qu'il y a de noble dans ce commerce affectueux entre quelques âmes d'élite. Vous y recueillerez je ne sais quelle saveur de divin qui pénétrera le fond de votre être. Vous vous croirez un instant meilleur, et qui sait? vous le deviendrez peut-être en mettant votre âme en contact avec ces âmes qui sont la bonté, la pureté même, et dont il émane comme une fortifiante vertu.

Tel est, à un certain degré, l'effet que vient de produire sur nous la lecture attentive et continue de quelques-uns de ces petits livres, dans lesquels l'éditeur, amoureux de son œuvre, a recueilli les plus précieux restes de la littérature de piété au dix-septième siècle. Et qu'on ne se méprenne pas au sens de ce mot. De nos jours, la littérature de piété s'est montrée singulièrement stérile. Je ne comprends pas sous ce nom, bien entendu, les œuvres de haute philosophie ou de polémique religieuse. Je veux parler de tous ces petits traités de dévotion, écrits avec fadeur ou vulgarité, et qui sentent la pacotille. — Au dix-septième siècle les plus grands évêques, les plus grands écrivains ne dédaignaient pas de travailler à enrichir le trésor de cette littérature édifiante. Rien de moins mesquin d'ailleurs que cette vraie piété dont Nicole ou Bossuet, saint François de Sales et Fénelon nous ont retracé les conditions et les règles. Ces maîtres de la vie intérieure ont horreur de tout ce qui rapetisse l'âme, de tout ce qui la tient captive dans la formule et dans la routine. Ils croient la rendre plus digne de Dieu en la faisant plus libre; ils affranchissent son élan pour qu'elle se porte plus droit et plus haut. En même temps qu'elles sont un modèle de piété, leurs œuvres sont un modèle de sagesse, de rectitude, de bon sens élevé et en un sens libéral; car toute chose est libérale qui élève l'esprit ou qui élargit le cœur.

Avouons pourtant, pour être tout à fait sincère, que ce qui nous a invité et retenu à cette lecture c'est l'attrait littéraire autant et plus peut-être que l'attrait religieux. Les habitudes profanes de la vie du siècle, pour parler le langage de notre sujet, nous permettent difficilement de ne rechercher dans ces pieux volumes qu'un fruit d'édification et de foi. Cet idéal de pureté morale et de désintéressement absolu étonne et confond notre faiblesse. Il nous semble toujours que Fénelon et Bossuet écrivent et parlent pour d'autres âmes que les nôtres, pour une autre humanité. Leurs conseils et leurs avis spirituels portent plus haut que nous. Cette recherche curieuse de la perfection, en bonne conscience, nous ne pouvons l'appliquer à nous-mêmes, tant que s'agitent en nous les plus humaines passions : ne faut-il pas songer à être vertueux, avant de songer à être saint? Le juste sentiment de nos imperfections nous suit dans la lecture de ces œuvres, toutes pénétrées d'une sorte d'héroïsme mystique, et en diminue à nos yeux l'utilité. Il y aurait donc à craindre que cette littérature de la sainteté ne trouvât de nos jours de trop rares lecteurs, si elle n'en devait rencontrer que dans les âmes d'élite qui sont de niveau avec elle. Mais à l'intérêt de la science mystique s'est trouvée jointe la séduction d'un art consommé. Ces œuvres dévotes sont tout simplement des trésors de psychologie délicate et de belle littérature, des trésors presque inconnus, ce qui en double le prix. Que le rationaliste le plus exclusif ouvre un de ces volumes, où il voudra; s'il a du goût, invinciblement il subira le charme. Il admirera en artiste cette belle langue subtile et souple, déliée et forte, cette pénétrante énergie du style, cette douceur souveraine, cette puissante onction. Les pages classiques de Bossuet n'offrent rien de plus beau que telle lettre écrite à une sœur obscure du couvent de Jouarre, et où son génie s'exprime sur les objets les plus relevés de la foi avec une familiarité pleine de grandeur. Nulle part plus que dans les *Lettres spirituelles* de Fénelon, on ne trouve cette agilité lumineuse d'une parole qui parcourt tout en fécondant et en éclairant tout. La sobriété de Nicole rencontre souvent un trait vif et profond, une image hardie et juste; dans son petit traité *De la faiblesse de l'homme*, sa logique s'anime jusqu'à l'éloquence. Saint François de Sales répand à pleines mains, sur chaque page de son livre, le charme de la plus riche imagination et de la plus spirituelle naïveté.

Ne craignons pas d'aborder de près, et texte en main, une question d'histoire morale, importante et mal connue, la question de la direction des âmes et de la vie intérieure au dix-septième siècle. Tout éloignée qu'elle est de nos mœurs et de nos habitudes littéraires, cette question nous a offert un vif intérêt. Nous serions heureux de communiquer à nos lecteurs quelque chose de notre curiosité pour ce sujet qui touche au fond le plus intime et aux plus délicates parties de la conscience humaine. Notre plan ne sera pas très-rigoureux : après avoir défini ce qu'il faut entendre par la direction, nous suivrons, à la trace errante de leurs lettres et de leurs rapides écrits, ces célèbres directeurs de la vie spirituelle, saint François de Sales, Bossuet, Fénelon, essayant de caractériser ce qu'il y a de particulier et de nouveau en chacun d'eux, et, chemin faisant, recueillant quelques-unes de ces paroles qui éclairent le cœur dans ses profondeurs. Nous n'avons, en pareille matière, aucune prétention doctrinale. C'est d'un point de vue tout profane, tout laïque, si je puis dire, que nous voulons considérer la question. Historien curieux, voilà ce que nous sommes, observateur et psychologue, rien de plus. C'est d'un phénomène oublié, d'une phase disparue de la vie morale que nous voudrions entretenir nos lecteurs.

I

A aucune époque peut-être plus qu'au dix-septième siècle, on ne s'est préoccupé de la vie intérieure, de ses conditions, de ses devoirs. Le mot lui-même nous est devenu presque entièrement nouveau. Aujourd'hui quel est l'homme, quelle est la femme du monde qui s'appartient un seul instant? Pour les uns, la vie est une longue affaire chargée de soucis; pour d'autres, c'est une dissipation continuelle en fêtes et en joies bruyantes;

pour d'autres enfin, c'est un mélange vif d'affaires et de plaisirs ; mais, dans cette succession rapide d'émotions violentes, il y a bien peu d'intervalles pour la réflexion. Où trouver, au milieu des entraînements auxquels la vie est en proie, ce loisir moral, cette liberté d'esprit qui, seule, nous permet de nous replier sur nous-mêmes et de songer un peu à cette hôtesse que nous traitons en étrangère, notre âme? La dernière question que nous nous avisions de nous poser est assurément celle de notre perfectionnement moral. L'intérêt, l'amusement, l'ambition, n'y a-t-il pas là de quoi remplir la capacité de nos petits cerveaux? Quand on court d'une course si effrénée après la fortune ou le plaisir, en conscience a-t-on le temps de donner une pensée, un regret à telle qualité ou à telle vertu qui nous manque? On vaut toujours, à peu de chose près, ce que valent les autres. N'est-ce pas assez? L'essentiel est de ne rien faire qui puisse compromettre la considération dont on jouit. On s'habitue à prendre ainsi dans l'opinion la règle unique de ses actes, et l'on tient pour un pédant incommode quiconque exige plus pour lui-même ou pour nous. N'est-ce pas de cette façon que se gouverne le monde et y a-t-il dans cette esquisse la moindre exagération?

On ne s'aperçoit pas qu'à ce train des choses, l'âme s'oblitère et se dégrade. Négligée, elle se néglige ; ennuyée d'elle-même, elle se répand au dehors pour se fuir. Elle jouit de son vertige et précipite elle-même le mouvement du torrent qui l'emporte. Elle ne se possède plus dans ce rapide écoulement de sa substance. Les sensations s'accumulent, mais l'être sensible ne s'appartient plus et n'a pas le temps de se sentir lui-même. A poursuivre si furieusement la vie, on s'étourdit de son propre tumulte et l'on perd tout le prix de la vie.

Nous vivons pour nous-mêmes et dans les autres ; la loi religieuse est précisément tout le contraire, c'est de vivre en soi et pour les autres. Le souci continuel du perfectionnement moral et la charité, voilà l'essence de la morale évangélique. Nous ne prétendons pas que l'idéal de cette haute et difficile morale ait été pleinement accompli au dix-septième siècle. Loin de là ; les passions étaient trop vives, les ambitions trop ardentes, les mœurs trop libres et trop voisines encore de la licence du siècle précédent, pour qu'il soit permis de le croire. Mais il y avait un correctif puissant à cette fougue et à cette indiscipline ; c'était l'habitude de la vie intérieure. Au milieu des existences les plus frivoles ou les plus orageuses, il était rare qu'on ne se réservât pas quelques instants de silence et de solitude pour penser à soi. La parole d'un prédicateur inspiré, la lecture même rapide d'un de ces petits traités de théologie ou de morale qui s'égaraient jusque dans les ruelles et les boudoirs, la rencontre d'une de ces hautes piétés relevées d'un grand mérite, comme celle qui consacra la vieillesse de Condé, c'était là une de ces circonstances qui tiraient l'homme de sa dissipation ou le rappelaient de ses écarts. D'ailleurs, si la surface de l'âme était souvent bien peu chrétienne, le fond l'était généralement. Aux heures tristes, sous le coup d'une disgrâce du prince ou de la fortune, ou bien encore vers le soir d'une vie déclinante, dans l'apaisement des passions, le fonds religieux reparaissait; la vie intérieure reprenait son cours, longtemps troublé, violemment jeté hors de sa voie, souvent même refoulé jusqu'à sa source; c'était le moment marqué pour ces illustres repentirs qui préparaient aux plus grands hommes de ce temps, aux ministres, aux courtisans, aux militaires, comme aux femmes du monde, de si saintes morts. Notre scepticisme sourit de ces pénitences soudaines qui rompent si brusquement une vie par le milieu ou qui la terminent; nous osons en suspecter la sincérité. On ne réfléchit pas que ces coups de la grâce, comme on disait alors, étaient plus naturellement amenés qu'il ne nous semble aujourd'hui. Il y avait au fond de presque toutes les âmes une foi sourde, quelque chose comme le feu caché d'un christianisme intérieur qui ne demandait pour éclater qu'une de ces occasions vives. — Le mal était grand sans doute, et il n'y a qu'une admiration aveugle qui veuille faire de cet âge le modèle de l'humanité. Le mal était grand, mais il n'était ni sans correctif, ni sans remède. Il n'y avait presque pas une vie où l'on ne donnât au soin de l'âme une journée, une heure. Quelle part lui faisons-nous aujourd'hui?

Ce qui entretenait alors ce noble courant de la vie intérieure, où se retrempaient les âmes fatiguées de l'ambition, trompées par la fortune ou désintéressées du plaisir pour en avoir trop espéré, c'était l'habitude de l'examen de conscience. Ne sourions pas trop de ce mot. Des philosophes comme Sénèque ont recommandé cette pratique, la plus saine et la plus fortifiante qui soit au monde. Cette obligation de rentrer en soi-même à de certains intervalles, et d'interroger le dernier fond de l'être, ce fond qui échappe au regard et à l'appréciation des hommes ; une scrupuleuse surveillance qui s'exerce sur la naissance et le développement des penchants, sur la complicité secrète de l'âme pour le mal ou sur la mollesse de la répression ; un vif désir d'être sincère avec soi, une noble joie (sans orgueil pourtant et sans présomption, car cela gâterait tout) de se sentir plus courageux et plus fort ; ou, ce qui arrive plus souvent, des tristesses salutaires, des hontes généreuses qui suivent la découverte de nos infirmités cachées, l'humiliation de se trouver si loin encore du but entrevu ou espéré ; et, pour conclure, une décision vigoureuse qui prépare l'avenir en condamnant le passé, n'est-ce pas là une merveilleuse hygiène de l'âme et la pure morale philosophique ne l'a-t-elle pas adoptée pour elle-même ? Presque tout le monde au dix-septième siècle avait retenu cette pratique : tous n'y recouraient pas sans doute avec une égale efficacité ; mais presque tous les gens frivoles, comme les gens austères, s'y exerçaient de temps à autre. Pour personne, les moments n'étaient perdus : la sagesse se fortifiait, la frivolité pensait. Ce n'était pas une conversion sans doute. Non, mais les plus dissipés, dans ces heures de réflexion rapide jetées en passant sur le cours de leur vie, en recevaient quelque germe d'idée sérieuse qu'ils emportaient même à leur insu au milieu de leurs plus folles joies, et qui plus tard, en des circonstances plus calmes, pouvait fructifier et mûrir.

La vie intérieure n'était pas alors seulement une habitude, c'était presque un art. Les âmes avides de perfection et amoureuses de Dieu ne se contentaient pas des pratiques de la piété vulgaire. Il leur fallait quelque chose de plus savant et de plus raffiné. La vertu, la piété, la dévotion, tels étaient les degrés de la perfection mystique, qu'elles montaient péniblement, s'arrêtant à chaque pas pour se rendre compte de la route, pour reprendre haleine et continuer d'un cœur plus vaillant cette courageuse ascension vers le ciel. Elles marquaient leur but si haut, elles suivaient des voies si rudes, qu'il n'est pas étonnant qu'elles aient eu besoin de secours particuliers et d'appuis. De là est née cette science du gouvernement des âmes qu'on a nommée la direction spirituelle, et dont nous avons sous les yeux d'admirables et curieux monuments.

La direction des âmes, c'est la vie intérieure gouvernée et perfectionnée. Mais qu'on le remarque bien, c'est un gouvernement particulier, non général. La morale chrétienne convient à tous. Dans ses grands et larges préceptes, elle embrasse l'universalité de la vie et du monde. La direction au contraire est la conduite spéciale d'une âme. Elle se modifie de mille façons selon le tempérament religieux de chacun. Elle applique le remède où il faut, et inégalement actif selon la nature et la gravité du mal. Ces belles âmes ont toutes leur blessure intime et leur plaie qui saigne en secret. Il faut la scruter, la sonder de l'œil et de la main, la traiter avec des ménagements infinis et un art à la fois plein de délicatesse et de précision. Les unes souffrent d'un excès de scrupule. C'est la maladie des âmes pures, qu'épouvante l'ombre d'une pensée mauvaise passant sur le fond immaculé de la conscience. Les autres, inégales et excessives, tombent d'un élan immodéré d'amour et de joie dans un abattement sombre et dans une aridité qui les désespère. *Elles n'ont plus de sensible*, comme elles disent; elles s'imaginent qu'elles n'aiment plus Dieu parce qu'elles ne jouissent plus de l'aimer. D'autres enfin, nées pour les grandes aventures de la spiritualité, tendent à une perfection chimérique qui les éloigne de la véritable. A chacune de ces âmes en peine, il faut parler son langage : il faut tour à tour, et selon l'occurrence, réprimer, relever, consoler, redresser. Il faut tour à tour employer tous les tons, la douceur, l'autorité, parfois des menaces et même l'ironie, pourvu que la discrétion la plus attentive veille à ne pas irriter le mal en contristant le malade. On voit quelles difficultés dans la pratique et ce qu'il faut de tact, de pénétration dans l'esprit, de sûreté de main pour soigner diversement ces chères âmes diversement blessées. A ce niveau de perfection, la plus légère erreur serait d'une excessive gravité.

Un peu plus de douceur, un peu plus de sévérité qu'il ne faut, voilà une imagination qui s'égare dans des voies périlleuses, voilà une volonté qui s'abat et va languir. L'honneur est médiocre : une seule âme à guider; la responsabilité est grande :

cette âme, elle sera tout ou rien, selon ce que vous la ferez être.

Aussi est-il aisé de comprendre que la direction s'accorde comme un privilége, non comme un droit commun. Tous les fidèles ne sauraient également y prétendre. Il faut, pour obtenir d'être dirigé dans les voies de la haute dévotion, que l'on ait été remarqué pour quelque mérite particulier dont nous ne savons pas toujours nous rendre compte, à cette distance des temps, mais qui a provoqué dans le pasteur d'âmes une prédilection et un attachement spécial. C'est tantôt une humble femme comme la sœur Cornuau qui, pendant vingt-quatre ans, retient fixés sur elle et sur les mouvements les plus délicats de son cœur le regard et l'attention de Bossuet. Tantôt c'est une dame illustre par son rang dans le monde et remarquable par sa vive piété, comme Mme de Chantal pour saint François de Sales ou Mme de Montberon pour Fénelon. En général, disons-le, c'est dans les classes les plus élevées de la société que s'exerce la direction. L'exemple de la sœur Cornuau est rare. Il y a comme un attrait naturel et réciproque entre le zèle de ces grands prélats et la piété patricienne. L'un est comme de plain-pied avec l'autre. J'ai peur que la distinction des classes ne se conserve même à ce niveau où il semblait qu'elle dût disparaître, et qu'il n'y ait encore un peu d'esprit aristocratique dans la prédilection et le choix. Après tout, quand cela serait, faudrait-il beaucoup s'en étonner? La faute en serait au temps plus qu'aux hommes. Ce commerce spirituel suppose des raffinements de délicatesse, une quintessence de piété, un amour de la perfection qui ne se rencontre guère que dans certaines conditions de culture intellectuelle, et ces conditions elles-mêmes se rencontraient rarement alors en dehors de ces grandes maisons où les traditions de famille, soutenues d'une éducation distinguée, apprenaient à penser plus haut que le reste de l'humanité. Aujourd'hui tout cela est bien changé. Nous croyons volontiers que la direction spirituelle s'est accommodée au progrès social et qu'elle a élargi ses choix.

Il faut bien comprendre, d'ailleurs, que ces élections spéciales d'une âme ne faisaient tort à personne. La direction n'usurpait aucun des droits réservés au tribunal de la pénitence. En toute occasion, les maîtres de la vie spirituelle rappellent cette distinction des deux ordres et des deux sphères d'action : la confession et la direction. Le directeur n'est pas le même que le confesseur. On doit à l'un l'aveu des fautes, à l'autre la confidence des peines secrètes et des troubles. L'un a le pouvoir d'absoudre, l'autre n'a que le pouvoir de conseiller. L'un est, si je puis dire, le ministre impersonnel de Dieu, l'autre est un ami supérieur, c'est à la fois un confident et un maître. Or, qui ne voit que dans le domaine des choses spirituelles aussi bien que dans la vie ordinaire, l'amitié particulière est un don gratuit? On l'accorde et on la refuse à qui l'on veut; on ne la doit à personne. Tout fidèle a droit à la pénitence; nul n'a un droit absolu à ce commerce tout spécial de la direction. Ces distinctions paraîtront subtiles et oiseuses, tant les idées qu'elles supposent nous sont devenues étrangères. Elles ont leur importance pourtant, au moins historique, puisque ces idées ont tenu leur place dans les habitudes de nos ancêtres. D'ailleurs, en pareille matière, tout dédain me semblerait déplacé. J'estime qu'il n'y a rien de médiocre là où est engagée, pour une part quelconque, la conscience.

Je ne craindrai donc pas d'insister. Ces affections toutes spéciales que l'on rencontre dans la direction spirituelle sont conformes au plus pur esprit du christianisme et à sa tradition. Laissons parler saint François de Sales, s'excusant de *faire des conduites particulières à la piété*, au milieu même des embarras et des charges d'un grand diocèse. « Qui ne sait que Timothée, Tite, Philémon, Onésime, sainte Thècle, Appia, étaient les chers enfants du grand saint Paul, comme saint Marc et sainte Pétronille de saint Pierre? Et saint Jean n'écrit-il pas une de ses épîtres canoniques à la dévote dame Electa? C'est une peine, je le confesse, de conduire les âmes en particulier : mais une peine qui soulage, pareille à celle des moissonneurs et vendangeurs, qui ne sont jamais plus contents que d'être fort embesogneux et chargés. C'est un travail qui délasse et avive le cœur par la suavité qui en revient à ceux qui l'entreprennent, comme fait le cinamome, ceux qui le portent parmi l'Arabie heureuse. On dit que la tigresse ayant retrouvé l'un de ses petits, que le chasseur lui laisse sur le chemin pour l'amuser, tandis qu'il emporte le reste de la littée ; elle s'en charge, pour gros qu'il soit, et pour cela n'en est point plus pesante, ains plus légère à la course qu'elle fait pour le sauver dans sa tanière, l'amour naturel l'allégeant par ce fardeau. Combien plus un cœur paternel prendra-t-il volontiers en charge une âme qu'il aura rencontrée au désir de la sainte perfection, en la portant en son sein comme une mère fait son petit enfant, sans se ressentir de ce faix bien aimé? Mais il faut sans doute que ce soit un cœur paternel : et c'est pourquoi les Apôtres et hommes apostoliques appellent leurs disciples non-seulement leurs enfants, mais encore plus tendrement leurs petits enfants. » A cette nomenclature d'illustres exemples tirés des entrailles mêmes du christianisme, le pieux évêque aurait pu ajouter bien des noms, ceux des grandes dames romaines que saint Jérôme dirige du fond de sa solitude, et la dévote Florentine à laquelle écrit saint Augustin.

C'est donc un fait essentiellement chrétien que le gouvernement particulier des âmes ; j'ajoute que ce fait est exclusivement chrétien. Je regrette, plus que je ne le puis dire, de ne pouvoir suivre dans toutes ses conclusions une œuvre de science délicate et de morale exquise [1]. L'auteur s'est proposé de montrer dans les *Lettres à Lucilius* le commencement et comme une ébauche de la direction spirituelle. Rien de plus ingénieux que les preuves, qui reposent toutes sur des citations habilement rassemblées et sur des analogies tout à fait curieuses. On est charmé, presque convaincu. Pour s'en mieux convaincre encore, on a recours au livre, on relit quelques-unes de ces lettres, et le charme se dissipe. On se retrouve en face de cet étrange composé de moraliste sublime et de sophiste, du Sénèque que nous connaissons. Au lieu d'un conseil affectueux et suivi, scrutant avec une compassion sévère les souffrances particulières de l'âme bien-aimée, et tirant du fond du cœur les paroles qui peuvent la guérir, on trouve des développements habiles sur un sujet donné, des avis qui

---

1. M. Martha, *les Moralistes sous l'Empire romain*.

s'appliquent à tout le monde, des fragments éloquents d'un traité de morale, rangés sous forme de lettres par la main du hasard. Sénèque a peut-être pressenti cette amitié particulière pour une âme, qui est le principe de la direction spirituelle. A coup sûr, il n'en a pas eu les pressantes tendresses ni l'actif dévouement. J'oserais même demander s'il aime Lucilius autrement que comme un disciple, j'allais dire comme un écho qui lui renvoie cette voix brillante dont le philosophe peu naïf est si naïvement enchanté.

Cette forme la plus élevée et la plus pure de l'amitié a commencé avec le christianisme. Elle durera autant que lui. Elle a pourtant, il faut bien le dire, ses périls secrets et de la nature la plus délicate. Fénelon ne les dissimule pas dans une admirable lettre sur la direction, où tout est résumé avec une précision rapide qui n'est pas dans ses habitudes littéraires : « Les meilleures choses sont les plus gâtées, parce que leur abus est pire que celui des choses moins bonnes. Voilà ce qui fait que la direction est si décriée. Le monde la regarde comme un art de mener les esprits faibles et d'en tirer parti. Le directeur passe pour un homme qui se sert de la religion pour s'insinuer, pour gouverner, pour contenter son ambition; et souvent on soupçonne dans la direction, si elle regarde le sexe, beaucoup d'amusement et de misèro. Tant de gens, sans être ni choisis, ni éprouvés, se mêlent de conduire les âmes, qu'il ne faut pas s'étonner qu'il en arrive assez souvent des choses irrégulières et peu édifiantes. » Développant ailleurs avec force cette même idée, dont se préoccupe aussi Bossuet, il veut qu'on fuie avec horreur tout ce qui ressemble à l'amusement et à la mollesse. « Il ne doit jamais y avoir rien que de sérieux, de modeste et d'édifiant dans ces entretiens où il s'agit purement de la vie éternelle. Le directeur perd son autorité, avilit son ministère, et nuit mortellement aux âmes, quand il a une conduite moins grave et moins réservée. Le malheur est que les personnes lâches et molles, telles que sont souvent les femmes, trouvent trop froid et trop sec tout ce qui est sérieux et éloigné de l'amusement. Elles croient qu'on ne les écoute point, si on ne leur laisse dire cent choses inutiles avant que de venir à celle dont il est question. Elles cherchent plus un commerce de vaine consolation qu'un conseil droit et vigoureux pour aller à Dieu en mourant à soi. Ainsi elles se rebutent des directeurs qui leur seraient les plus utiles, et elles en cherchent qui veulent bien perdre du temps avec elles. Oh! si elles savaient ce que c'est que le temps d'un prêtre, chargé de prier pour soi-même et pour toute l'Église, de méditer profondément la loi de Dieu, et de travailler pour ramener tant de pécheurs, elles craindraient de profaner un temps si précieux et de l'user en discours superflus. »

Ces périls n'ont rien d'imaginaire. Aussi voit-on saint François de Sales et Fénelon occupés à les conjurer en traçant des règles d'une souveraine sagesse pour le choix d'un directeur. « Choisissez-en un entre mille, dit Avila, et moi, s'écrie saint François de Sales, je dis entre dix mille, car il s'en trouve moins que l'on ne saurait dire qui soient capables de cet office : il le faut plein de charité, de science et de prudence : si l'une de ces trois parties lui manque, il y a du danger. » — Fénelon insiste beaucoup : comme on ne peut ni comparer les perfections des hommes, ni connaître même le fond de leur intérieur, il nous donne les marques extérieures qu'il faut suivre, telles que le détachement, la vie retirée, la conduite constante dans les divers emplois, la patience, la douceur, l'égalité, la franchise, l'éloignement de tout amusement et de toute mollesse, la fermeté dans les bonnes maximes sans âpreté et sans excès, l'expérience de l'oraison et des choses intérieures ; enfin, une certaine retenue pour donner le secours nécessaire aux personnes qu'il conduit, sans tomber néanmoins dans des conversations inutiles. — A ce compte, il est aisé de prévoir que le choix sera malaisé. Fénelon lui-même s'épouvante de la perfection que l'on est en droit d'attendre d'un directeur. » Combien qui conduisent sans science ni piété, avec quelques apparences trompeuses ! Combien qui n'ont qu'une science sèche et hautaine ! Combien qui ont la science et la piété, mais une piété sans expérience, et qui ne connaissent que les dehors de la maison de Dieu ! Combien d'autres qui n'ont que l'expérience sans science ! Où sont donc les autres ? Que le nombre en est petit ! Où sont-ils, et qui osera espérer de les trouver ? »

Pour moi, je l'avoue, j'y vois un autre danger auquel je suis tout particulièrement sensible. A force de tribulations secrètes et de troubles, j'ai peur que l'âme dévote ne se lasse de ses luttes, ne se remette complétement aux mains d'autrui et ne cherche son repos dans une abdication. Cette crainte me saisit involontairement, quand je vois l'inquiétude éperdue de ces imaginations qu'un rien trouble et désespère, et qui assaillent le directeur de leurs scrupules incessants. Dans cet état de la dévotion supérieure, on n'ose plus se permettre, sans consulter, une seule démarche, un seul soupir, un seul geste d'âme. On a peur de toute chose, de soi-même surtout. Le désir d'atteindre à la perfection produit une terreur de la perdre qui paralyse le mouvement intérieur, la vie propre. Chaque phénomène, le plus minutieux, chaque état nouveau, sitôt qu'il se manifeste, est commenté sans fin. On raisonne à perte de vue sur telle langueur, sécheresse ou distraction survenue dans l'état d'oraison. L'excès d'analyse risque de tuer la vie intérieure presque autant que l'absence de réflexion. En s'analysant ainsi sans cesse, l'âme s'immobilise de peur de déchoir. Je sais bien, et j'en ai d'innombrables preuves sous la main, que les maîtres de la vie intérieure luttent de toute leur force contre cette pernicieuse tendance, qui n'est, dans leur langage, qu'une forme raffinée de la tentation. Tous leurs conseils vont à enhardir ces pauvres âmes saisies de frayeur et à élargir ces cœurs que le scrupule rétrécit. Mais cette tentation est à peu près inévitable et sort presque infailliblement de la pratique de la direction. On trouve je ne sais quelle molle jouissance dans cet abandon de soi-même aux mains d'un autre. La vie personnelle est un honneur, mais c'est une fatigue aussi. En croyant ne renoncer qu'à l'honneur et à l'orgueil de vivre par soi-même, on renonce en même temps à la fatigue de choisir et à la responsabilité du choix. L'apparence de l'humilité peut cacher, même dans cet excès de la vie spirituelle, je ne sais quel fond d'inertie et de lâcheté qui s'accommode volontiers d'un état passif, et qui fait que nous aimons mieux être la barque que le gouvernail. On est presque heureux de sentir qu'on ne s'appartient plus, parce qu'on espère vaguement qu'on n'aura plus à répondre de soi. N'y a-t-il pas là un vrai danger, et quelle prudence consommée ne faut-il pas à un directeur pour en sauver les âmes qui ont recours à lui? Voilà, selon moi, le péril le plus sérieux de la direction. Sous quelque prétexte que ce soit, l'âme n'a pas le droit de se démettre de sa responsabilité propre; elle n'a pas le droit de renoncer à la noble fatigue de vivre.

II

Nous avons hâte de sortir de ces généralités pour voir la direction en acte dans ses plus illustres représentants. Nous citerons beaucoup; c'est la seule manière de faire apprécier l'œuvre vivante de la direction. — Saint François de Sales est unanimement reconnu pour le maître le plus accompli de la vie intérieure. Fénelon fait de lui, à plusieurs reprises, la louange la plus fine et la plus délicate : « Son style naïf, écrit-il à Mme de Montberon (en lui recommandant la méditation de ses œuvres), montre une simplicité aimable, qui est au-dessus de toutes les grâces de l'esprit profane. Vous voyez un homme qui, avec une grande pénétration, et une parfaite délicatesse pour juger du fond des choses, et pour connaître le cœur humain, ne songeait qu'à parler en bon homme, pour consoler, pour éclairer, pour perfectionner son prochain. Personne ne connaissait mieux que lui la plus haute perfection; mais il se rapetissait pour les petits, et ne dédaignait jamais rien. Il se faisait tout à tous, non pour plaire à tous, mais pour les gagner tous, et pour les gagner à Jésus-Christ et non à soi. » Ailleurs, dans la même veine d'idée, nous trouvons un mot charmant : « Tout y est consolant et aimable, quoiqu'il ne dise rien que pour faire mourir. Tout y est expérience, pratique simple, sentiment et *lumière de grâce*. » — Suivons donc à la trace, et un peu au hasard, cette *lumière de grâce* dont ses œuvres sont intérieurement éclairées.

L'*Introduction à la Vie dévote* n'est pas un traité général de direction, c'est une série d'entretiens particuliers adressés à *Philothée*, et recueillis plus tard, après que l'auteur eut mis dans cette œuvre, composée sans y penser, un peu d'ordre et de suite. On sait que Philothée est Mme de Chantal, une des plus aimables saintes des temps modernes et la fille spirituelle du pieux évêque. Bien que le plan de l'œuvre ne soit pas très-rigoureux, il y a au fond plus de régularité qu'il ne semble d'abord. C'est l'initiation d'une âme *vraiment pleine d'honneur et de vertu* aux secrets de la vraie dévotion, et sa conduite successive, à travers les exercices convenables, vers le terme le plus élevé de la vie religieuse, l'union en Dieu. Le saint directeur saisit cette âme à son premier désir de la vie dévote ; il la soutient et l'encourage à convertir ce simple désir en une entière résolution, l'engage peu à peu dans la pratique, puis une fois qu'elle est entrée heureusement dans cette voie nouvelle, il prend à cœur de lui faire parcourir les divers degrés de la perfection mystique ; il lui enseigne la manière de bien prier, de prier toujours, même en remplissant les devoirs de son état, et de mettre Dieu, pour ainsi dire, dans chaque détail de sa vie. La diriger du côté des vraies vertus, en la tenant en garde contre la séduction des fausses, la prémunir contre les tentations de toute sorte, contre les tristesses et les découragements ; enfin, quand elle est déjà confirmée dans ses voies, *la faire un peu se retirer à part soi, pour se rafraîchir, reprendre haleine et réparer ses forces, afin qu'elle puisse par après plus heureusement gagner pays*, telle est l'économie de ce délicieux petit livre, qui n'est, après tout, que l'histoire d'une âme souffrante du mal du ciel, et guérissant son mal par la prière et la charité.

Le plan n'est rien, les détails sont tout. On n'imagine pas une piété plus éclairée dans un guide spirituel, plus de pureté et de douceur dans son zèle. Sans doute, il brûle du désir de retirer cette âme des pièges du monde et de lui donner ce goût des choses divines auprès duquel toute saveur est fade. Mais il n'excède pas un seul instant le droit rigoureux de la direction. Rien n'égale la discrétion de sa tendresse ni la délicatesse de ses conseils. Il a horreur de ces violences de zèle, qui, sous prétexte de conduire l'âme à l'héroïsme religieux, lui inspirent un dangereux esprit de révolte contre la famille et le monde où sa condition l'oblige à vivre. Voici quelques pensées de saint François de Sales, qui mettront dans tout son jour cette modération exquise et ce tact parfait : « Dieu, dit-il, commanda en la création aux plantes de porter leurs fruits chacun selon son genre, ainsi commande-t-il aux chrétiens, qui sont les plantes vivantes de son Église, qu'ils produisent des fruits de dévotion, un chacun selon sa qualité et vocation.... Il faut accommoder la pratique de la dévotion aux forces, aux affaires et aux devoirs de chaque particulier. Je vous prie, Philothée, serait-il à propos que l'évêque voulût être solitaire comme les chartreux ? Et si les mariés ne voulaient rien amasser non plus que les capucins, si l'artisan était tout le jour à l'église comme le religieux, cette dévotion ne serait-elle pas ridicule, déréglée et insupportable?... Non, Philothée, la dévotion ne gâte rien quand elle est vraie, ains elle perfectionne tout; et lorsqu'elle se rend contraire à la légitime vocation de quelqu'un, elle est sans doute fausse.... Non-seulement la vraie dévotion ne gâte nulle sorte de vocation ni d'affaires, mais au contraire elle les orne et les embellit : le soin de la famille en est rendu paisible, l'amour du mari et de la femme plus sincère, le service du prince plus fidèle, et toutes sortes d'occupations plus suaves et aimables... Où que nous soyons, nous pouvons et devons aspirer à la vie parfaite. »

François de Sales n'oublie jamais qu'il écrit pour une personne obligée de tenir son rang dans le monde, et il s'efforce de marquer le milieu juste entre deux extrémités blâmables qui seraient de rechercher ou de fuir avec excès la société. C'est dans ce milieu sagement gardé que réside la vraie *dévotion civile*. Il n'interdit à Philothée que les conversations mauvaises : « Les autres conversations ont pour leur fin l'honnêteté, comme sont les visites mutuelles, et certaines assemblées qui se font pour honorer le prochain. Et, quant à celles-là, comme il ne faut pas être superstitieuse à les pratiquer, aussi ne faut-il pas être du tout incivile à les mépriser; mais satisfaire avec modestie au devoir que l'on y a, afin d'éviter également la rusticité et la légèreté. » — « C'est un vice, dit-il expressément, que d'être si rigoureux, agreste et sauvage, qu'on ne veuille prendre pour soi ni permettre aux autres aucune sorte de récréation.

Pour toutes les récréations qui n'exposent pas la vertu, il n'est besoin, pour en bien user, que de la commune prudence, qui donne à toute chose le rang, le temps, le lieu, la mesure. Dansez même et jouez, pourvu que ce soit par récréation et non par affection, pour peu de temps, et non jusqu'à se lasser ou étourdir. Dansez et jouez, quand, pour condescendre et complaire à l'honnête *conversation* en laquelle vous serez, la prudence et discrétion vous le conseilleront : car la condescendance, *comme le surgeon de la charité*, rend les choses indifférentes bonnes, et les dangereuses permises.... — Je vous dis des danses, Philothée, comme les médecins disent des champignons : les meilleurs n'en valent rien, disent-ils, et je vous dis que les meilleurs bals ne sont guère bons : si néanmoins il faut manger des champignons, prenez garde qu'ils soient bien apprêtés. S'il faut aller au bal, prenez garde que votre danse soit bien apprêtée. Mais comment faut-il qu'elle soit accommodée? de modestie, de dignité et de bonne intention. » N'est-ce pas là une dévotion qui a bien du charme? Et n'y a-t-il pas comme un sourire dans cette sagesse qui conduit Philothée jusqu'au bal?

Ne croyez pas pourtant qu'un seul instant la vigilance du pasteur s'endorme. Il est vif et pressant sur le chapitre des engagements, et même des simples badinages du cœur. Il n'ignore pas que c'est là le charmant péril des âmes généreuses, et que les plus aimables qualités peuvent devenir autant de pièges. Les âmes sèches sont à l'abri du péril ; elles trouvent leur sécurité dans leur froideur. Ce qui n'est pas aimable aime difficilement. Mais la bonté, la tendresse, la sensibilité, voilà ce qui attire et ce qui produit l'amour ; voilà ce que le bon évêque redoute pour sa chère Philothée. Aussi le voit-on insister beaucoup sur cette délicate matière : « L'amour tient le premier rang entre les passions de l'âme : *c'est le roi de tous les mouvements du cœur*. Il convertit tout le reste à soi, et nous rend tels que ce qu'il aime. Prenez donc bien garde, ma Philothée, de n'en point avoir de mauvais, car tout aussitôt vous seriez toute mauvaise. » Il y a dans cette partie du livre toute une psychologie de l'amour, où se révèle, sous des formes d'une adorable naïveté, une profonde expérience. Saint François de Sales indique d'abord à Philothée les variétés de la mauvaise et frivole amitié, et il se mêle à cette analyse des faiblesses du cœur de vifs portraits, tirés du monde. Nous en choisissons quelques-uns, presque au hasard : « L'amitié fondée sur la communication des plaisirs sensuels est toute grossière, indigne du nom d'amitié ; comme aussi celle qui est fondée sur des vertus frivoles et vaines, parce que ces vertus dépendent aussi des sens. J'appelle vertus frivoles *certaines habiletés* et qualités vaines, que les faibles esprits appellent vertus et perfections. Oyez parler la plupart des filles, des femmes et des jeunes gens, ils ne se feindront nullement de dire : un tel gentilhomme est fort vertueux, il a beaucoup de perfections, car il danse bien, il joue bien à toutes sortes de jeux, il s'habille bien, il chante bien, il cajole bien, il a bonne mine. Or, comme tout cela regarde les sens, aussi les amitiés qui en proviennent s'appellent sensuelles, vaines et frivoles, et méritent plutôt le nom de folâtrerie que d'amitié. Ce sont ordinairement les amitiés des jeunes gens, qui se tiennent aux moustaches, aux cheveux, aux œillades, aux habits, à la morgue, à la babillerie : amitiés dignes de l'âge des amants, *qui n'ont encore aucune vertu qu'en bourre, ni nul jugement qu'en bouton;* aussi telles amitiés ne sont que passagères, et fondent comme la neige au soleil.... Et, bien que ces sottes amours vont ordinairement fondre et s'abîmer en des sensualités fort vilaines, si est-ce que ce n'est pas le premier dessein de ceux qui les exercent, ceux-ci s'arrêtant seulement à *détremper leurs cœurs en souhaits, désirs, soupirs, mugueteries, et autres telles niaiseries et vanités.* » — Nul n'excelle comme le sage directeur à pénétrer les frivoles prétentions et la vanité des motifs qui se cachent au fond de ce qu'il appelle dédaigneusement les *amourettes du monde :* « Les uns n'ont autre dessein que d'assouvir leurs cœurs à donner et à recevoir de l'amour, suivant en cela leur inclination, et ceux-ci ne regardent à rien pour le choix de leurs amours, sinon leur goût et instinct, si qu'à la rencontre d'un sujet agréable, sans examiner l'intérieur ni les déportements d'iceluy, ils commenceront cette communication d'amourettes, et se fourreront dans les misérables filets, desquels par après ils auront peine de sortir. Les autres se laissent aller à cela par vanité, leur étant avis que ce ne soit pas peu de gloire de prendre et lier des cœurs par amour. Et ceux-ci faisant leur élection pour la gloire, dressent leurs pièges et tendent leurs toiles en des lieux spécieux, relevés, rares et illustres. Les autres sont portés, et par leur inclination amoureuse et par la vanité tout ensemble ; car encore qu'ils aient le cœur contourné à l'amour, si ne veulent-ils pourtant pas en prendre qu'avec quelque avantage de gloire. » Et s'adressant aux femmes vaines qui veulent donner de l'amour, espérant n'en pas prendre : « Qui prend est pris en ce jeu, s'écrie-t-il. Ce feu d'amour, vous croirez n'en recevoir qu'une étincelle, et vous serez tout étonné de voir qu'en un moment il aura saisi tout votre cœur, réduit en cendres toutes vos résolutions, et en fumée votre réputation. O fous et insensés ! croyez-vous charmer l'amour pour le pouvoir manier à votre gré? Quel aveuglement est celui-ci de jouer ainsi à crédit, sur des gages si frivoles, la principale pièce de notre âme! Hélas! nous n'avons pas d'amour à beaucoup près de ce que nous avons besoin pour aimer Dieu ; et, cependant, misérables que nous sommes, nous le prodiguons et épanchons en choses sottes, vaines et frivoles, comme si nous en avions de reste.... Toute composition avec l'ennemi conduit l'âme à sa perte. Ne dites pas : je lui prêterai l'oreille, mais je lui refuserai le cœur. O ma Philothée! pour Dieu, soyez rigoureuse en telles occasions; le cœur et les oreilles s'entretiennent l'un à l'autre, et, comme il est impossible d'empêcher un torrent qui a pris sa descente par le pendant d'une montagne, aussi est-il difficile d'empêcher que l'amour, qui est tombé en l'oreille, ne fasse soudain sa chute dans le cœur.... Je crie tout haut à quiconque est tombé dans ces pièges d'amourettes : taillez, tranchez, rompez, il ne faut pas s'amuser à découdre ces folles amitiés, il les faut déchirer. Il n'en faut pas dénouer les liaisons, il les faut rompre ou couper, aussi bien les cordons et liens n'en valent rien. »

On sent bien que saint François de Sales ne redoute guère, pour la chère âme qu'il dirige, ces amorces vulgaires. Philothée a le cœur trop élevé pour y donner accès *à cette engeance et fourmilière de folles amours et folâtreries.* Mais le mal a des ressources infinies pour tenter l'âme, et il ne s'adresse pas aux nobles cœurs comme aux cœurs frivoles. Il les tente, si je puis dire, par leur propre grandeur. C'est là, de tous les périls, le plus redoutable, parce qu'il est le plus délicat. L'amour est ingénieux à se dissimuler sous les dehors de la piété, du désintéressement, de la vertu ; il cherche tout d'abord à prendre le niveau de ces grandes âmes, puis, par d'insensibles passages, il les attire au sien. Voilà ce que nous montre, avec une rare délicatesse de touche le saint évêque : « Le miel d'Héraclée, qui est si vénéneux, ressemble à l'autre qui est si salutaire ; il y a grand danger de prendre l'un pour l'autre, ou de les prendre mêlés, car la bonté de l'un n'empêcherait pas la nuisance de l'autre.... On commence par l'amour vertueux, mais si on n'est fort sage, l'amour frivole s'y mêlera, puis l'amour sensuel : oui, même il y a danger en *l'amour spirituel,* si on n'est fort sur sa garde. »

Puis, s'animant à la poursuite de ce dangereux amour, il le démasque, le pénètre dans toutes ses perfidies secrètes, l'oppose dans tous ses traits à la vraie amitié : « L'amitié mondaine produit ordinairement un grand amas de paroles emmiellées, une cajolerie de petits mots passionnés et de louanges tirées de la beauté, de la grâce et des qualités sensuelles : mais l'amitié sacrée a un langage simple et franc, ne peut louer que la vertu et grâce de Dieu. La fausse amitié provoque un tournoiement d'esprit, qui fait chanceler la personne, la portant à des regards affectés, mignards et immodérés ; à des caresses, à des soupirs désordonnés, à des petites plaintes de n'être pas aimée, *à des petites, mais recherchées, mais attrayantes contenances,* présages certains d'une prochaine ruine de l'honnêteté ; mais l'amitié sainte n'a des yeux que simples et pudiques, ni de caresses que pures et franches, ni des soupirs que pour le ciel, ni des plaintes, sinon quand Dieu n'est pas aimé. » Telles sont les marques infaillibles auxquelles Philothée reconnaîtra l'honnêteté sincère des affections. Si elle s'y trompe, c'est qu'elle l'aura bien voulu. Son ignorance ne couvrira plus sa faute. — On sent, à la note de ces conseils, que l'aimable saint qui les donne est un gentilhomme, né dans le monde et s'adressant à une femme du monde. C'est le style de la société polie d'alors, je dirais presque le style de l'*Astrée,* transporté dans la sphère de la plus haute spiritualité.

Ces conseils d'une douce et pénétrante sagesse sont de tous les temps, et l'opportunité en est éternelle. Ce qui vieillit, c'est le langage ; ce qui change, c'est la forme extérieure des sentiments. La différence ne porte vraiment que sur la surface. Le cœur humain est le même dans ses illusions volontaires aussi bien que dans ses instinctives perfidies. Changeons quelques mots au langage de saint François de Sales, et voyons avec quelle justesse ses avis s'appliquent à notre temps, à nos mœurs. Il ne s'agit plus guère aujourd'hui des dangers secrets de *cette amitié spirituelle, contractée de bonne intention entre personnes de divers sexes,* par laquelle deux âmes, sous prétexte de se communiquer leurs affections pieuses et de *se rendre un seul esprit entre elles,* se communiquent leurs faiblesses, leurs vanités, et deviennent l'une à l'autre une occasion de chute. Un homme ne recherche plus une femme pour s'édifier en commun à la lecture de la *Vie des Saints.* C'est d'un autre nom aujourd'hui que s'appellent ces amitiés spirituelles qui semblaient si dangereuses à saint François de Sales. C'est sous d'autres prétextes qu'elles se forment. La spiritualité n'en est pas moins, pourtant, l'occasion apparente et le point de départ. Mais c'est une spiritualité toute profane et romanesque, où la dévotion n'entre plus. Deux âmes se rencontrent (je mets l'âme en avant, puisqu'il s'agit d'elle). Elles s'invitent et s'attirent par toutes sortes de qualités aimables et par une sorte de grâce indéfinissable qui les séduit. Chacune d'elles trouve dans l'autre quelques traits de cette générosité, de cette grandeur, de cette délicatesse qu'elle a rêvées, quelque chose enfin, comme on dit, de *son idéal*. On pense qu'on l'a enfin rencontré, on le pense d'abord, on finit par le dire ; on le laisse deviner du moins, si on ne l'avoue pas, ce qui est presque plus dangereux que l'aveu. Ce sont là les ravissants préludes de l'affection naissante, et dans cette période du premier enchantement, tout se tourne aux nobles désirs ; c'est entre les deux âmes une sorte d'émulation chevaleresque à bien faire, à sentir généreusement et plus haut que le reste du monde, pour se rendre plus digne de *l'autre* et se rapprocher de son niveau. A ces imaginations exaltées la vertu semble trop facile ; il faut des luttes difficiles, on aspire à de plus rares triomphes : on invoque une de ces circonstances exceptionnelles où l'on puisse faire éclater l'héroïsme que l'on sent frémir dans son cœur. L'occasion vient à qui l'invoque et l'épie au passage. Elle arrive bientôt pour ces amants de l'idéal. A force de s'étudier mutuellement, de découverte en découverte, on arrive à se persuader qu'il existe, de son âme à l'autre, un si grand nombre de points de contact et de si visibles rapports, que l'on est tenté de les expliquer par une de ces *harmonies préétablies*, par un de ces mariages d'âme, contractés dans une vie antérieure ou espérés dans la vie future, et dont on tient à faire honneur à Dieu. — La seconde période commence, celle de l'héroïsme. Il ne faut rien moins que cela pour renvoyer à une autre vie les voluptés idéales de cet hymen spirituel, si visiblement providentiel, et pour n'en pas trop vouloir aux circonstances et aux personnes dont la rencontre vous a détourné de la voie où était le bonheur. C'est alors tout un grand orage qui s'élève dans les profondeurs de l'âme, orage furieux de désirs chimériques et de passions révoltées. On s'anime à la lutte ; l'héroïsme coule à pleins bords dans la vie. L'âme s'étonne de son courage, elle s'exalte et s'enivre de ce beau spectacle qu'elle se donne à elle-même, elle jouit de sa force, elle a le vertige de sa grandeur. Attendez un peu, son triomphe lui devient un piége. Sûre d'elle-même et de son amère victoire, elle ne croit plus qu'il soit opportun de combattre, mais elle réfléchit douloureusement sur le combat. Elle s'attriste de ce que tant d'héroïsme soit compté pour rien, précisément par ceux qui devraient lui en savoir le plus de gré ; elle veut bien être magnanime, mais c'est à condition qu'on s'en aperçoive. Quel prix a-t-elle reçu de ces immolations secrètes à un devoir ingrat, de cette passion comprimée d'une main violente et qui dévore silencieusement son cœur ? Et *l'autre héros*, ne faut-il pas le récompenser un peu de tant d'efforts? Est-il juste de le laisser périr à la peine et ne doit-on pas au moins lui montrer sensiblement que son dévouement est compris? Tant de sacrifices ne sont-ils pas des droits? Et alors se produit ce *tournoiement d'esprit* dont nous parle saint François de Sales, *qui trouble le jugement et qui fait croire qu'on fait bien encore en mal faisant.* Pour la fin de l'histoire, voyez la fin de tous les romans. La moralité, c'est que l'âme la mieux née se soutient difficilement à ces hauteurs de l'amour désintéressé. Elle voudrait sincèrement s'y maintenir, elle y arrive même parfois, on le sait. Mais pour deux qui s'y maintiennent, combien qui tombent, et de quelle chute! L'amour platonique est une vertu à laquelle toutes les nobles imaginations aspirent. Il en coûte de le dire, c'est presque une chimère dans la vie.

Le privilége du bon sens est de ne pas vieillir. Il saisit d'une vue si nette la vérité dans l'éternel fond de l'homme, que l'expression en reste juste à travers les modifications des mœurs et du temps. Saint François de Sales a raison aujourd'hui contre les spiritualités romanesques de l'amour, comme autrefois contre les amitiés dévotes dont il dévoilait le dangereux attrait. Nous n'avons choisi qu'un chapitre dans cette série de chapitres si délicats et si variés. Sur tous, nous aurions pu faire la même étude et le même travail de transposition. C'est ainsi qu'on arrive sans peine à dégager, des formes spéciales de la plus pure mysticité, une suite de conseils excellents, applicables à la vie de chaque jour. C'est ainsi qu'en interprétant les avis de la direction spirituelle dans un sens tout voisin et à peine altéré, l'honnêteté même mondaine peut profiter à cette lecture aussi bien que la piété la plus raffinée, et chaque âme peut se faire à soi-même cette douce illusion d'être la privilégiée à laquelle ces entretiens s'adressent à travers les siècles, d'être la Philothée de saint François de Sales.

III

Fénelon semble être le directeur de choix des grands seigneurs et des grandes dames. Ses lettres sont adressées aux plus illustres noms de France. Des maisons considérables tout entières sollicitent ou acceptent sa direction. Il a, parmi ses clients spirituels, toute la famille du grand Colbert, le marquis de Seignelai, ses sœurs, les duchesses de Beauvilliers, de Chevreuse, de Mortemart ; ses beaux-frères, les ducs de Chevreuse et de Beauvilliers, M. Colbert, l'archevêque de Rouen. Joignez-y des prélats considérables dans le monde, comme l'Électeur de Cologne, des femmes qui tenaient un haut rang à la cour, comme la comtesse de Gramont, celle enfin qui tenait le premier rang entre toutes, Mme de Maintenon. Est-ce l'effet de tous ces grands noms qui se pressent dans ses *Lettres spirituelles* ? Est-ce l'effet de ce style aux grâces nonchalantes, où l'on ne sait qu'admirer le plus de l'aisance naturelle ou de la distinction parfaite ? Je l'ignore. Toujours est-il qu'il sort de ces délicieux volumes comme un parfum d'aristocratie. Oui, d'aristocratie. Le mot est juste, même dans ces matières de pure spiritualité. On ne gouverne pas, semble-t-il, l'âme d'une Chevreuse comme on gouverne une âme bourgeoise. Au fond, les vertus recommandées sont les mêmes ; mais elles trouvent pour s'exercer d'autres circonstances et un autre théâtre. Les sentiments à réprimer, ceux à exciter sont les mêmes aussi ; la piété ne change pas de conditions ni de règles, la sainteté ne change pas d'idéal. Quelque chose change pourtant dans l'application des mêmes vérités, quelque chose aussi dans la manière de les exprimer. Il y a une parfaite convenance entre cette clientèle illustre et le style de Fénelon, ce style né grand seigneur.

Je ne craindrai pas de généraliser ma pensée. Le style de Fénelon est un style aristocratique, parce que Fénelon lui-même est un pur aristocrate. On se récriera, on me citera tous les lieux communs de l'histoire de Fénelon : ses conseils au duc de Bourgogne pour lui apprendre à aimer le peuple et à l'épargner, sa fameuse lettre à Louis XIV sur les misères populaires, sa bonté proverbiale envers les pauvres gens. On rappellera la touchante histoire de la vache perdue, ramenée à son maître. Tout cela m'émeut infiniment et rien de cela ne me fera changer d'idée. Fénelon aimait le peuple; il avait la plus grande compassion pour ses souffrances. Quoi d'étonnant? C'était un grand cœur, il fut presque un saint : il l'aurait peut-être été sans la question du *pur amour*. Mais tout saint qu'il est, c'est un saint *aristocrate*, je veux dire très-éloigné du peuple par sa manière de penser, de sentir, de s'exprimer. En politique, il avait la pensée de rétablir la noblesse dans ses grandes charges, comme un intermédiaire de gouvernement entre le roi et le reste de la nation. Dans la religion, il apporte une façon subtile de raisonner, une sorte d'utopie de perfection chimérique et dangereuse, qui peuvent plaire encore comme elles plurent autrefois à des esprits raffinés, mais qui ne réussiront jamais auprès des esprits solides et simples. Pour ses habitudes enfin, pour ses manières d'être comme homme, on les devine, rien qu'à voir son portrait; il a grand air, et sa bienveillance, quand elle s'abaisse, est de l'affabilité. Il vit de plain-pied avec les grands seigneurs.

Un des sujets qu'il connaît le mieux et sur lequel il revient sans cesse, c'est la vie de la cour et la vie du monde. Un moraliste ingénieux, un de nos plus charmants écrivains, M. Saint-Marc Girardin, s'est plu un jour à extraire des lettres de Mme de Maintenon de curieux fragments où cette femme illustre analyse dans ses dernières précisions un mal qu'elle a bien connu, l'ennui à la cour. Je doute qu'il y ait rien de plus pénétrant sur ce sujet que quelques pages de Fénelon disséminées dans ses lettres de direction. J'en citerai une qui a bien de la force et de la vivacité. C'est à Mme de Gramont qu'elle est écrite : « Si Bourbon vous est aussi favorable qu'à M. le comte de Gramont, je ne m'étonne pas qu'il vous fasse oublier la cour. Bourbon est pour lui la véritable fontaine de Jouvence, où je crois qu'il se plonge soir et matin. Versailles ne rajeunit pas de même; il y faut un visage riant, mais *le cœur n'y rit guère*. Si peu qu'il reste de désirs et de sensibilités d'amour-propre, on a toujours ici de quoi vieillir; on n'a pas ce qu'on veut, on a ce qu'on ne voudrait pas. On est peiné de ses malheurs, et quelquefois du bonheur d'autrui : on méprise les gens avec lesquels on passe sa vie, et on court après leur estime. On est importuné et on serait bien fâché de ne l'être pas, et de demeurer en solitude. *Il y a une foule de petits soucis voltigeants* qui viennent chaque matin à votre réveil, et qui ne vous quittent plus jusqu'au soir; ils se relayent pour vous agiter. Plus on est à la mode, plus on est à la merci de ces lutins. Voilà ce qu'on appelle la vie du monde, et l'objet de l'envie des sots. *Mais ces sots sont tout le genre humain aveuglé.* » Hélas, il y a une confidence triste dans ce cri de Fénelon. Il est, lui aussi, du *genre humain aveuglé*, il le sait. Tout en peignant Versailles sous ces tristes couleurs, il semble pressentir, dès 1695, ce que la disgrâce aura d'amertumes et l'exil de tristesses. Il voudrait s'enhardir, par ce spectacle des vanités et des misères de la cour, à s'en passer. Cette vie est bien vaine sans doute et bien stérilement agitée. Mais, ô vanité de l'homme, faiblesse du saint! Quand elle lui manquera, il souffrira, et le reste de sa vie sera un long regret de ce Versailles, où pourtant il n'a pas été heureux. Du reste, cette sombre peinture de la vie de la cour s'explique par la date même de la lettre. Fénelon vient d'être nommé archevêque de Cambrai. Mais déjà la grande affaire du Quiétisme est engagée. Déjà il a senti les premiers coups de Bossuet; il sent chanceler la faveur autour de lui. Si *le cœur ne rit guère à Versailles*, c'est que déjà le roi ne sourit plus au plus bel esprit de son royaume.

Par ses habitudes et ses relations, Fénelon est arrivé à pénétrer profondément les travers des hommes et des femmes de la cour. On sent en lui une expérience toute particulière de leurs spécieux défauts et de leurs vaniteuses misères. Il faut le voir aux prises avec ces naturels hautains. C'est surtout envers la comtesse de Gramont qu'il déploie sa sévère tendresse pour la ramener à l'humilité. L'humilité est le fond de toutes ses lettres ; c'est l'idée qui revient sans cesse : « La vue seule de vos misères, lui écrit-il sans cesse, peut vous rendre compatissante et indulgente pour celles d'autrui. Supportez le prochain. Surtout le silence vous est capital. Lors même que vous ne pourrez vous dérober au monde, vous pourrez vous taire souvent et laisser aux autres les honneurs de la conversation. Vous ne pouvez dompter votre esprit dédaigneux, moqueur et hautain, qu'en le tenant enchaîné par le silence. Mettez une sévère garde à vos lèvres : le silence facilite la présence de Dieu, épargne beaucoup de paroles rudes et hautaines, enfin supprime un grand nombre de railleries ou de jugements dangereux sur le prochain ; le silence humilie l'esprit et détache peu à peu du monde ; il fait dans le cœur une espèce de solitude. Parlez quand vous serez seule : vous ne sauriez alors trop parler ; car ce sera à Dieu seul que vous parlerez de vos misères, de vos besoins et de vos bons désirs. Mais en compagnie vous ne sauriez presque tomber dans l'excès de trop peu parler. Il ne faut pas que ce soit un silence sec et dédaigneux ; il faut, au contraire, que ce soit un silence de déférence à autrui. Tout air de mépris et de hauteur, tout esprit de critique et de moquerie marque une âme pleine d'elle-même, qui ne sent point ses misères, qui se livre à sa délicatesse, qui met tout son plaisir dans le mal d'autrui. Rien ne devrait être si propre à nous humilier que ce genre d'orgueil facile à blesser, moqueur, dédaigneux, fier, jaloux de vouloir tout pour soi, et toujours implacable sur les défauts d'autrui. On est bien imparfait quand on supporte si imparfaitement les imperfections du prochain. »

La leçon est forte; il paraît qu'elle ne suffit pas encore. Fénelon insiste : « Le recueillement est l'unique remède à vos hauteurs, à l'âpreté de votre critique dédaigneuse, aux saillies de votre imagination, à vos impatiences contre ceux qui vous servent, à votre goût pour le plaisir, et à tous vos autres défauts. » Parfois sa sévérité prend des accents tout à fait affectueux, je dirais même naïfs : « Jamais personne n'a eu plus de besoin que vous de nourriture intérieure, de silence, de réflexion, de séparation du monde, de défiance d'elle-même et de la pente de son cœur. Il faut vous rabaisser sans cesse : vous ne vous relèverez que trop. Il faut vous rapetisser, vous faire enfant : vous serez encore une méchante enfant. »

Surveiller ses défauts pour les combattre, cela est nécessaire, mais ne suffit pas. Il faut prier. Mais ici les femmes du monde se récrient; elles n'ont pas le temps. Écoutez Fénelon. Il montre qu'à tout prix chacune, même la plus occupée, doit dérober quelques heures aux embarras du monde pour nourrir la piété. Il me semble, écrit-il, que je vois tous vos embarras, tant je me les représente fortement : mais après tout, il faut que les affaires viennent chacune en son rang, et que celle du salut soit comptée pour la première. A ce propos, il descend dans les plus minutieux détails et nous entrons à sa suite dans la vie occupée d'une femme de la cour : « Vous auriez grand besoin de certaines heures libres où vous pussiez vous recueillir. Tâchez de les dérober, et comptez que ces petites rognures de vos journées seront le meilleur de votre bien. Surtout, madame, sauvez votre matin et défendez-le comme on défend une place assiégée. Faites des sorties vigoureuses sur les importuns; nettoyez la tranchée et puis renfermez-vous dans votre donjon.... L'après-dînée même est trop longue pour ne reprendre point haleine.... Il faut mettre à profit tous les petits moments; quand on attend quelqu'un, quand on va d'un lieu à un autre, quand on est avec des gens qui parlent volontiers, et qu'on n'a qu'à laisser parler, on élève un instant son cœur à Dieu et on se renouvelle pour la suite de ses occupations. » On ferait un charmant livre avec les *Lettres à Mme de Gramont* sous ce titre : *la Piété dans le monde.*

Ce que Fénelon dit si bien de l'utilité des *petits moments* pour nourrir la piété, nous pourrions le dire aussi justement pour nourrir l'intelligence de fortes et saines lectures. Les femmes qui vivent dans le monde n'ont pas le temps, disent-elles, de lire, surtout ces livres d'une littérature sérieuse dont les attraits sévères les invitent médiocrement, et qui seuls pourtant préservent leur esprit des dernières dissipations en faisant contre-poids à la frivolité des conversations. Que j'aimerais à emprunter à Fénelon son langage pour leur répondre ! Qu'il serait aisé de leur montrer l'utile emploi qu'elles pourraient faire de ces *petites rognures de journées*, si misérablement perdues ! Qu'on aurait bonne grâce à dire, en face de ces oisivetés occupées, en modifiant légèrement les paroles mêmes de Fénelon : « Je crois, madame, que vous devez tâcher, sans pédanterie aucune, de vous occuper de solides lectures, et que cela même ne vous coûtera aucun effort pénible, si vous le voulez bien. Imposez-vous comme règle de ne jamais passer une seule journée sans lire quelques pages sérieuses. N'attendez point seulement pour cela les heures libres où l'on peut fermer la porte et ne voir personne. Tous les moments les plus entrecoupés sont bons, sinon pour lire, du moins pour réfléchir à ce que vous avez lu. Vous le pouvez, non-seulement en voiture, mais encore en vous habillant, en vous coiffant, même en mangeant, et en écoutant les autres parler. Les conversations inutiles et ennuyeuses, au lieu de vous fatiguer, vous soulageront en vous donnant des intervalles. Au lieu d'exciter votre moquerie, elles vous donneront la liberté de vous recueillir. » Ainsi, tout se tourne à profit, selon le conseil de Fénelon pour ceux qui veulent nourrir leur esprit aussi bien que pour ceux qui cherchent Dieu. La grande science de la vie intellectuelle et morale, c'est l'économie du temps.

Nous nous attardons avec ce guide aimable des consciences illustres, et nous n'avons pas encore dit un mot du caractère particulier de la spiritualité mystique dans Fénélon, le pur amour. Il n'y a plus à revenir sur la question de fond. Elle est jugée. Tout au plus pourrait-on insister sur les détails, faire voir de quelle poursuite obstinée Fénelon recherche ce pur amour, la chimère et le supplice de sa vie, avec quel art cruel et raffiné il frappe dans le dernier fond de l'âme les racines saignantes de l'amour-propre, comme il est ingénieux, infatigable à désintéresser l'âme d'elle-même, et, pour employer sa forte expression, à la *désapproprier*. C'est une lutte sans trêve et sans merci. On croit avoir renoncé enfin à l'amour-propre ; c'est l'instant où Fénelon vous montre que, sous une forme nouvelle et à votre insu, il triomphe. Défiez-vous des attendrissements extraordinaires, des élans, des ravissements en Dieu. Il n'y a là souvent qu'une illusion de l'amour-propre, qui se croit privilégié. Les vraies lumières même sont à craindre, car on s'y attache avec une complaisance subtile et secrète : *elles font insensiblement un appui et une propriété;* elles empêchent la nudité et le dépouillement que Dieu demande des âmes avancées. De là vient que ces dons lumineux ne sont d'ordinaire que pour des âmes médiocrement mortes à elles-mêmes, au lieu que celles que Dieu mène plus loin outre-passent par simplicité tous ces dons sensibles. — Vous souffrez de ces langueurs de l'âme que les mystiques appellent des sécheresses ou stérilités spirituelles. Vous avez tort de vous en affliger. Si vous saviez mieux aimer Dieu, vous rechercheriez moins la jouissance dans l'amour. — Et ici intervient une psychologie d'une incroyable subtilité : Qu'est-ce que vous voulez aimer? Est-ce le plaisir de l'amour ou le bien-aimé? Si ce n'est que le plaisir de l'amour que vous cherchez, c'est votre plaisir et non celui de Dieu, qui est l'objet de vos prétentions. On impose souvent à soi-même dans la vie intérieure. On se flatte de chercher Dieu, et l'on ne cherche que soi. Comme on ne tient à Dieu que par le plaisir, on ne tient plus à lui quand la source du plaisir tarit. O que l'amour est pur quand il se soutient sans aucun goût sensible ! O que l'amour souffrant sur le Calvaire est au-dessus de l'amour enivré sur le Thabor !

Quand Fénelon parle, sa rare finesse nous pénètre, sa dialectique nous désarme. Quand Bossuet lui répond, sans le nommer jamais, dans ses *Lettres de piété et de direction*, toute l'illusion des raisonnements fins tombe devant la clarté souveraine du bon sens. Le grand évêque estime que ce sont là d'inutiles agitations de pensée, d'ingénieux et funestes scrupules. Les mystiques se trompent ou ne s'entendent pas eux-mêmes, quand ils croient que la délectation empêche ou diminue le mérite. La source du mérite, c'est la charité, c'est l'amour. *Imaginer un amour qui ne porte point de délectation, c'est imaginer un amour sans amour.* Il est vrai qu'il ne faut pas s'arrêter aux vertus et aux dons de Dieu, et saint Augustin a dit que c'est de Dieu qu'il faut jouir ; mais enfin il ajoute aussi que c'est par ses dons qu'on l'aime, qu'on s'y unit, qu'on jouit de lui. Les mystiques raffinent trop sur cette séparation des dons de Dieu d'avec lui. Il faut plus de simplicité de cœur, plus d'abandon surtout. On peut souhaiter l'attrait, comme on peut souhaiter l'amour où il porte ; on peut souhaiter la délectation comme une suite et comme un motif nouveau de l'amour. Qu'on ne se mette donc pas en peine de ce que c'est que le pur amour ; le propre de cet amour, c'est de se cacher soi-même à soi-même ; quand on le sent, ordinairement on ne l'a pas ; quand on l'a, on ne sait pas ce que c'est ; car alors on se tait, on ne sait qu'en dire, et on ne peut en parler, si ce n'est dans certains élans que Dieu envoie lorsqu'on y pense le moins. Tous ces sacrifices impossibles, exigés par les mystiques, ne sont que de pieuses extravagances. C'est une espèce de folie de souhaiter d'aller en enfer, à condition d'y trouver l'amour de Dieu. Il vaut bien mieux chercher ce saint amour où Dieu l'a mis.

Telle est la saine doctrine que Bossuet oppose inflexiblement aux nouveautés cruelles du pur amour. Il rend à l'âme le droit de se sentir vivre ; il la réintègre dans sa juste propriété. Du reste, l'*inhumanité* de Fénelon est toute dans sa doctrine. Personne de plus humain que lui et de plus doux dans les formes et dans la pratique de la direction. Il y apporte une patience angélique, je dirai plus, une sorte de condescendance familière et presque d'affectueuse égalité. Suivez-le dans sa longue correspondance avec Mme de Montberon, la plus chère des âmes qui lui sont confiées. Il la gouverne suivant la rigoureuse théorie du pur amour. Mais à part la doctrine, il prend plutôt dans ses lettres le ton d'un ami que d'un maître spirituel. Il ne se fait pas faute de marquer les détails les plus précis sur son intérieur, et de confesser ces défauts dont on ne doit l'aveu que dans l'échange le plus intime de l'amitié. Il a l'air de ne pas craindre que ces confidences abaissent son caractère et diminuent son autorité. Déjà, dans une sorte d'examen de conscience retrouvé parmi les lettres de Fénelon, il s'accusait avec une franchise singulière. Mais rien n'égale la précision de ses aveux dans la correspondance avec la pénitente bien-aimée. C'est peu d'être irrégulier, négligent, *manquant d'attention et de délicatesse*. Il y a une page entière où il me semble entendre comme le cri navrant d'un désespoir qu'une admirable piété seule comprime. C'est dans une lettre du 20 novembre 1701 que se trouve cette confession douloureuse : « Je n'ai rien à vous dire aujourd'hui de moi ; je ne sais qu'en dire ni qu'en penser. Il me semble que j'aime Dieu jusqu'à la folie, quand je ne cherche point cet amour ; si je le cherche, je ne le trouve plus. (Remarquons en passant comme cela donne pleinement raison à Bossuet.) Ce qui me paraît vrai en le pensant d'une première vue, devient un mensonge dans ma bouche, quand je le veux dire. Je ne vois rien qui soulage mon cœur, et si vous me demandiez ce qu'il souffre, je ne vous saurais l'expliquer. Je ne désire rien ; il n'y a rien que j'espère ni que j'envisage avec complaisance. Mon état ne me pèse point, et je suis tourmenté de mille bagatelles. D'un autre côté, les moindres bagatelles m'amusent, mais le cœur demeure sec et languissant. *Dans le moment que j'écris ceci, il me paraît que je mens.* Tout se brouille. Dans ces changements perpétuels, je ne sais quoi ne change point, ce me semble. » Il y a dans cette page quelque chose de désolé. Quelle profonde analyse d'un cœur accablé et d'une raison qui doute d'elle-même : *Dans le moment que j'écris ceci, il me paraît que je mens !* Quel est donc le vent d'orage qui a passé par là ? Si une angélique piété ne défend pas l'âme de ces désolations intérieures, faut-il s'étonner que tant d'âmes s'abattent, à qui tout point d'appui a manqué dans la vie, la raison et la foi ?

Il y a bien de la condescendance dans le seul acte d'écrire cette lettre à une femme, à une pénitente. Parfois on serait tenté d'oublier qu'il s'agit d'une correspondance spirituelle, tant les analogies et les réminiscences profanes se présentent naturellement à l'esprit. Si ce n'était manquer de respect à une sainte mémoire comme celle de Fénelon, on serait tenté de sourire en assistant à ces scènes perpétuelles de jalousie. C'est le *Dépit amoureux* joué dans les plus hautes sphères de la pure spiritualité. Nous n'avons pas besoin de dire que tous ces dépits viennent d'un seul côté ; mais Fénelon a peut-être le tort, tout en réprimandant sévèrement madame de Montberon, de souffrir trop longtemps ses écarts. Il fallait la guérir de ses imaginations en l'abandonnant à d'autres mains, qui, plus sévères ou moins aimées, l'auraient plus aisément maintenue sous le joug. Mme de Montberon mêle trop sensiblement à ce commerce spirituel des défauts et des passions de femme; elle a une sensibilité maladive d'amour-propre, un esprit ombrageux et toujours porté au soupçon, une pente à la jalousie qui l'emporte au delà de toutes les bornes. Fénelon n'est occupé qu'à la rassurer, à calmer les ombrages de cette affection toujours irritée; il essaye de la ramener doucement à lui. Il proteste dans les termes les plus affectueux de son dévouement pour elle : « Dieu voit, dit-il, que je ne saurais aimer en lui une sœur plus cordialement, et que je donnerais ma vie pour vous; il voit combien vos peines m'affligent et à quel point je souhaite de les guérir. » Vains efforts ! à chaque instant, ce sont de nouveaux éclats, de nouveaux tourments. Tantôt cette pauvre âme en peine se désole d'être pendant quelques semaines éloignée de son directeur : « Que craignez-vous donc, ô âme de peu de foi? Vous serez seule, il est vrai, cinq ou six semaines; mais est-ce être seule que d'être avec Dieu? La seule correspondance de volonté détruit toutes les distances; il n'y a point d'entre-deux entre des volontés dont Dieu est le centre commun. » D'autres fois elle reproche à son directeur de ne prendre soin d'elle qu'avec un certain ennui ; c'est là le plus grand grief sur lequel elle revient sans cesse. L'ennui ne suppose-t-il pas l'absence de toute affection sensible? On voit quelle peine ces injustes défiances causent à Fénelon : « Dieu m'a donné bien des croix, madame, mais je n'en ai porté aucune avec plus de douleur que celle de ce soir. J'espère que Dieu fera tout seul ce qu'il n'a point fait par ma parole. » Il entremêle à l'expression de son chagrin de fortes vérités, sur lesquelles on voudrait qu'il insistât davantage. Il rappelle à sa pénitente que la direction n'est point un commerce où il doive entrer rien d'humain, quelque innocent et régulier qu'il soit, mais que c'est une conduite de pure foi, toute de grâce, de fidélité et de mort à soi-même. Malgré tout, la tentation est la plus forte. Mme de Montberon persiste à croire que Fénelon ne remplit son devoir auprès d'elle qu'avec froideur et sans goût. C'est une pensée qui lui est insupportable. Elle veut changer de directeur. Alors commence une lutte étrange, Mme de Montberon s'obstinant à recourir ailleurs, pour ne pas imposer à Fénelon un soin qu'elle croit lui être à charge, Fénelon s'obstinant à combattre cette résolution de la colère : « Je ne vous demande que peu de jours. C'est Dieu plutôt que moi qui vous les demande. Espérez-vous la paix en prenant un parti de désespoir dans un trouble visible, où, loin d'écouter Dieu en silence, vous n'écoutez que votre passion? C'est une fureur d'amour-propre qui vous transporte. Ne porterez-vous pas au bout du monde cet amour-propre forcené? Prétendez-vous l'apaiser en lui obéissant? Croyez-vous que l'absence de certains objets ôtera à cet amour-propre, si ingénieux pour vous tourmenter, des prétextes pour vous troubler encore? Votre imagination vive ne vous rendra-t-elle pas présent ce que vous aurez quitté? L'absence ajoutera le remords et le désespoir à toutes vos peines. » Cette lutte se prolongera pendant plusieurs années et ne se terminera qu'avec la correspondance. Il y a là tout un côté bien curieux de l'histoire intime de la direction au dix-septième siècle.

En lisant ces lettres si intéressantes pour nous, même par ce que j'oserais appeler les charmantes faiblesses de Fénelon, je ne puis me défendre d'un rapprochement. Fénelon, si inhumain dans la doctrine, est tendre presque jusqu'à l'excès envers les âmes qui lui sont confiées. Tout au contraire, il y a bien plus d'humanité dans la doctrine de Bossuet, et en même temps plus de sévérité dans sa manière de conduire les âmes. Il a des affections graves, austères, mâles comme tout son génie. Il a le ton du maître spirituel, attendri seulement par la charité. Ce n'est pas lui qui prolongerait pendant plusieurs années une discussion avec des jalousies et des défiances obstinées. La sœur Cornuau, dans son *Second avertissement sur les lettres de Bossuet*, raconte que plusieurs personnes, très-parfaites d'ailleurs et très-considérées de ce prélat, furent abandonnées par lui pour avoir apporté trop de retardements à se soumettre et trop de raisons. La direction, disait-il, tournera en vain amusement dès qu'un directeur, par mollesse et par complaisance, pliera sous la volonté des âmes qu'il dirige, et souffrira leur peu de soumission. Aussi peut-on considérer la correspondance spirituelle de Bossuet comme une œuvre accomplie de charité et de raison. Tout y est d'une fermeté continue, d'une sagesse qui, pas un seul instant, ne languit et ne s'amuse. Tout y est tourné à une instruction vigoureuse et saine. C'est la direction dans sa vraie grandeur et sa simplicité.

Nous avons pensé qu'il pourrait y avoir quelque intérêt dans cette étude de psychologie religieuse qui est en même temps une étude sur la vie morale du dix-septième siècle. Il y aurait, je le sais, une contre-partie à écrire, qui se composerait des abus, des ingérences de toute sorte, des usurpations d'influence, si fréquentes même au dix-septième siècle, et surtout des abaissements de cette pratique de la direction spirituelle qui tomba au dix-huitième siècle, sous le règne des abbés de cour et de boudoir, dans la plus ridicule et la plus méprisable frivolité. Mais j'ai tenu à écarter pour le moment ces tristes souvenirs pour ne considérer la direction des âmes que sous son aspect le plus noble, au moment où ce phénomène religieux produisit de lui-même, dans une littérature trop oubliée, la plus haute expression et la plus pure image.

QUATRIÈME ÉTUDE.

M. DE LAMENNAIS

D'APRÈS SA CORRESPONDANCE.

Dans ces dernières années, l'attention publique a été ramenée sur M. de Lamennais par des publications très-importantes, qui se composent, pour la plus grande part, de la correspondance [1]. — Il est inutile de revenir sur les débats qui se sont élevés entre les représentants de la famille de M. de Lamennais et le mandataire désigné pour éditer ses œuvres posthumes. L'arrêt intervenu entre les parties faisait défense à M. Forgues de publier un certain nombre de lettres qu'il avait recueillies de différents côtés, en vue de compléter son œuvre, et qui n'étaient pas strictement com-

---

1. *OEuvres posthumes* de Lamennais, publiées, selon le vœu de l'auteur, par E. Forgues. — *Correspondance*, 2 vol. in-8, 1862. — *OEuvres inédites* publiées par A. Blaise. — *Correspondance*, 2 vol. in-8, 1866.

prises dans les papiers de l'illustre mort. Mais ce qui nous console des suppressions ordonnées par le tribunal, c'est la certitude que les lettres supprimées auraient apporté peu de lumières nouvelles sur l'homme même et sur les phases diverses de sa doctrine. A quelque période de sa vie politique et religieuse que l'on prenne M. de Lamennais, à quelque extrémité d'opinion que sa fougue le précipite, il est lui-même et le même dans toutes ses lettres; dans chacune d'elles, il se porte tout entier, avec l'intensité de ses passions intellectuelles qui ne se détendent presque jamais, avec l'âpreté sans mesure d'un style qui ne connaît pas les nuances, avec une persistance dans la plainte ou dans la colère qui révèle la violente unité du caractère dans la contradiction même des idées. Il importe seulement d'avoir quelques lettres pour chaque période de cette vie orageuse.

D'ailleurs les regrets que nous laissait sur certains points la publication de M. Forgues ont été fort atténués par la publication récente de M. Blaize, le neveu de Lamennais, qui nous a donné les lettres de jeunesse, comblant ainsi la seule lacune qu'il fût vraiment très-intéressant de remplir. On a ainsi la teneur de cette vie et la suite des impressions intimes depuis les premiers troubles et les agitations cachées au fond de ses retraites bretonnes jusqu'au dernier acte du drame, dont cette âme extraordinaire fut le théâtre. Nous pouvons être assurés maintenant de connaître jusqu'au fond ce grand agitateur d'idées dont toute la vie fut une aspiration au repos et qui ne put jamais le trouver en lui-même ni dans les autres.

On a bien des fois déjà étudié dans M. de Lamennais le talent et la doctrine, la succession des idées qui dominèrent cette intelligence et les puissantes facultés d'expression qui les imposèrent à l'attention du public. Ce que nous voulons uniquement étudier ici, c'est la suite de ses sentiments; ce n'est ni la doctrine ni le talent, c'est l'âme même, telle qu'elle s'exprime dans la correspondance.

I

M. de Lamennais est né triste. Il porte au plus profond de son âme l'empreinte des lieux où il naquit, de cette rude mer, de ces nuages que fouette la brise marine, voile éternellement agité et suspendu entre les grèves humides et le pâle soleil qui les éclaire, de ces rafales qui jettent dans les nuits d'hiver leurs clameurs furieuses, de ce rivage, âpre déchiqueture de granit rongée par le flot. Pendant l'été le site s'égaye, et, par quelques beaux jours, se revêt d'un charme étrange.

Mais, pendant plus de neuf mois, l'hiver y règne avec la tourmente.

Ce n'est pas ici un simple rapprochement fortuit. On sait, par ses propres confidences, l'impression extraordinaire que tout enfant il ressentit du voisinage de la mer. Il aimait à raconter qu'un jour où on le promenait sur les remparts de Saint-Malo, à l'aspect de la mer soulevée par une violente tempête, « — *il crut voir l'infini et sentir Dieu;* » et que, tout étonné de ce qui se passait dans son âme, il se retourna vers la foule et se dit en lui-même : « Ils regardent ce que je regarde, mais ils ne voient pas ce que je vois[1]. » — Il avait huit ans alors.

L'Océan a laissé dans cette âme quelque chose de son infini et de sa tristesse. M. de Lamennais apportait dans la vie un fond d'impressions sombres, un goût d'amertume, une disposition à sentir plus vivement et plus profondément que les autres ces blessures de la médiocrité haineuse ou de la frivolité humaine, ces injures et ces brutalités du sort, auxquelles les hommes vraiment forts n'opposent qu'un mépris hautain ou une résignation fière. Ajoutez à ces dispositions innées une imagination d'une vivacité et d'une étendue peu communes, qui doublait pour lui l'intensité des

---

1. *OEuvres inédites*, p. 8.

sensations et agrandissait démesurément toutes les perspectives. Plus vaste et plus haute que forte, âpre et tourmentée, soulevée de temps à autre dans ses mobiles profondeurs, mêlant alors au flot troublé de la foi le sable et le limon de ses passions irritées, puis retombant du haut de ses colères dans un calme qui était moins un repos qu'une défaillance, et se traînant péniblement sur les rivages dévastés de sa vie avec le gémissement d'une lassitude désespérée, telle fut cette âme, trop fidèle image de l'Océan natal.

Une grande tristesse dans une grande imagination! Chateaubriand, né sur le même rivage, sous les mêmes impressions de lieux et de climat, avait reçu, lui aussi, ce don qui fait payer si cher ses redoutables faveurs, n'exigeant pas moins que le bonheur d'une vie comme rançon du prestige qu'il confère à ses élus. Mais chez Chateaubriand, la tristesse prit bientôt un caractère moins douloureux. Pour lui, elle devint même une jouissance aiguë d'un nouveau genre, une volupté littéraire, une autre forme de la passion par laquelle il a si ardemment cherché et sollicité le bonheur. Pour lui, la tristesse ne fut guère que la mélancolie, s'analysant avec un certain charme d'amour-propre, se décrivant aux autres comme un signe de supériorité, laissant deviner, non sans plaisir, derrière le nuage, la divinité ennuyée de son exil. L'*ennui*, voilà le nom de ce mal. L'absence de conviction, voilà le mal lui-même.

Tout autre, plus profonde, sinon plus sincère, est la tristesse de Lamennais. Elle ne se repaît jamais d'elle-même ; elle n'amasse pas à plaisir, pour en jouir, ces *nuages vains et amers*. Elle n'est pas l'absence de foi, elle est plutôt la couleur sombre que prend la foi dans cette âme. Elle n'engendre pas cette aristocratique oisiveté de la passion qui rêve et qui est la mélancolie de René. Elle se tourne à l'action ; c'est une tristesse active, au moins par l'exercice viril de la pensée. Elle ne rêve pas, elle médite, elle raisonne.

Sa pensée travaille sans joie, sans gaieté surtout, mais elle travaille vers un but défini. Le but varie plusieurs fois, mais il y en a toujours un. Ce n'est pas seulement le bruit des grandes ailes que l'on entend dans le vide ; son vol se soutient, et s'il change de direction, il se dirige toujours.

Voilà la grande différence entre la tristesse de Châteaubriand et celle de Lamennais. Où l'un ne puise que des motifs poétiques et romanesques, l'autre trouve des inspirations et des forces pour le combat. Pour l'un la vie n'est qu'un long rêve d'ennui et de gloire ; pour l'autre, c'est une action perpétuelle, un apostolat armé d'invectives et d'anathèmes.

Il y a un mystère psychologique dans cette tristesse violente et prolongée, sans trêve, sans répit, même aux plus beaux jours de la gloire qui vint éclairer d'un si vif rayon ce front méditatif, sans y dissiper le nuage éternel. En lisant attentivement la correspondance de Félicité de Lamennais avec son frère l'abbé Jean, on est bien près de deviner cette irritante énigme.

Il y eut d'abord, comme causes prédisposantes, ce tempérament maladif qui explique bien des choses, cette vivacité fébrile dont on nous a parlé, cette humeur fantasque, irritable, ces accès de colère terribles qui dès l'enfance se terminaient par des évanouissements, cette longue inaction rêveuse qui le retint pendant presque toute sa jeunesse, avant l'heure de sa vocation, sous les arbres de la Chênaie, lisant au hasard, travaillant sans but, plongé dans un océan d'amertumes et d'incertitudes. La note habituelle est celle d'un désenchantement précoce, sans affectation, et d'une sincérité navrante : « Je ne me sens aucun désir, ni de vie, ni de mort, ni de joie, ni de douleur. Tout m'est bon, parce que tout m'est, ce me semble, également indifférent. La vue de ces champs qui se flétrissent, ces feuilles qui tombent, ce vent qui siffle et qui murmure, n'apportent à mon esprit aucune pensée, à mon cœur aucun sentiment. Tout glisse sur un fond d'apathie stupide et amère.

Cependant les jours passent, et les mois, et les années emportent la vie dans leur course rapide !... Au reste, tout ce qui est réflexion n'est point de mon état habituel qui me paraît être en ce moment une résignation sèche et tranquille.... Il semble que le jour ne se lève que pour me convaincre de plus en plus de ma parfaite ineptie. Je ne saurais ni étudier, ni compter, ni agir, ni ne rien faire. Cette incapacité absolue me tranquillise un peu sur l'inutilité de ma vie. Je ne puis ni enfouir ni faire valoir un talent que je n'ai point reçu. A quoi suis-je bon? à souffrir; ce doit être ma façon de glorifier Dieu. Je te verrais avec plaisir, et toutefois je ne sens aucun désir de te voir, ni toi, ni aucune créature. Dieu seul, Dieu seul ! » (La Chênaie, 1811).

Ce cri même vers celui qui seul pouvait remplir le vide de son âme et de sa vie, cet espoir des consolations mystiques, n'était-ce pas une dernière illusion? J'ai parlé plus haut de la vocation de M. de Lamennais. J'aurais dû dire sa vocation trompeuse. Ce fut là, je n'en doute pas, la cause secrète des troubles maladifs de sa jeunesse. Ce fut le supplice de son âge mûr. En se faisant prêtre, M. de Lamennais céda à un entraînement fatal d'imagination et à la complicité funeste d'influences, de conseils et de prières dont la source était haute et pure, mais qui jetèrent sa vie dans une voie fausse où il s'engagea avec une fougue excessive et d'où il se retira avec une égale violence. C'est là l'explication vraie de ce mystère psychologique qui a étonné ses contemporains.

Il faut suivre, dans la correspondance, la trace de ses hésitations, de ses perplexités avant la décision suprême, plus tard de son désespoir au moment où l'acte définitif s'accomplit, où il sent l'irréparable commencer pour lui. Il lui échappe des aveux significatifs, que nous n'avons qu'à recueillir pour en composer le poëme le plus douloureux, — un poëme, si ce n'était une vie même, un cœur déchiré que nous avons sous les yeux.

Ce n'est qu'en 1811, à l'âge de vingt-neuf ans, qu'il reçoit les ordres mineurs. L'exemple de son frère, l'isolement, le sentiment assez vif de légères infirmités, la lecture perpétuelle des livres ascétiques, l'inaptitude à la vie pratique, tout semblait le pousser insensiblement vers l'état sacerdotal. Un effroi secret l'en éloignait. Il s'écoula plusieurs années sans qu'il pût se résoudre à passer outre et à dire le mot suprême qui devait l'engager sans retour. Ce qui le décida, ce furent les longs entretiens qu'il eut à Londres, où il s'était réfugié pendant les Cent-Jours, avec un admirable prêtre, M. Carron[1], dont l'exemple, les vertus, la piété

1. Nous écrivons ce nom autrement qu'on ne l'écrit d'ordinaire et comme l'écrivait M. de Lamennais.

étaient, à ce qu'il paraît, irrésistibles, et qui ne se trompa sans doute qu'une fois, mais gravement, lorsqu'il voulut attacher à l'Église par des liens indissolubles cette âme née rebelle. Quelle grave responsabilité, même pour la sainteté, que l'initiative d'une pareille entreprise, cette sorte de contrainte morale qu'un zèle, trompé par son ardeur même, exerce sur une liberté hésitante! — Ici il faut citer. Aucun commentaire ne vaut l'impression directe de pareils témoignages : « Me voici donc maintenant, écrit M. de Lamennais à son frère, grâce à mon bon et tendre père (l'abbé Carron), irrévocablement décidé. Jamais je ne serais sorti de moi-même de mes éternelles irrésolutions ; mais Dieu m'avait préparé en ce pays le secours dont j'avais besoin; sa providence, par un enchaînement de grâces admirable, m'a conduit au terme où elle m'attendait; pleine d'amour pour un enfant rebelle, pour le plus indigne des pécheurs, elle m'arrache à ma patrie, à ma famille, à mes amis, à ce fantôme de repos que je m'épuisais à poursuivre, et m'amène aux pieds de son ministre pour y confesser mes égarements et m'y déclarer ses volontés.... Honte, confusion, humiliation profonde au misérable qui si longtemps a fui devant son divin Maître, et avec une horrible obstination s'est refusé au bonheur de le servir! Hélas! en ce moment même, je ne le sens que trop, si ma volonté tout entière n'était pas entre les mains de mon père bien-aimé, si ses conseils ne me soutenaient pas, si je n'étais pas complètement résolu à obéir sans hésiter à ses ordres salutaires, oui en ce moment même je retomberais dans mes premières incertitudes et dans l'abîme sans fond d'où sa main charitable m'a retiré. » (Londres, 27 août 1815).

Ce moment de joie, bien que déjà mêlé de restriction, est le premier et le seul ; quelque jours après la note a bien changé. Un vif sentiment d'appréhension, d'amertume même, perce à travers la résolution inflexible : « Sans M. Carron je n'eusse jamais pris le parti auquel il m'a déterminé ; trop de penchants m'entraînaient dans une autre route. Aujourd'hui même je ne saurais penser à la vie tranquille et solitaire des champs, à nos livres, à la Chênaie, au charme répandu sur tous ces objets, auxquels se rattachent tous mes désirs et toutes mes idées de bonheur ici-bas, sans éprouver un serrement de cœur inexprimable et quelque chose de ce sentiment amer qui faisait dire à ce roi dépossédé : *Siccine separat amara mors!* Mais enfin il faut tout vaincre en renonçant à tout. » (Londres, 12 septembre 1815.) — Un mois plus tard : « En me décidant, ou plutôt en me laissant décider par le parti qu'on m'a conseillé de prendre, je ne suis assurément ni ma volonté ni mon inclination. Je crois au contraire que rien au monde n'y saurait être plus opposé. Mais je m'attends dans l'avenir à bien d'autres contradictions. Demande à Dieu pour moi la grâce de supporter la vie. Elle me devient tous les jours plus à charge. » (Londres, 19 octobre 1815.)

Quelques mois séparent la résolution suprême de l'acte accompli. C'est le 23 décembre 1815 qu'il est fait sous-diacre à Paris, et le lendemain il écrit : « Je revins hier de Saint-Sulpice, après avoir reçu le sous-diaconat. *Cette démarche m'a prodigieusement coûté. Dieu veuille en tirer sa gloire!* » Peu de jours après il lui vint un scrupule qui, venu à temps, aurait pu tout arrêter. Jeune homme, à l'âge de vingt-un ans, il s'était battu en duel à Saint-Malo. Il avait même blessé son adversaire d'un coup d'épée. Il y avait là un cas au moins douteux devant le droit canonique. « L'irrégularité *ex infamiâ*, à raison du duel, est-elle reçue en France? Je serais surpris, écrit-il à son frère, que tu n'y eusses jamais songé. » Il paraît que l'autorité ecclésiastique ne s'arrêta pas à ce scrupule ou que la difficulté fut levée. Lamennais fut ordonné prêtre à Vannes le 9 mars 1816. Il était âgé de trente-quatre ans et huit mois.

Ces angoisses n'avaient pas échappé à ses conseillers intimes. Un de ses plus tendres amis, prêtre lui-même, M. Tesseyre, écrivait quelques jours avant l'ordination : « J'adore, cher ami, les desseins de miséricorde du Seigneur sur votre âme. Je vous félicite de ce qu'il vous prive de tout bonheur en ce monde, en sorte que vous n'éprouviez pas même la douceur de son amour, et que vous ne ressentiez pas même la gloire du sacerdoce. Vous allez à l'ordination comme une victime au sacrifice. Le saint autel est dépouillé pour vous de ses ornements, le calice enivrant a perdu ses délices et nu vous embrassez la croix toute nue. *Nudus nudam crucem sequor.* Qu'avez-vous donc fait au Père céleste pour qu'il daigne ainsi vous traiter comme son fils bien-aimé? Par où avez-vous mérité ce partage qui fut l'objet des vœux des plus grandes âmes? Hélas! pauvres êtres imparfaits que nous sommes, nous avons célébré notre première messe sur le mont Thabor; pour vous, il vous sera donné de la célébrer sur le Calvaire. Votre âme y sera peut-être, comme celle de Jésus, dans l'agonie, triste jusqu'à la mort. »

Paroles imprudentes! Ah! qu'il eût mieux valu pour le pauvre Lamennais, pour l'Église même, qu'une piété plus clairvoyante, avertie par ces cris de la détresse intérieure « de la victime marchant au sacrifice, » la protégeât contre elle-même, la sauvât de sa propre illusion, la rendît à sa liberté intérieure, visiblement comprimée et violentée par la conjuration de quelques saintes âmes!

Elle éclate enfin cette liberté, et avec quels accents! Il faut citer toute cette lettre à son frère : « Quoique M. Carron m'ait plusieurs fois recommandé de me taire sur mes sentiments, je crois pouvoir et devoir m'expliquer avec toi une fois pour toutes. *Je ne suis, et ne puis qu'être désormais extraordinairement malheureux.* Qu'on raisonne là-dessus tant qu'on voudra, qu'on s'alambique l'esprit pour me prouver qu'il n'en est rien ou qu'il ne tient qu'à moi qu'il en soit autrement, il n'est pas fort difficile de croire *qu'on ne réussira pas sans peine à me persuader un fait personnel contre l'évidence de ce que je sens.* Toutes les conclusions que je puis recevoir se bornent donc au conseil banal de faire de nécessité vertu. Or, sans fatiguer inutilement l'esprit d'autrui, il me semble que chacun peut aisément trouver dans le sien des choses si neuves. Quant aux avis qu'on y pourrait ajouter, l'expérience que j'en ai a tellement rétréci ma confiance, qu'à moins d'être contraint d'en demander, je suis bien résolu à ne jamais procurer à personne l'embarras de m'en donner.... Je n'aspire qu'à l'oubli, dans tous les sens, et plût à Dieu que je pusse m'oublier moi-même! La seule manière de me servir véritablement est de ne s'occuper de moi en aucune façon. Je ne tracasse personne; qu'on me laisse en repos de mon côté; ce n'est pas trop exiger, je pense. Il suit de tout cela, qu'il n'y a point de correspondance qui ne me soit à charge. Écrire m'ennuie mortellement, et de tout ce qu'on peut me marquer, rien ne m'intéresse. Le mieux est donc, de part et d'autre, de s'en tenir au strict nécessaire en fait de lettres. J'ai trente-quatre ans écoulés; j'ai vu la vie sous tous ses aspects, et ne saurais dorénavant être la dupe des illusions dont on essayerait de me bercer encore. *Je n'entends faire de reproches à qui que ce soit; il y a des destins inévitables;* mais si j'avais été moins confiant ou moins faible, ma position serait bien différente. Enfin elle est ce qu'elle est, et tout ce qui me reste à faire est de m'arranger de mon mieux et, s'il se peut, *de m'endormir au pied du poteau où l'on a rivé ma chaîne;* heureux si je puis obtenir qu'on ne vienne point, sous mille prétextes fatigants, troubler mon sommeil! » (Paris, 25 juin 1826.)

Cette lettre contient toute l'âme, l'âme vraie. Elle révèle aussi, à qui sait lire, tout l'avenir de cette âme. Quelques jours après, il a presque un remords de cette confidence trop vive : « Je ne peux pas désavouer le fond de cette lettre, parce qu'il ne me paraît que trop vrai et que l'on ne peut guère s'abuser sur ce que l'on sent; mais j'aurais dû m'efforcer de mettre plus de mesure dans l'expression. Quoi qu'il en soit, le mieux, ce me semble, est d'éviter de part et d'autre de traiter à l'avenir de pareils sujets. Tout ce qui me le rappelle de près ou de loin, me cause une émotion que je ne suis pas le maître de modérer. » Et les réflexions qui suivent : « A quoi servent les livres? Je ne connais qu'un livre gai, consolant et qu'on voit toujours avec plaisir, c'est un registre mortuaire. Tout le reste est vain et ne va pas au fait. »

Après ces témoignages que nous n'avons fait que ranger dans l'ordre des dates qui marque aussi l'ordre et la progression désolante des sentiments, ne comprend-on pas pourquoi Lamennais resta éternellement triste? N'a-t-on pas le secret de tous les événements futurs? La rupture finale n'est-elle pas indiquée à chaque ligne? Cette âme qui pense avoir été pieusement surprise n'est-elle pas destinée à se ressaisir elle-même avec des cris de révolte, comme aujourd'hui elle s'immole avec une sombre lamentation?

Ah! qu'un pareil exemple devrait inspirer de prudence à la piété, à la sainteté même, trop facilement rassurée par la droiture de ses intentions et par sa candeur même! Toute la destinée de Lamennais tient dans cette histoire d'une vocation fausse, longtemps suspendue sur sa jeunesse comme une nécessité morale, longtemps ajournée, acceptée enfin comme un sacrifice dans une heure d'enthousiasme communiqué, et qui pesa sur sa vie entière comme la fatalité antique sur les héros d'Homère et d'Eschyle. Pour écarter cette chimère de la fatalité, il ne fallait autour de Lamennais qu'un ami plus clairvoyant. Rétablissons la responsabilité là où elle doit être ; il ne fallait à Lamennais lui-même qu'une heure de volonté claire et de décision. C'est sa faiblesse violente qui l'a entraîné. Il a été victime de lui-même et de ses irrésolutions fatales avant de l'être des autres et de leurs indiscrètes ardeurs.

II

Et maintenant voyons se dérouler devant nous toute cette destinée, toute l'histoire de cette âme, jetée ainsi, comme par un coup de désespoir, hors de sa voie.

Que de colères amassées dans le secret de ce cœur livré à de si cruels combats !

D'abord cette intelligence se tourne uniquement vers le ciel et cherche dans les enseignements du catholicisme un aliment pour sa foi. Ce fut toute une période d'ascétisme en même temps que d'apostolat. Dans la seconde moitié de sa vie, si violemment séparée de la première, deux choses subsistent à travers la diversité des doctrines : l'ardeur de l'apôtre, le ton sombre et irrité de sa dialectique. Seulement, au lieu de se déployer contre les ennemis de la théocratie, cette dialectique emportée se retourne d'un élan soudain contre les adversaires de la démocratie. Une ironie âpre, une éloquence surchargée d'images fortes et lugubres, un mépris furieux des doctrines qu'il combat, le ton impérieux d'un chef d'armée dans une bataille sans trêve, une vie tout occupée de lutter, bien que la cause pour laquelle il lutte et le prix du combat aient changé du tout au tout dans l'intervalle de quelques années, voilà comment se traduit chez M. de Lamennais, sans se distraire ni se dissiper jamais, la tristesse qui remplit son âme et qui en déborde tumultueusement.

La passion de l'apostolat ne va guère sans l'esprit de domination. Cet esprit ne manque pas à M. de Lamennais. Il semble qu'il ne prenne plaisir à concevoir des idées que pour les imposer aux autres. Son effort perpétuel, son désir visible est de grouper autour de lui des intelligences dociles, de les pénétrer de son souffle, de les animer de ses idées, de les lancer, comme autant de disciples, à travers le monde. Il n'accepte avec personne ni partage d'influence ni transaction d'idées. Il veut commander ou n'être rien. Il a été chef de doctrine, au sein de l'Église, jusque dans les dernières années de la Restauration ; il a imprimé ses brillantes et dangereuses théories dans tous les jeunes esprits du clergé français. Mais il lui faut plus : il veut être chef d'école ; il publie l'*Avenir*.

Vaguement menacé, il essaye de fonder un parti dans l'Église, plus qu'un parti, une secte. Il réunit dans le Paraclet de la Chênaie les plus ardents de ses disciples.

Plus tard, quand le dernier coup de foudre aura retenti et l'aura jeté, par un choc terrible, à l'autre extrémité des opinions humaines, il cherchera, sans la trouver, sa place, non dans les rangs, mais à la tête de la démocratie. Il veut en être le philosophe, il accepterait la tâche d'en être le législateur. Que dis-je? cette tâche, il l'a prise. Il a tenté, un jour, d'être le Solon ou le Lycurgue de la République de 48. On se souvient qu'il apporta au comité de la Constitution, dont il était membre, un projet complet, tout un système de gouvernement prêt à fonctionner le lendemain. Mais il voulait l'imposer par l'autorité et du droit d'une intelligence supérieure; il ne consentit pas à se soumettre à un débat et il le retira, dès qu'il fut évident qu'on le discuterait. Il avait alors la passion plus que les mœurs de la démocratie.

M. de Lamennais est donc, par ses goûts, un dominateur intellectuel. Mais bien des qualités lui manquaient pour remplir sa vocation. Politique, il ne tenait pas compte des faits. Chef d'école, il ne tient pas compte des hommes. Écrivain, il n'a pas l'art des démonstrations calmes. Sa politique côtoie à chaque instant l'utopie. Sa suprématie intellectuelle finit par l'isolement. Son éloquence n'est bien souvent qu'une rhétorique sombre ou enflammée.

Ce qui lui manquait aussi, pour agir sur les hommes, c'était, avec le tact moral, une certaine vigueur physique, le prestige matériel d'une voix forte, d'un geste assuré, la pleine possession de soi-même, cette excitation dominatrice que produit chez quelques hommes ou la vue de la foule ou la contradiction humaine. L'impérieux penseur était frappé d'une radicale timidité au milieu des autres hommes. Il ne parvint jamais à surmonter ce malaise, cette souffrance. Pour avoir tous ses moyens, il fallait qu'il fût assuré d'avance de l'assentiment plein de déférence de ses disciples ou au moins de l'amitié préalable de ceux qui l'écoutaient. Hors de ce centre choisi et préparé, il se troublait et balbutiait; il n'était plus que l'ombre de lui-même.

Même inaptitude dans les relations d'affaire ou de parti. Aussi, jusqu'aux quinze dernières années de sa vie, le voyons-nous éviter soigneusement le séjour de Paris; il y vient souvent, mais il n'y établit sa résidence qu'en passant et quand il le faut absolument. Tout à Paris l'offense et l'irrite. Comme les purs spéculatifs, inhabile à la vie, il est prompt à accuser les hommes, quand bien souvent il devrait s'accuser lui-même. Il n'est pas douteux qu'à

Rome, où il allait offrir sincèrement une réconciliation et d'où il ne rapporta qu'un fond d'incurable aigreur, il dut embrouiller la situation et la tendre jusqu'à la rupture par cette maladresse hautaine et cette attitude défiante qui ne sont bien souvent que le déguisement de la timidité chez certains hommes supérieurs. On aimerait à voir la véritable dignité se soutenir toute seule, sans tant de défense et de roideur.

Il lui fallait, pour être tout lui-même, l'atmosphère morale de la plus indulgente amitié. Alors c'était un autre homme. La première timidité vaincue, il s'épanchait en effusions d'âme et d'idée. Cependant, même dans ces circonstances rares, c'était la forme du discours continu qui prévalait chez lui; il était impropre au dialogue, à la discussion, à la répartie. Il fallait qu'il eût devant soi, pour développer sa pensée, du temps et de l'espace. Son esprit ne s'enhardissait qu'à mesure, se soutenant dans son essor graduel par des divisions logiques, traçant autour de chaque partie du sujet des contours précis, des séries de cadres qu'il parcourait successivement. L'entretien, sauf les cas où il tombait sur les choses familières de la vie, prenait ainsi, chez lui, comme par une invincible habitude, le tour dialectique. Le théologien persistait dans le causeur.

Tel nous le peint dans une page animée un de

ses jeunes amis, M. Forgues, lorsqu'il nous raconte ces belliqueuses et charmantes matinées de la rue Saint-Lazare, chez M. de Vitrolles. Tel aussi nous le représente, dans un curieux et récent ouvrage, le cardinal Wiseman, lorsque, nous racontant ses souvenirs, il nous montre cet homme de petite taille, chétif, dénué d'autorité dans le regard et de toute grâce extérieure, assis, la tête penchée en avant, les mains jointes devant lui ou passées doucement l'une dans l'autre, jetant tout d'un coup dans l'entretien, après de longs intervalles de silence, un flot d'idées à l'occasion d'une simple question, s'emparant du sujet dans son ensemble, le divisant avec symétrie, développant chacune de ces divisions, puis concluant, d'une voix douce, monotone, tout intérieure, sans interruptions ni hésitations, comme dans ces *soliloques* où l'âme médite avec elle-même.

Mais là surtout où M. de Lamennais est à l'aise, c'est chez lui, à la Chénaie, dans une solitude peuplée de jeunes enthousiastes. C'est là qu'il faut le voir, dans la sécurité absolue de son esprit, déployant son originalité, tantôt spéculative et mystique, tantôt libre et familière. M. de Lamennais a toujours aimé les jeunes gens. C'est le côté le plus humain de cette âme. Le seul sentiment très-tendre qu'il ait éprouvé ou montré dans sa vie, paraît avoir été, vers l'âge de trente-trois ans, pour un jeune Anglais, Henry Moorman, auquel il prodigua, jusqu'à la mort de ce jeune prosélyte, toutes les richesses d'une sensibilité qui plus tard se referma et se contracta douloureusement.

Il apportait un peu de cette vive amitié, dans les réunions du soir à la Chênaie, à ces brillants jeunes gens qui se pressaient à côté de lui avec tant d'admiration et de déférence, MM. Gerbet, Cazalès, Lacordaire, Élie de Kertanguy, parfois M. de Montalembert, et qui vivaient sous l'empire de cette grande intelligence, alors dans tout l'éclat de sa gloire et de ses premières luttes, avant la rupture et quand rien ne semblait irréparable. Certes, vers cette année lointaine de 1832, malgré la distance du temps et l'intervalle plus grand encore des événements et des idées, les soirées de la Chênaie nous offrent un émouvant et curieux spectacle. Des jeunes gens d'élite rassemblés dans ce cénacle, sous la conduite de celui qui semblait réunir en lui toutes les grandeurs du génie, du sacerdoce, d'une persécution peut-être prochaine ; cette association d'intelligences et d'études dans le grand œuvre de la restauration de la liberté par la religion et de la religion par la liberté ; l'annonce d'une ère nouvelle dans l'Église raffermie et dans la société régénérée ; enfin la tentation même d'un grand péril vaguement pressenti, la séduction des luttes possibles pour la défense de la vérité dont la faveur divine a constitué un seul homme le mandataire parmi les autres hommes, tout cela devait puissamment agir sur les imaginations de chacun des disciples, puisque nous-mêmes nous ne sommes pas insensibles à ces impressions lointaines. Il y a eu là, dans cette vie d'effort et de passion, une heure de triomphe tranquille qui dut détendre cette âme de combat.

La note de l'admiration officielle, autour de M. de Lamennais, c'était le souvenir de saint Paul au milieu des gentils, de saint Jean dans Pathmos. La lutte des *puissances intérieures* de l'apôtre avec les plus terribles mystères de l'esprit de Dieu qui le visite, l'avenir entrevu, les abîmes montrés à d'effrayantes profondeurs, la mission et le prix dont il la fait payer, ces images mystiques jetaient toutes les jeunes âmes dans une sorte d'exaltation permanente et d'extase agitée. C'était là l'auditoire tout préparé, par son enthousiasme, pour mettre l'orateur à son aise et lui donner toutes ses forces.

Cependant, il y avait des instants, dans la journée, où la solennité de l'idée faisait trêve et où nous apercevons un Lamennais inattendu. Quelle expressive et vivante peinture nous a laissée de lui, dans cette attitude, un des disciples de ces années-là, le poëte inconnu du cénacle, Maurice de Guérin ! Il est là, près du grand homme, le soir après souper, quand le cercle se forme autour de l'immense sofa, sous le portrait de l'aïeule. C'est l'heure de la causerie : « Alors, si vous entriez dans le salon, vous verriez là-bas, dans un coin, une petite tête, rien que la tête, le reste du corps étant absorbé par le sopha, avec des yeux luisants comme des escarboucles, et pivotant sans cesse sur son cou ; vous entendriez une voix tantôt grave, tantôt moqueuse, et parfois de longs éclats de rire aigus : *C'est notre homme.* Philosophie, politique, voyages, anecdotes, historiettes, plaisanteries, malices, tout cela sort de sa bouche sous les formes les plus originales, les plus vives, les plus saillantes, les plus incisives, avec les rapprochements les plus neufs, les plus profonds ; quelquefois avec des paraboles admirables de sens et de poésie.... Un peu plus loin, cette figure pâle, à large front, cheveux noirs, beaux yeux, portant une expression de tristesse et de souffrance habituelle, et parlant peu, c'est M. Gerbet, le *plus doux et le plus endolori de tous les hommes.* »

Malgré ces agréables peintures où il excelle, le jeune disciple avoue à plusieurs reprises qu'il n'aborde que rarement M. de Lamennais et que ce n'est jamais sans un certain frisson. Les effusions gaies n'étaient que l'accident de la vie commune ; l'enthousiasme un peu sombre, teint des nuances mêmes de cette grande âme souffrante, dominait parmi ces sévères jeunes gens, voués au travail et se préparant intérieurement à la persécution.

Heure tranquille et charmante, à tout prendre, que cette heure de la Chênaie! Bientôt le cénacle va se disperser, la solitude se faire autour de M. de Lamennais; les déchirements éclatent. Il nous reste à rappeler les incidents psychologiques de ce grand divorce.

III

La correspondance publiée par M. Forgues nous permet de suivre et de noter les phases du changement qui va se préparer et s'accomplir. C'est dans un espace de dix années, de 1825 à 1836 environ que se concentre l'intérêt de notre étude. Cet intervalle relativement très-court est singulièrement rempli. Nous y rencontrons en un seul homme plusieurs personnages différents qui, en ayant l'air de se continuer, s'altèrent et se modifient jusqu'à la contradiction la plus violente.

C'est d'abord l'Apologiste, j'allais dire le Père de l'Église, dans toute la gloire de la lutte victorieuse, l'auteur de l'*Essai sur l'indifférence* qu'il défend avec opiniâtreté, récidivant par des pamphlets éloquents en faveur de sa propre cause qu'il identifie avec celle de la religion, contre les doctrines hérétiques et libérales, sataniques et démocratiques, gallicanes et athées ; c'est tout un pour lui. (*La Religion considérée dans ses rapports avec l'ordre civil et politique*, 1826 ; les *Progrès de la Révolution*, 1829.) Puis c'est le théocrate illuminé par le coup de foudre de 1830, se portant encore à la défense des institutions catholiques, mais, cette fois, avec les armes et le langage de la liberté moderne, fondant l'*Avenir* avec le double enthousiasme de son âme renouvelée et de quelques jeunes intelligences qu'il embrase du feu qui le dévore, créateur du *parti catholique* qui doit lui survivre en modifiant et atténuant le programme. C'est le pèlerin de Rome en 1832, qui, inquiété dans l'ardeur du combat par la menace des censures ecclésiastiques, s'achemine vers le Vatican, et, après un long séjour rempli d'incidents dilatoires, revient désavoué, avec une inguérissable blessure ; c'est le solitaire de la Chênaie, s'exaltant dans ses méditations sous les *chênes druidiques*, qui au lieu du calme espéré répandent sur son esprit un trouble fatal, un vertige ; abandonné bientôt de ses derniers disciples, seul, tout seul, couvant sa plaie secrète et sortant de son morne silence pour jeter au monde les *Paroles d'un croyant*, une menace, une prophétie, un rêve enflammé, une prière mêlée à une malédiction ; enfin, comme il arrive, entraîné au delà de sa pensée, par le succès même de l'œuvre, bien décidé d'abord à n'exercer sa liberté reconquise que dans l'ordre de la politique, mais emporté par la situation mouvante qu'il a prise, contraint d'étendre de plus en plus cette sphère d'action jusqu'à ce que, les dernières limites étant franchies, le fils respectueux de l'Église, un instant trop zélé pour sa cause, puis partiellement indépendant, éclate un jour en pleine révolte et qu'après avoir eu d'abord, selon une parole célèbre, le goût du schisme, il finisse par en avoir le courage.

Triste biographie d'une grande âme errante à travers les situations les plus diverses, que son impétueuse mobilité entraîne et trompe, et dont l'essor brisé se redresse avec une indomptable énergie dans les sens les plus contraires. La *Correspondance* ne jette pas de lumières précisément nouvelles sur l'intérieur assombri de cette âme, pendant ces crises où elle se consume. Mais elle nous fait assister, presque jour par jour, à cette psychologie maladive dont les pamphlets ne sont que la révélation intermittente et l'explosion, pendant ces dix années, les plus agitées qu'un homme ait jamais vécues.

Un des traits de cette *Correspondance*, c'est la personnalité impérieuse qui y règne d'un bout à l'autre. Il n'y a qu'un personnage présent, c'est l'auteur. Les autres ne semblent être là que pour donner la réplique ou l'occasion au discours.

Ses principaux correspondants sont, dans cette période de sa vie, Mme la comtesse de Senfft, M. Berryer, M. de Vitrolles, M. Coriolis. Mais on se douterait à peine, en passant d'une lettre à l'autre, que l'on passe d'une personne à une autre. Que M. de Lamennais adresse ses réflexions à la pieuse Allemande (femme d'un diplomate autrichien, ambassadeur à Turin), ou à sa fille, la comtesse Louise, ou au grand avocat de la légitimité, qui marquait déjà sa place au premier rang du barreau, ou à cet homme d'État en disponibilité pour qui la Restauration fut si ingrate, ou à cet aimable marquis gascon, moitié personnage politique et moitié homme de lettres, qui avait plus d'esprit dans sa prose que dans ses vers, le ton de la correspondance ne change pas sensiblement. Chaque lettre porte la trace du grand écrivain et de sa force d'imagination ; mais à toutes manque cette grâce insinuante et souple, cet art délicat de parler à chacun son langage, de donner aux idées le tour particulier qui convient aux différentes personnes. Sauf les premières et les dernières phrases où passe hâtivement quelque formule plus affectueuse de salutation ou d'adieu, toutes ces lettres se ressemblent par le même ton de dogmatisme amer. L'écrivain ne se désintéresse pas de lui-même ; il ne détend jamais ses muscles ou ses nerfs. Il ne se relâche pas de sa passion fixe, et quand parfois il s'abandonne, c'est pour lancer à l'adversaire qu'il a en vue quelque trivialité énorme. La *Correspondance* n'est donc, à vrai dire, qu'une longue série de courts pamphlets. De là une fatigante monotonie et le défaut de charme.

En cherchant bien, on trouverait cependant quelques rares dérogations à cette habitude d'un esprit qui s'impose tel qu'il est, incapable de se plier aux circonstances, aux situations, aux caractères variés des personnes. Deux ou trois lettres nous offrent des ménagements inattendus pour la piété orthodoxe et effrayée de Mme de Senfft. C'est au moment où il produit dans le monde cette œuvre de colère, les *Paroles d'un Croyant :* « il va paraître, écrit-il, un petit livre qui vous déplaira fortement; vous en entendrez parler : *je vous supplie de ne le pas lire;* quelques-uns ne doivent pas l'entendre, d'autres ne le pourront pas; ce n'est point un livre du présent, c'est un livre d'instinct, de pressentiment et de conscience. Les paroles de l'auteur sont âpres; il ne les croit pas injustes. Cependant elles blesseront, elles doivent blesser; il le sent à regret. Encore un coup, je vous supplie de ne le point lire. Il y a peut-être, au fond de tout cela, comme un devoir mystérieux, comme un entier sacrifice de soi, que l'on ne cherche point, que l'on fuit plutôt, et qui tire de l'âme affaissée d'angoisse cette parole : *Transeat calix iste!* Cet amer calice, il le faut boire pourtant, et boire jusqu'à la lie [1]. » On aperçoit, dans ces lignes émues, une attention délicate pour une âme de femme, dont il faut savoir gré à ce dominateur superbe, qui d'ordinaire, lors même qu'il change d'idée, n'admet aucune transaction avec les idées d'autrui.

Le fond de toutes ces lettres, c'est d'abord l'intérêt de l'Église, le souci de la situation qu'elle doit prendre devant le siècle, la préoccupation jalouse de son indépendance qui ne lui semble assurée qu'à la condition qu'elle domine les couronnes; plus tard, c'est l'intérêt de l'humanité, son avenir, son affranchissement de toutes les formes de la tyrannie, c'est toujours la politique. Toutes les questions philosophiques ou religieuses viennent se résoudre pour lui en appréciations sur les hommes et les événements contemporains, dans leur rapport avec sa pensée dominante. Même dans le temps de la plus grande ferveur catholique, on chercherait en vain dans ces lettres quelque trace de direction des âmes ou quelque effusion de vie intérieure. Il s'engage au plus avant de la mêlée humaine, avec son drapeau, ne

---

1. 2º vol., p. 307.

se détachant qu'à regret de ce tumulte et de cette arène, où il combat en idée, quand il n'y descend pas en armes. Quant au christianisme spirituel, celui qui se préoccupe moins de régler les destinées des empires que de toucher les ressorts délicats et secrets de l'âme pour la porter à la perfection religieuse, cette sollicitude mystique semble tout à fait étrangère à l'auteur de la *Correspondance*. On ne se douterait guère que l'on a affaire au traducteur du *Guide spirituel* de Louis de Blois, et de l'*Imitation de Jésus-Christ*.

La politique seule lui met la plume à la main, et le jette dans ces entretiens épistolaires, qui ne sont guère que des jugements improvisés avec une fiévreuse ironie sur les choses publiques. C'est tout son temps, vu à travers les illusions d'un pessimisme injurieux et désolé.

S'il n'y a pas de nuance dans ces lettres selon les personnes auxquelles elles sont écrites, il n'y en a pas davantage selon les événements ou les personnages que le hasard de la politique jette sous la prise de cet implacable juge. La France paraît livrée à l'imbécillité, à la folie, au charlatanisme. Le système représentatif est bafoué ; ce n'est qu'une *grande parade;* le gallicanisme n'est que le représentatif dans l'Église. A la date de 1825, Chateaubriand et les *Débats* sont traités avec un mépris furieux.

Les trois pouvoirs de l'État semblent être une émanation de la *Force,* de *Sainte-Pélagie,* de *Charenton.* M. Frayssinous, en sa double qualité de prélat et de ministre, porte tous les coups. C'est le persécuteur de l'Église. Il tombe malade. Voici le cri de M. de Lamennais : « On ne croit pas que désormais il puisse aller loin ; *quel compte terrible il aura à rendre* [1] *!* » Tous ses adversaires sont des *possédés,* rien que cela. M. de Vatimesnil lui-même a faim et soif de persécutions : c'est sur l'Église qu'il assouvit sa rage. Les ministres ont invariablement les passions féroces : « C'est en grand le chariot de Thespis, avec cette différence que les acteurs aspirent au moment où, au lieu de lie de vin, ils pourront se barbouiller de sang [2]. » C'est l'hallucination du crime. Il finit par voir partout l'Enfer déchaîné.

Les plus sinistres prédictions accompagnent toutes ces tirades comme un refrain lugubre. Non-seulement il annonce à chaque page la chute prochaine des Bourbons devenus (qui le croirait?) les bourreaux de l'Église; mais c'est la France elle-même, c'est la société tout entière qui va sombrer ! Nous touchons à des catastrophes. Le monde s'en va, les trônes chancellent dans la boue, glissent dans le sang. Le schisme va éclater (Lamen-

1. 2ᵉ vol., p. 137. — 2. 1ᵉʳ vol., p. 222.

nais ne se doute guère par qui ce schisme doit s'accomplir); il y a dans l'air des *tempêtes de crimes*. Si la cause qu'il défend ne triomphe pas, c'en est fait du genre humain : « Si notre drapeau ne flotte pas au sommet de la société régénérée, il flottera sur les débris du monde. — « *La vieille société est pourrie. La société est idiote; elle s'en va à la Morgue en passant par la Salpêtrière.* »

Tant d'images sombres pressées l'une contre l'autre, tant de déclamations violentes se renvoyant, pour ainsi dire, d'une page à l'autre, l'écho monotone de la même âme irritée, tout cela à propos des incidents les plus simples de la vie politique ou de la vie parlementaire, de quelque débat ou de quelque vote à la Chambre, d'une mesure administrative, moins que cela, d'un article de journal ! — Ces citations sont prises dans la partie de la *Correspondance* antérieure à la révolution de 1830, antérieure à la situation extrême qu'il prit dans l'*Avenir*, et, par conséquent, à tout désaccord même lointain avec l'Église; elles appartiennent à cette période relativement calme où l'on croirait trouver, au moins dans quelque intervalle de la vie militante de Lamennais, un peu d'apaisement, quelques méditations tournées vers l'intérieur de l'âme ou vers le monde idéal, comme il semble qu'il conviendrait à un prêtre.

Ce n'est assurément ni l'éloquence ni l'esprit qui

manquent dans ces Lettres, c'est la justesse, la proportion, le sens lucide des choses. Il n'y a ni nuance dans les jugements, ni degrés dans cette colère qui se porte tout de suite au paroxysme et qui s'y maintient durant mille pages. Tous les hommes qui n'agissent pas dans le sens de certaines idées très-particulières, ne peuvent être que des criminels ou des fous, sans distinction ou sans rémission. M. de Lamennais n'a pas deux manières de classer les hommes, il n'en a qu'une. Toute situation moyenne lui échappe. Par une singulière illusion d'optique morale, il ne voit que les deux extrémités de la grande ligne : le bien, le mal ; il ne voit pas l'entre-deux, et quand un historien ou un observateur ne saisit pas d'une vue nette ce point intermédiaire, il ne comprend rien au monde ni à la vie.

C'est une maladie de ce grand esprit. Il ne s'aperçoit pas qu'il s'enlève à lui-même, par son exagération, tout crédit sur l'esprit de ses lecteurs. Quel est le vrai nom de cette infirmité violente et déréglée du jugement? C'est le fanatisme. Mais ici le fanatisme se complique et s'aggrave de rhétorique. On peut aisément noter les procédés littéraires : c'est l'hyperbole et la prophétie; cela finit par ressembler à un jeu tristement puéril. On sent l'effort de l'imagination qui se guinde jusqu'à l'expression la plus injurieuse, jusqu'à l'image la plus tragique. Ce ne sera pas assez d'appeler ses adversaires des méchants, cela est banal et froid ; pas même assez de les appeler des âmes viles, l'effet n'est pas assez fort; on surchargera l'expression, on arrivera jusqu'à cette hyperbole de la haine : *des âmes cadavéreuses*[1]. Voilà le procédé.

La haine ciselée dans l'expression avec un si grand soin littéraire! Tant de sollicitude à bien écrire, la préoccupation de l'effet au milieu de si violents mouvements d'âme! Il y a ainsi dans tout ce que Lamennais écrit un mélange singulier d'images, de métaphores préparées, soutenues, graduées par les plus savants artifices de style, et en même temps d'anathèmes revêtus d'un tour biblique. La passion de Rousseau, parfois même la rhétorique de Thomas se mêlant aux premières impressions de cette âme nourrie de la Bible, alternant avec des prédictions mystiques, apocalyptiques, et produisant cette succession d'effets qui vont toujours en s'exagérant et cherchant à se surpasser, telle est l'impression que nous laisse cette *Correspondance*.

Je ne connais pas de spectacle plus navrant que cette peinture de l'humanité sous ce sombre pinceau qui l'outrage et la déshonore à plaisir. Quand

---

1. Dans *le Peuple constituant*, après l'insurrection de juin 1848, à propos du général Cavaignac.

on quitte ces tristes pages, il semble que l'on sorte d'un de ces cercles de l'enfer du Dante, où l'on voit s'agiter, sous une pluie de feu et dans les lacs glacés, la troupe hurlante des damnés. On a besoin, après cela, de revoir la belle lumière du jour, de retrouver le visage aimé de quelque enfant radieux, le sourire et l'étreinte d'un ami. On a besoin de croire au printemps et à la vie.

L'hyperbole, c'est la forme littéraire de l'absolu en politique. Lamennais est de cette race d'esprits chimériques et violents qui prétendent imposer à l'ensemble si complexe et si délicat des choses humaines le mécanisme rigide d'un système, qui traitent la vie sociale à la façon d'un syllogisme, qui ne veulent pas voir, entre l'idée pure et le fait, cette multitude d'obstacles qu'on ne supprime ni par le mépris ni par la colère, et dont il faut bien tenir compte, si l'on veut agir sur la réalité. Race éternelle et toujours renaissante qui use dans la pure chimère de grands dons et de grandes forces.

L'absolu ne transige ni avec les hommes ni avec les choses. De là l'intolérance et l'absence complète de sens pratique. L'intolérance de M. de Lamennais n'est plus à prouver. La *Correspondance*, qui n'est qu'un long réquisitoire contre son temps et contre son pays, en témoigne suffisamment. L'absence de sens pratique se marque dans toutes les lettres où il essaye de définir l'état social auquel il aspire. En dehors de quelques belles apostrophes à un avenir plutôt célébré que décrit, à la Révolution qui conduira, de station en station, le genre humain sur le Thabor, à la Liberté, qui sera le règne de Dieu sur la terre, au Droit naturel et divin, qui veut que les nations n'appartiennent qu'à elles-mêmes, qu'elles cessent d'être la propriété soit d'un homme, soit d'une classe d'hommes ; en dehors de quelques brillantes maximes sur un christianisme social qui sera la solution tant désirée du problème du paupérisme, et des affirmations mille fois répétées sur l'aurore de l'Ère nouvelle, qui perce déjà les ténèbres du vieux monde et qui éblouira même *le peuple des sépulcres*, on ne trouve rien, absolument rien qui révèle une intention pratique, un programme sérieusement étudié. C'est une aspiration, ce n'est pas une doctrine.

L'absolu en politique n'a pas seulement le tort d'être impraticable et d'errer éternellement en dehors des faits, il a de plus le tort grave d'être sujet à changer du tout au tout, jusqu'à la contradiction. Il n'y a pas de changement médiocre ni de nuance dans l'absolu. Par le mouvement intérieur des idées ou par l'effet du conflit des forces extérieures, il arrive que ces esprits ardents sont amenés à se modifier. Quand ils le font, ce n'est pas une évolution qu'ils accomplissent, c'est une révolution, violente comme eux-mêmes, et qui imprime dans l'imagination populaire l'idée instinctive de quelque grand scandale.

C'est ce qui arriva à Lamennais. Il n'est pas très-difficile de scruter jusqu'au fond de cette âme inquiète, passionnée, mobile, et de faire voir comment s'était préparé lentement, à son insu même, ce mouvement qui l'emporta brusquement d'un pôle à l'autre du monde des idées, de l'absolu de la théocratie à l'absolu de la démocratie.

De l'un à l'autre, ce qui comble l'abîme, ce qui permet du moins de comprendre qu'à un certain jour l'abîme se trouva franchi, c'est cette théorie même de la certitude, qui est le fond de l'*Essai de l'indifférence*, et qui transporte l'autorité de la raison individuelle, fût-elle le génie même, à la raison universelle, véritable système de démocratie appliqué à la métaphysique, théorie du suffrage universel développée dans la région des idées ; c'est ensuite cette habitude, cette tournure particulière de son esprit qui le portait à se préoccuper du christianisme social et politique bien plus que du christianisme intérieur et spirituel[1] ; c'est enfin la haine égale et continue qui l'anima dans les

---

1. M. Sainte-Beuve, dans un portrait daté de 1836 et qui est encore le plus attachant et le plus vrai qu'on ait tracé de Lamen-

périodes les plus diverses de sa vie contre les pouvoirs humains usurpateurs de l'autorité et du droit. Il se mêlait ainsi, jusque dans les emportements de sa théorie ultramontaine, une sorte de démocratie de Ligueur qui faisait de sa politique le plus singulier mélange d'idées théocratiques et de langage révolutionnaire. Il réclamait d'abord les droits des peuples pour les mettre sous la seule tutelle dont il reconnût la légitimité : celle du pape. Plus tard, il supprima le tuteur et confia directement les droits du peuple au peuple souverain. Sa démocratie ultramontaine une fois condamnée, il s'en tint purement et simplement à la démocratie.

Sa nouvelle foi s'était ainsi préparée, nourrie, développée en-dessous, par les luttes déjà subies, par les arguments entassés, par l'habitude de combattre les ministres et les rois. Quand la crise éclata, il parut bien que la foi ancienne était profondément minée; elle tomba, et le nouvel homme parut dans toute l'ardeur de ses convictions démocratiques. Son opiniâtreté d'idée se retourna en sens contraire, voilà tout. Rome lui sembla dès lors condamnée à figurer l'antithèse de la Révolution, le symbole de la Mort en face de la

---

nais, a touché ce point avec une sagacité singulièrement pénétrante et qui devine tout l'avenir.

doctrine de la Vie. Il ne fut pas sceptique un seul instant. Pas une heure, sa pensée ne resta suspendue sur l'abime. D'un seul bond, il l'avait franchi. Il n'y eut pas d'intermittence dans sa vie morale, pas d'intervalle dans sa foi. Il était de ces esprits à qui la volonté commande et qui éprouvent l'impérieux besoin d'appuyer leurs forces à un point fixe. Ils n'aiment la lutte qu'avec le dehors, ils fuient avec une sorte de terreur les incertitudes, les déchirements intérieurs, l'angoisse du doute. Ils se dominent assez pour s'imposer une foi nouvelle et s'y tenir, quand l'ancienne foi n'est plus.

C'est là ce qui résulte clairement de la *Correspondance*. L'attitude de cette âme implacable et fière est curieuse à étudier durant la crise qui va couper en deux cette vie. Ni retour mélancolique sur le passé, ni inquiétude sur l'avenir qui s'ouvre à lui avec ses perspectives illimitées et obscures, à un âge où il est si dur de s'exiler de ses habitudes, de son foyer intellectuel et moral, de ses amitiés les plus chères, à cinquante-deux ans. Pas de plainte, pas de gémissement. Pas un mot qui puisse attendrir les témoins de cette grande crise. Pas un cri où se révèle l'angoisse. Il part, le front haut, pour les régions nouvelles que son exil va parcourir. Il franchit la limite de ce vieux monde dont il a été un des plus glorieux enfants, sans retourner la tête, sans jeter un mot d'adieu derrière lui à tout ce qu'il a tant aimé. Aux sollicitations qu'on lui fait, il n'a qu'une réponse : « Rome, désormais, n'a plus rien à me dire, et je n'ai rien à dire à Rome. Chacun a sa voie qu'il n'a point choisie, sa voie providentielle où il faut qu'il marche. Une irrésistible puissance nous conduit où nous devons aller. » Aux âmes pieuses qui jettent vers le pèlerin en route un cri de tendre désespoir, il dit : « Ne vous pressez point de juger. Dieu ne laissera pas le monde dans cette grave et terrible incertitude. » Voilà tout, et déjà il est bien loin, mêlé au plus avant des luttes démocratiques ; un an après le grand divorce, nous le retrouvons à Paris parmi les défenseurs des accusés d'avril. Tout le passé est mort, bien mort.

C'est maintenant le grand pamphlétaire de la Révolution, le Tribun du peuple, mais un tribun de plus en plus solitaire, misanthrope humanitaire, incurablement triste.

Qu'il y ait eu bien des angoisses dans cette âme au moment de la rupture et dans la suite, on ne peut guère en douter, mais avec quel soin il nous en a dérobé la trace ! Dans quel abîme de silence il les a enfouies ! Pouvons-nous aller plus loin que ne va la *Correspondance*, et tenter de surprendre le secret de cette âme, qu'elle a voulu emporter jusque dans la mort en redoublant à la dernière heure de dignité sombre et de fierté farouche? L'excès même de ce stoïcisme, cette insensibilité impénétrable sur le lit funèbre, cette obstination dans l'attitude choisie, une attitude presque dure comme celle d'un lutteur qui se roidit en tombant, tout cela prouve bien la force, mais une force qui s'applique et s'emploie tout entière. Certes ce n'est pas l'attitude d'une âme médiocre. Mais qui oserait dire que c'est l'attitude d'une volonté sûre d'avoir bien choisi? La sérénité est bien loin d'une pareille mort. Dans ce silence violent il me semble que j'entends le cri comprimé des grandes douleurs. Je me dis : « Qu'il a souffert! » Et aussitôt le souvenir de la lettre prophétique du 25 juin 1816 me revient à l'esprit avec le flot d'amertumes qui s'en échappe : « Quoi qu'il arrive, je ne puis qu'être désormais extraordinairement malheureux.... Il y a des destins inévitables! »

CINQUIÈME ÉTUDE.

LES MISÈRES D'UN DIEU

AU DIX-NEUVIÈME SIÈCLE.

HENRI HEINE D'APRÈS SA CORRESPONDANCE.

I

C'est aux environs de l'année 1820 que Henri Heine se reconnut dieu par la grâce de Hegel, en nombreuse compagnie, du reste. Il y eut vers cette époque, en Allemagne, une promotion en masse de candidats à la divinité.

Or, lequel vaut-il mieux, rester simplement homme ou devenir dieu, si l'avénement à la divinité ne vous exempte d'aucune de ces misères que le pauvre dieu terrestre traîne à travers ses rêves olympiens? C'est ce que je me demandais en lisant la *Correspondance* d'Henri Heine, et je laisserai à mes lecteurs le soin de répondre pour moi.

Je me rappelle encore, comme si c'était d'hier, la sensation que j'éprouvai, il y a longtemps déjà, quand je fis connaissance avec cet extraordinaire esprit, le plus Français de ses compatriotes, — ce que notre fatuité nationale a traduit ainsi : le plus spirituel des Allemands.

Ce fut une impression d'étonnement, un éblouissement mêlé d'une sorte d'inquiétude vague, comme devant une énigme. C'est dans ses lettres publiques sur la *France*, sur l'*Allemagne*, sur *Lutèce*, que m'apparurent d'abord cette verve étincelante, cette finesse aiguë, cette ironie qui, par instants, rappelle Voltaire pour l'aisance, la légèreté du tour, la grâce piquante et ailée (celle d'une guêpe attique ou parisienne), en y ajoutant un air d'humour et de fantaisie, et même je ne sais quel accent de tristesse où semble se fondre la raillerie du sceptique. Un Voltaire humoriste, parfois attendri et triste jusqu'au lyrisme, me fut alors révélé. Cette double et contraire impression ne fit que s'accroître quand je fus entré dans une plus complète intimité avec le poëte, par la lecture du *Livre des chants* et des *Reisebilder*, où éclatent en pleine lumière ses caprices et ses violences, ses railleries les plus désespérées, ses intuitions les plus hautes, toutes les passions de sa vie et ses inspirations mêlées et confondues. Je commençai à comprendre le problème de cette étrange figure, où les éléments les plus opposés se sont réunis pour fournir à la même physionomie des traits contradictoires : un poëte doublé d'un sceptique ; — l'esprit le plus aiguisé, le plus dénué d'illusions, le moins dupe de lui-même et des autres, parfois même cynique, se rencontrant avec une puissance de lyrisme qui en certaines heures de plein vol et de grand essor, atteint les cimes les plus hautes, dépasse Schiller, égale Gœthe ; et par-dessus toutes ces contradictions, une sincérité de caractère qui les ramène à une sorte d'unité et fond toutes ces dissonnances dans une harmonie vivante que l'art n'eût jamais réalisée, que pouvait seule produire la nature, l'artiste suprême.

Ces contradictions même et l'énigme qu'elles semblent poser devant nous offrent à l'imagination un irrésistible attrait. Les noms de Byron et d'Alfred de Musset reviennent d'eux-mêmes à la pensée dès que l'on considère un peu attentivement cette physionomie de Henri Heine. Et bien que les différences éclatent aux yeux, il y a dans ces trois poëtes je ne sais quel air de famille et quelle mystérieuse parenté qui les rapproche à travers les situations les plus diverses, dans l'opposition la plus tranchée des mœurs, des habitudes, du climat moral sous lequel chacun d'eux a vécu. Tous les trois ont le singulier privilége d'attirer l'esprit en l'inquiétant. Aucun autre poëte de notre siècle n'a eu le don d'exciter, avec des sympathies plus vives, des curiosités plus passionnées. Il y a eu peut être de plus grands esprits, il n'y en a pas qui aient été au même degré « les élus des imaginations. »

Cela s'explique. Les génies calmes et ordonnés dans la beauté plastique de leur art, les grands esprits tels que Gœthe, dans la jouissance de leur vigoureuse santé intellectuelle et de leur équilibre moral, s'imposent de trop haut à notre admiration. Leur vie même semble être une œuvre d'art qu'ils gouvernent et créent eux-mêmes, soumise comme leurs autres œuvres aux lois du beau et dont la raison esthétique règle les développements harmonieux. Ils se révèlent à nous en demi-dieux, étrangers et supérieurs aux troubles de la nature humaine. C'est là bien souvent une pure illusion de perspective, mais elle est universelle et elle arrête ces curiosités d'imagination qui se portent plus volontiers vers ce qui est moins près de la perfection esthétique, plus irrégulier, plus humain. C'est vers les esprits comme Henri Heine qu'elles se précipitent; c'est vers ces talents inquiets faits de scepticisme, d'aspirations vagues et de souffrances trop réelles, supérieurs à l'humanité par certains côtés, mais profondément humains par le caprice même et la contradiction, par les angoisses dont on sent comme le contrecoup à travers leur poésie troublante et troublée. On veut savoir le secret de ces âmes, le mystère de leurs origines; on veut saisir jusque dans ses derniers replis ce cœur d'où part la note déchirante, qui retentit même dans leurs éclats de rire.

Aussi est-ce avec une curiosité empressée que tous les lecteurs des *Reisebilder* ouvriront ces livres posthumes qui viennent de paraître dans l'édition française des œuvres de Heine. A tous égards, ces volumes sont nouveaux en France. Deux d'entre eux contiennent une *Correspondance inédite* qui va de 1820 à 1843 ; les deux autres, sous des titres de fantaisie : *De tout un peu* et *De l'Angleterre*, rassemblent sous nos yeux des pièces humoristiques et des fragments de critique littéraire, répandus dans plusieurs feuilles périodiques allemandes, oubliées ou mortes depuis longtemps. La *Correspondance* a été traduite avec un soin et une intelligence remarquables; la préface et les notes trahissent, dans l'incognito trop bien gardé du traducteur, une expérience et une sûreté d'informations littéraires en même temps qu'un sentiment élevé des choses de l'esprit, qui font regretter que cette édition des œuvres complètes du poëte ne soit pas accompagnée d'une étude qu'une main aussi habile aurait rendue définitive. C'eût été une statue digne du monument.

Pour ouvrir avec empressement cette *Correspondance*, il suffit d'avoir goûté, dans quelques-uns de ses poëmes, l'âcre plaisir que donne l'ironie lyrique de Heine. On ne peut plus après cela être indifférent au poëte. Mais plusieurs personnes auront peine à surmonter la sensation étrange que font éprouver au lecteur ces lettres trop réelles, ou pour parler le langage moderne, trop réalistes. La première impression est triste. On est tout désenchanté quand on voit les préoccupations habituelles du poëte, celles qui se peignent dans sa correspondance journalière avec un naturel presque effrayant. Ce ne sont guère des préoccupations d'idée; si celles-ci se montrent de temps en temps, elles disparaissent généralement sous le tumulte d'intérêts divers, mais très-positifs: soucis d'argent, difficulté de vivre, âpreté de la lutte, blessures d'une vanité exaspérée. C'est le ménage de la conscience d'un poëte irrité par la vie que nous surprenons dans sa triste nudité. Heureux le poëte qui se peint lui-même avec complaisance pour la postérité, et qui ne se montre à nous que dans la peinture qu'il veut bien nous offrir! Ici, comme ailleurs, l'éloignement ne nuit pas à l'effet. La perspective bien choisie idéalise les choses. Gœthe l'a senti à merveille et nous le fait finement sentir en intitulant ses Mémoires : *Poésie et Vérité*. Vérité, sans doute, mais montrée à distance, sous le point de vue qu'il a fixé lui-même, avec le prestige de l'art qui choisit et qui dispose. C'est la vérité de sa vie, ce n'en est pas l'exacte et nue réalité. Il y a là une nuance que l'on saisira, si l'on compare ce fragment splendide et charmant de Henri Heine, qu'il a intitulé : *Aveux d'un poëte* et qui est un chapitre de sa vie légèrement idéalisée, avec cette correspondance trop sincère, privée de ce rayon qui colore les choses et en touchant la réalité la plus terne la transfigure.

Telle qu'elle est, cette correspondance n'en a pas moins un grand prix à nos yeux. Elle éclaire la vie et le cœur du poëte dans ses dernières profondeurs, et si tout ce que l'on y découvre n'est pas ce que l'on souhaitait d'y voir, on a au moins cet avantage, quelquefois assez triste, de ne pas être trompé et de sentir qu'on ne peut pas l'être.— Malheureusement la correspondance publiée commence trop tard et finit trop tôt. Elle débute en 1820, quand le poëte avait vingt et un ans; elle s'arrête en 1843, treize ans avant sa mort. Cette lacune des dernières années, les éditeurs espèrent la combler quelque jour, quand ils auront réuni d'assez nombreux témoignages de cette période remplie par les plus cruelles souffrances, et en même temps par quelques-unes des plus hautes inspirations du poëte. — Pour les vingt premières années, nous n'avons d'espoir que dans les Mémoires écrits par le poëte lui-même, et dont sa famille possède le manuscrit. C'est là seulement, si ces Mémoires sont publiés un jour, que l'on pourra saisir avec certitude les premières origines, les impulsions primitives de cette nature originale, les racines les plus secrètes et les plus délicates des passions qui devaient faire plus tard explosion dans sa vie, l'agiter stérilement, la remplir de fracas, de poussière et de ruines. — Cependant, dès aujourd'hui, à l'aide de la correspondance, on peut deviner ou pressentir bien des choses sur les origines et les premières expériences de cette vie livrée à d'effrayants hasards, sans direction fixe et sans autre contrepoids moral que l'âme mobile et la sensibilité exaltée d'un poëte.

A tout prendre, si l'on met de côté les heures enchantées et les divines voluptés de l'art qui sont toujours de magnifiques compensations dans la plus triste destinée, ce fut une existence malheureuse que la sienne, disputée péniblement à des préjugés de famille et de race, mal gouvernée, errante longtemps à travers l'Allemagne, fixée enfin à Paris, où la maladie l'attendait et lui laissa à peine, avant de le frapper mortellement, le répit de quelques années tranquilles. La Correspondance nous le montre à l'université de Gœttingue, composant ses tragédies romantiques, *Almansor* et *Ratcliff*, assistant avec une attention distraite aux cours de droit, à moitié en lutte avec sa famille, qui l'avait destiné au commerce et ne le voyait qu'à regret tenter une autre carrière. De là on le suit, à la trace de ses lettres, dans les diverses stations où le promènent successivement la mobilité de ses espérances ou le caprice de ses colères : tantôt à Berlin, d'autrefois à Lunebourg, dans la pauvre maison de son père, ou bien à Hambourg, où résidait une partie de sa famille, et particulièrement son oncle Salomon Heine, le fameux banquier, si souvent maudit et autant de fois célébré dans la *Correspondance*, en raison directe de ses envois d'argent ou de ses refus de subsides. Quelques séjours aux bains de mer et dans une petite île de la mer du Nord, à Héligoland, une tentative inutile d'acclimatation dans la capitale de l'Allemagne catholique, à Munich, des excursions en Italie et à Londres, nous montrent l'humeur inquiète du poëte, la difficulté particulière pour lui de se fixer quelque part, jusqu'au jour où la violence de ses regrettables polémiques avec le comte Platen lui rendit de plus en plus difficile, impossible même, le séjour de la patrie allemande. Il vécut dès lors à Paris, où il demeura pendant les vingt-cinq dernières années de sa vie, sauf quelques mois d'un voyage en Allemagne, dans l'année 1843. Ce voyage il l'avait entrepris dans un accès de nostalgie, *un mal incurable*, disait-il, *qui s'était mis à sévir dans son cœur*. Mais un autre mal plus incurable encore sévissait dans son cœur, c'était la haine littéraire. Elle lui inspira, à l'occasion de ce voyage, cette satire, la plus violente qu'il ait commise, le *Conte d'une nuit d'hiver*, qui acheva d'irriter contre lui l'esprit public en Allemagne et de lui fermer tout espoir de retour dans sa patrie.

A dater de ce dernier coup de tête, il ne quitta plus la France. Mais déjà il était en proie à cette terrible maladie qui ne devait plus lui laisser de relâche et contre laquelle le poëte seul put secourir l'homme. D'éclatantes strophes jaillissaient encore du milieu d'intolérables souffrances. Sur ce fauteuil où le clouait la douleur, entouré de rares amis, visité par quelques compatriotes toujours en défiance de cette implacable ironie, tantôt son imagination s'exaltait jusqu'à une sorte d'impiété titanesque d'où sortaient des cris de révolte et de haine; tantôt des inspirations plus hautes, d'une originalité suprême, créaient autour de lui un monde imaginaire, un merveilleux pays de légendes où il évoquait les types des héros ou des dieux disparus, et, pendant les évocations de son art, oubliait de souffrir. Cependant il mourait lentement, au milieu de l'admiration plutôt que de la sympathie publique. Encore cette admiration ne fut-elle jamais, en France, qu'un sentiment assez particulier, restreint dans des limites assez étroites, en dehors desquelles Henri Heine était presque un inconnu dans son pays d'adoption. Il ne fut jamais populaire, même à Paris, où les lettrés seuls, les *dilettante* de l'esprit et de la poésie lisaient avec avidité chaque œuvre nouvelle échappée à son agonie. — Que d'efforts cependant le poëte n'avait-il pas faits pour acclimater sa gloire en France ! Il avait adopté beaucoup de nos idées et de nos goûts ; il avait adopté même notre langue, qu'il maniait avec une supériorité pleine de charme. Malgré tout, il restait encore étranger au milieu de nous. Les suffrages émus et discrets de quelques amitiés d'élite, qui sont restées fidèles à sa mémoire, comme elles l'avaient été à sa vie, les louanges plus bruyantes de quelques critiques ne pouvaient compenser ce bruit de la gloire, si doux à l'oreille des poëtes. Henri Heine ne s'y trompait pas ; de là sans doute ses frasques terribles et ses splendides invectives contre quelques-uns de nos écrivains les plus populaires. — Quand il mourut, en 1856, c'est à peine si cette mort d'un des plus grands poëtes du siècle produisit une sensation dans les salons et les cercles littéraires ; mais à coup sûr ce ne fut même pas un incident dans cette

vie des boulevards parisiens, dont il avait senti si
finement et à plusieurs reprises exprimé en traits
si vifs le charme malsain et la capiteuse ivresse.—
Ce cercueil qui emportait au cimetière Montmartre
la dépouille mortelle d'un si rare esprit, passa
au milieu de la foule indifférente. Injuste oubli,
mais terrible expiation d'une vanité exagérée et d'un
prodigieux talent, dispersé, compromis, épuisé par
de petites passions!

Dans la période des vingt-trois années qu'embrasse la *Correspondance* et dans laquelle je veux
me restreindre, nous saisissons facilement, à la
surface même du livre, et dans les conversations
quotidiennes du poëte avec ses amis et ses éditeurs
deux ou trois traits caractéristiques de cette vie,
qui nous aident à comprendre quelques-unes des
agitations du poëte et des directions, sans cela
inexplicables, qu'il a données à son talent. Il semble que Heine ait deviné l'usage que l'on pourrait
faire un jour de ses aveux et qu'il ait tenu à se
mettre d'avance en garde contre les enquêtes et
les interprétations de la critique : « Une chose me
blesserait et de la manière la plus douloureuse,
écrit-il à son ami Immermann dès 1823, c'est si
l'on voulait expliquer l'esprit de mes poésies par
l'histoire de leur auteur. J'ai été mortellement offensé en lisant hier une lettre où quelqu'un de ma
connaissance, au moyen de petites histoires ramas-

sées çà et là, voulait reconstruire toute ma nature poétique, et laissait tomber ces odieuses expressions : *Impressions de la vie, position politique, religion,* etc.... Quelque facile qu'il soit de tirer de l'histoire d'un poëte le commentaire de ses œuvres, de prouver que souvent, en effet, la position politique, la religion, les haines privées, des préjugés et circonstances de toute sorte ont agi sur sa poésie, ce sont là des choses dont on ne doit pas faire mention, surtout du vivant de l'écrivain. On déflore en quelque sorte la poésie, on lui arrache son voile mystérieux en démontrant la réalité de toutes ces influences ; et si cette exégèse raffinée est fausse, c'est la poésie elle-même que l'on défigure. » La critique ne peut s'arrêter devant cette protestation. Quand elle tient dans ses mains quelques-unes des causes qui ont contribué à donner à un poëte son caractère particulier et son accent personnel, elle ne peut, par un scrupule exagéré, se priver des explications précieuses qui sont à sa portée. D'ailleurs Henri Heine a tant à se faire pardonner, qu'il ne peut que gagner à un pareil travail de la critique. Expliquer ses emportements, ses violences, ses fougues effrénées, c'est en une certaine mesure les excuser ; c'est au moins, en certains cas très-graves, plaider les circonstances atténuantes. Il y a telle de ses satires enivrées de haine et folles de vengeance qu'on aurait peine à comprendre, si l'on ne se souvenait de certaines circonstances de la vie du poëte, de ces crises qui bouleversaient sa frêle machine et pendant lesquelles la maladie nerveuse lui tenait lieu d'inspiration.

Dans presque toutes ses lettres, la souffrance physique apparaît, et souvent avec une effrayante intensité. Il essaye parfois d'en sourire, mais que ce sourire est triste ! « J'ai beaucoup souffert pendant cet affreux hiver *ultra*, où tout homme honnête et libéral a été malade ; je vais mieux maintenant, après avoir été tourmenté pendant un mois par les sangsues, les mouches d'Espagne, les pharmaciens et les amis compatissants. J'ai craché beaucoup de sang, et comme je savais par l'histoire de la littérature ce que cela signifiait pour les faiseurs de vers, j'ai été fort inquiet, et dans mon angoisse je me suis interdit sévèrement tout sentiment poétique, et bien plus encore, tout travail de poésie. Pour la poésie c'est donc fini ; mais j'espère pour cela vivre d'autant plus longtemps en prose. » (Lettre du 27 février 1830 à M. de Varnhagen.)—Dès l'année 1823, à peine âgé de vingt-quatre ans, il écrivait : « Puisse Dieu me donner seulement la santé, je me charge du reste ! » C'est un peu, à sa manière, le cri d'Ajax :

Dieu, rends-nous la lumière et combats contre nous !

La lumière, c'est-à-dire la santé, ne fut jamais

rendue au poëte ; chaque lettre nous fait assister à un progrès du mal, qui se fixa de plus en plus dans les nerfs et à certains jours les secouait horriblement. Bien des cris lamentables traversent ces lettres et retentissent jusqu'à nous. Cet état maladif, à la fois chronique et aigu, ne pourrait être supporté que par un héros ou par un saint. Faut-il s'étonner que tant de souffrance ait aigri l'humeur d'un homme qui ne se piquait pas d'être un héros, encore moins un saint! La verve poétique s'en mêlant, tous les démons ensemble s'agitaient dans ce pauvre cerveau affolé de douleur.

Un autre démon qui sévissait cruellement dans sa vie, c'était celui dont les Grecs avaient fait une triste déesse, *Pénia*, la Pauvreté. A cet esprit mobile et toujours emporté par sa passion présente, qui gâtait comme à plaisir toutes ses relations, rien n'avait pu réussir. Il avait tenté d'entrer dans quelques carrières, mais mollement et sans suite. Il avait essayé de tout, du droit, du barreau, de la rédaction de quelques feuilles allemandes. Ces essais n'avaient été que des échecs. Tout travail régulier, suivi, toute discipline de vie ou d'idée lui étaient insupportables. Une fierté intermittente dans ses accès l'éloignait quelquefois pendant des années des appuis naturels qu'il aurait facilement trouvés dans une famille opulente. Dans les intervalles, il était aux expédients et sa *détresse littéraire*, comme il l'appelle, occupe autant de place dans ses lettres que sa détresse physique. Sa correspondance est remplie de ce triste souci d'argent, un des plus prosaïques sous lesquels l'inspiration puisse languir ou succomber. Ce ne sont que querelles avec ses éditeurs, propositions acceptées ou refusées, discussions fatigantes d'intérêt, hymnes d'un enthousiasme immodéré en l'honneur de Julius Campe, quand le libraire de Hambourg lui permet de tirer sur lui une lettre de change, injures et fureurs du plus haut comique quand la lettre de change est refusée ou que quelque difficulté s'élève pour la publication d'un livre dont le poëte attend la rémunération avec impatience. « On n'attend pas pour vivre! répond le pauvre auteur; mon argent! il me faut mon argent! »

Telle était cette vie assaillie de souffrances et de soucis, livrée aux assauts du mal nerveux qui devait le tuer un jour, en proie à des préoccupations d'intérêts matériels et à toutes les défiances, à tous les soupçons que ce genre de préoccupations inspire. « Ma sûreté personnelle, mon avenir est compromis, s'écrie-t-il sans cesse ; je vois que partout on cherche à me couper les vivres. » Aussitôt son imagination entre en branle ; ce ne sont que menées secrètes, intrigues, cabales de toutes sortes Il se croit en butte à des persécuteurs acharnés. Il arrive à un état violent d'esprit que la maladie entretient et aggrave. Le mal moral se redouble par le mal physique et à son tour lui donne de nouveaux aliments, de nouvelles forces.

Ce ne sont là que des causes extérieures, les unes accidentelles comme la pauvreté, les autres toutes matérielles comme la maladie. Il en est d'autres que la correspondance nous révèle, plus intérieures plus profondes, qui tiennent moins au tempérament qu'à l'âme même du poëte. C'est jusque-là qu'il nous faut pénétrer.

II

Quelqu'un a dit, en parlant de Henri Heine d'après la *Correspondance*, que c'était une âme de colère. Le mot est juste. Il est étrange et douloureux de voir à quel point cette personnalité du poëte, aigrie déjà par la maladie, est irritable, facile aux emportements; avec quelle violence elle se déchaîne contre les hommes ou les événements, contre les situations ou les idées dont elle souffre ou même dont elle craint de souffrir. Je dirais volontiers, en empruntant une image à la physiologie, que les nerfs et les muscles de cette âme sont à nu, exposés à tous les chocs, blessés par tous les contacts : on dirait même que l'air environnant les froisse cruellement et les irrite. Ses nerfs crient, ses muscles saignent ; tout son être se tend contre l'obstacle réel ou imaginaire. — Sa vie n'est en effet qu'une réaction violente contre des souffrances trop vraies et des maux en partie fictifs que son imagination malade grandissait démesurément.

« Je me suis décidé pour la lutte, dit-il quelque part ; et vraiment ce n'a pas été à la légère. Quand la première fois j'ai mis les armes à la main, c'est que j'y ai été contraint par l'insolent orgueil de la naissance. » Ces armes une fois prises, il ne les déposa plus Et il ajoutait….. « Dans mon berceau se trouvait déjà ma feuille de route pour ma vie tout entière. » (Paris, 16 juillet 1833.)

Tâchons de lire ce qui était écrit sur cette *feuille de route*, déposée dans son triste berceau. J'y trouve tout d'abord un trait de son signalement qu'il faut noter. Henri Heine était juif. — Il nous raconte quelque part la plaisante histoire d'un bon chrétien, épicier à Hambourg, qui n'avait jamais pu se faire à l'idée que son Seigneur et Sauveur fût juif de naissance. Cet excellent homme ressentait, nous dit-il, un violent dépit toutes les fois qu'il devait avouer que ce modèle divin de perfection appartenait à cette race, « à cette clique de longs nez mal mouchés, de marchands de bric-à-brac qu'il voyait rôder dans les rues, qu'il méprisait profondément, et qui lui étaient encore plus insupportables, lorsque, se mêlant comme lui, de faire en gros le commerce des épices et des couleurs, ils nuisaient à ses propres intérêts [1]. » Au fond le sentiment de l'honnête épicier de Hambourg, Henri Heine l'éprouvait en l'appliquant à lui-même. Il ne put jamais se consoler d'être juif. Ce qui eût été pour une âme mieux trempée un simple accident de naissance, dont personne ne songe à se plaindre sérieusement, devient pour son imagination quelque chose comme la fatalité antique. N'est-ce pas lui qui a dit ce mot si expressif : « le judaïsme n'est pas une religion, c'est un malheur? »

Voyez la peinture qu'il nous fait des juifs rassemblés dans la synagogue de Venise. Quelques traits s'appliquent avec un singulier à-propos à celui qui les a tracés : « Ils célébraient ce jour-là leur fête du Pardon ; ils se tenaient debout, enveloppés dans leurs longues robes de toile blanche, faisant avec la tête des mouvements sinistres ; on eût dit presque une réunion de fantômes.... Tandis que j'examinais avec attention les visages pâles et souffrants des juifs, je fis une découverte que je ne puis pas, hélas ! passer sous silence. J'avais

---

1. *De l'Angleterre. Héroïnes de Shakespeare*, p. 1.

visité le même jour la maison des fous de San-Carlo, et dans la synagogue je fus frappé de trouver au regard des juifs le même éclat effrayant, le même air moitié hagard, moitié incertain, moitié rusé, moitié stupide que j'avais précédemment remarqué dans les yeux des fous. Ce regard incompréhensible, indéfinissable, n'indiquait pas précisément l'absence d'esprit, mais la prédominance d'une idée fixe. Peut-être la croyance à ce dieu transcendant de la foudre annoncé par Moïse est-elle devenue l'idée fixe de tout un peuple, qui, bien que depuis deux mille ans on lui ait mis la camisole de force et donné des douches, ne veut pas en démordre... Cette idée, Moïse en a chargé les juifs, il l'a bouclée sur leur dos avec des courroies saintes, et pour ainsi dire taillée dans leur chair[1]. »

Son *idée fixe*, à lui, n'est peut-être pas celle de *ce dieu transcendant de la foudre*, dont il se moque si agréablement; mais assurément, c'est celle de *la race maudite* à laquelle il appartient: voilà l'idée fixe qui s'attache à son imagination malade, qui est, pour employer ses fortes expressions, « taillée dans sa chair, incrustée dans ses os. » — Quelle que fût la situation faite par le préjugé social aux israélites de l'Allemagne, vers 1820, il n'en est pas

---

[1]. *De l'Angleterre. Héroïnes de Shakespeare*, p. 190.

moins vrai qu'il y avait, à en souffrir si vivement, une susceptibilité maladive; ce fut comme une hallucination qui hantait son cerveau. Il fit tout pour y échapper. Il se décida à recevoir le baptême pour effacer le stigmate, espérant que le chrétien indifférent ou sceptique ferait oublier en lui l'israélite. Vain espoir! Il croyait voir partout reparaître ce dédain particulier, cette méchanceté toute spéciale des gentils, ce sentiment persécuteur envers les juifs que désigne d'une manière expressive le mot hébreu *Rischess*. Cette obsession le poursuivit jusqu'en France, à Paris même, où les mœurs sont si bien d'accord sur ce point avec les lois, où les israélites sont partout sur le pied de l'égalité la plus parfaite avec les chrétiens, dans les carrières libérales aussi bien que dans l'industrie, à l'Institut comme à la Bourse, dans les plus hauts emplois, dans les ministères, dans la vie sociale et dans les salons.

Henri Heine sentait ce bienfait de la civilisation française; il raconte plaisamment qu'à son voyage de Venise, en errant sur le Rialto, il regardait tout autour de lui pour voir s'il n'apercevrait pas Shylock : « J'aurais eu, dit-il, en son irrévérencieux langage, quelque chose à lui communiquer qui lui aurait fait plaisir : c'est que, par exemple, son cousin, M. de Shylock, à Paris, est devenu le plus puissant baron de la chrétienté, et qu'il a reçu de

Sa Majesté Catholique cet ordre d'Isabelle, qui fut fondé jadis pour glorifier l'expulsion des Juifs et des Maures de l'Espagne. » — Malgré tout, et bien qu'il eût de si bonnes nouvelles à apprendre à ses frères persécutés, il ne fut jamais complétement rassuré sur ce point. Avec ce flair particulier que développe l'idée fixe, il reconnaissait de loin ce terrible *Rischess*, et il en souffrait déraisonnablement. Lui qui avait toujours secrètement rêvé des plaisirs de la haute vie, des élégances aristocratiques, il se sentait rejeté loin de ses vaniteuses et voluptueuses chimères par ce préjugé cruel dont son imagination était coupable plus que la société. De là, que de coups mortels reçus par l'amour-propre! que d'occasions de souffrir et de s'irriter!

De là aussi dans ses lettres deux courants d'impressions en apparence contradictoires, mais dont la source est la même. Tantôt il accable les juifs de ses boutades, s'irritant de ce qu'ils sont comme ils sont et non pas autrement: Tantôt il les défend contre les mépris des *gentils* avec toutes les armes, l'ironie, l'éloquence même, prenant en main leur cause, qui est la sienne, se vouant avec un zèle inattendu à la défense de la race proscrite, et même à l'apologie des vices particuliers à cette race qui, selon lui, en est moins responsable que ses persécuteurs. — Au fond de tout cela, on trouverait sans peine un sentiment quelque peu puéril d'humiliation.

Certes on n'aurait pu pressentir un apologiste bien sérieux du judaïsme dans l'humoriste qui écrivait les lignes suivantes (Lunebourg, 18 juin 1823) : « Je vis ici tout à fait seul, je ne vois absolument personne, parce que mes parents se sont retirés de toute société. Les juifs sont ici, comme partout, d'insupportables et sales brocanteurs ; les chrétiens de la classe moyenne, des gens peu récréatifs, avec un dédain rare pour les juifs ; — la classe supérieure de même, à un degré supérieur encore. Notre petit chien, dans la rue, est flairé et maltraité d'une façon toute particulière par les chiens chrétiens, qui ont évidemment horreur des chiens juifs. Aussi je n'ai fait connaissance encore qu'avec les arbres qui murmurent à mon souvenir de vieux chants oubliés et me disposent à la tristesse... » Et presqu'à la même date, sa verve s'épanche en rudes épigrammes : « Vraiment, écrit-il à son ami Moser, tu es le plus noble cœur en Israël.... Tes sentiments sont de pesants lingots d'or, les miens du simple papier-monnaie ; celui-ci n'a que la valeur que lui donne le crédit... La figure ci-dessus ne te prouve-t-elle pas que je suis un poëte juif ? Et pourquoi me gênerais-je ? Nous sommes entre nous, et je me sers volontiers de nos métaphores nationales. Lorsqu'un jour *Ganstown* (la ville de Gans, une sorte de Jérusalem utopique que devait gouverner le docteur Gans) sera bâtie, quand une génération plus heureuse, sur les bords du Mississipi, bénira les palmes, en grignotant du pain azyme, et que fleurira une littérature néo-juive, alors nos expressions mercantiles et boursicotières d'aujourd'hui appartiendront à la langue poétique, et un poétique arrière-neveu du petit Marcus, en manteau et phylactère, chantera devant toute la congrégation de Ganstown : « Ils étaient assis près des rives de « la Sprée, et ils comptaient des bons du Trésor; « alors vinrent leurs ennemis qui dirent : « Don-« nez-nous du papier sur Londres, le cours est en « hausse. » (Mai 1823.)

C'est cruellement se persifler soi-même, entre amis. Aussi est-on surpris de rencontrer, tout à côté, des plans, des idées d'apologie nationale : « Il me tarde fort d'exprimer ce que Bœrne appelle *la grande douleur juive*, et cela se fera aussitôt que ma tête sera moins souffrante. » Mais alors même qu'il exprime les pensées les plus sérieuses, il semble impossible à Henri Heine de rester longtemps sérieux. « C'est très-désobligeant de la part de Notre-Seigneur Dieu de me faire souffrir ainsi maintenant; oui, c'est même impolitique, car le vieux sire sait bien tout ce que je pourrais faire pour lui. Ou bien le vieux baron de Sinaï, l'autocrate de la Judée, deviendrait-il, lui aussi un Dieu éclairé ? A-t-il dépouillé sa nationalité, abdiqué ses prétentions et abandonné ses sectateurs, au profit de quelques vagues idées cosmopolites ? Je crains que le vieux seigneur n'ait perdu la tête et que « le petit juif d'Amsterdam » ne puisse à bon droit lui souffler à l'oreille : « Entre nous, monsieur, vous n'existez pas. »

« La grande douleur juive » lui inspira l'idée d'un roman, le *Rabbin de Baccharach*, qui devait être une peinture de la nationalité proscrite pendant le moyen âge. On voit Henri Heine, pendant toute une année (1824), préoccupé de son idée, se livrant avec une conscience scrupuleuse à la préparation de son roman, étudiant les chroniques, s'enfonçant dans les lourds in-folios de l'*Historia Judaïca*, compulsant les prières et les doctrines rabbiniques. — Parfois un cri de douleur et de pitié sincère s'élève : « Des sentiments tout particuliers m'émeuvent quand je feuillette ces tragiques annales ; une plénitude d'enseignement et de douleur. » (25 juin 1824.) — Le début de l'œuvre seul a survécu ; le reste a péri dans l'incendie de Hambourg en 1843.

C'est de la même idée qu'est sortie cette magnifique analyse du caractère de Shylock, dans le *Marchand de Venise*, une des plus belles pages de la critique moderne. C'est l'âme du poëte, dans ses meilleures et ses plus hautes inspirations : « Shakespeare voulut peut-être, pour divertir la multitude, lui présenter une sorte de loup-garou savant, un être altéré de sang à qui sa cruauté fait perdre sa fille et ses ducats, et que l'on raille par-dessus le marché. Mais le génie du poëte, l'esprit universel qui domine en lui est toujours plus fort que sa volonté particulière, et il arriva que dans Shylock, malgré le grotesque outré du personnage, il prononça la justification d'une malheureuse secte que la Providence, par des raisons mystérieuses, a chargée des haines de la haute et basse populace, et qui ne voulut pas toujours payer cette haine de son amour. Mais que dis-je ! le génie de Shakespeare plane bien au-dessus des mesquines querelles de deux partis religieux ; il ne nous montre, à vrai dire, dans son drame, ni juifs ni chrétiens, mais des oppresseurs d'une part, et de l'autre des opprimés qui, fous de douleur, poussent des cris de joie sauvage lorsqu'ils peuvent rendre avec usure à leurs bourreaux le mal qu'ils en ont reçu. » Et, analysant les divers caractères mis en scène par Shakespeare, *Antonio* le banqueroutier, *Lorenzo* qui devient le complice d'un vol domestique, Heine conclut ainsi : « En vérité, à l'exception de Porcia, Shylock est le plus respectable de toute la pièce. Il aime l'argent et ne s'en cache pas, car il le crie sur les toits... Mais il y a quelque chose qu'il met encore au-dessus de l'argent, c'est la satisfaction de la vengeance pour son cœur offensé, les justes représailles d'indicibles outrages ; bien qu'on lui offre le décuple de la somme prêtée, il le refuse ; il ne regrette ni les 3000 ni les 30 000 ducats, s'il peut acheter à ce prix une livre de la chair du cœur de son ennemi... Oui certes, Shylock aime l'argent ; mais il est des choses qu'il aime beaucoup plus encore, entre autres sa fille, « Jessica, mon enfant ! » Bien que dans le paroxysme de la colère, il la maudisse et souhaite de la voir étendue à ses pieds avec les diamants à ses oreilles et les ducats dans son cercueil, il l'aime cependant plus que tous les diamants et tous les ducats. Repoussé de la vie publique, de la société chrétienne, confiné dans l'étroit enclos du bonheur domestique, il ne reste plus au pauvre juif que les sentiments de la famille, et nous les voyons se produire chez lui avec l'intensité la plus touchante. » — Puis, d'un bond rapide, se transportant sur le Rialto, où il chercha inutilement un jour Shylock disparu, le poëte tout entier éclate en cette touchante vision : « Vers le soir, à l'heure où selon la croyance des juifs, les portes du ciel sont fermées et ne laissent plus entrer aucune prière, j'entendis une voix dans laquelle il y avait des larmes comme aucun œil n'en a jamais versé..... c'était un sanglottement capable d'attendrir les pierres..... des sons douloureux, comme il ne pouvait en sortir que d'un sein qui renfermait en lui tout le martyre, toutes les tortures subies par un peuple depuis depuis dix-huit cents ans. C'était le râle d'une âme qui, mourante de fatigue, tombe devant les portes du ciel... Et je croyais connaître cette voix, il me semblait que je l'avais entendue un jour qu'elle s'écriait dans le même désespoir : « Jessica, mon enfant[1] ! » Voilà une page qui rachète bien des enfantillages et des misères.

D'autres fois, l'apologie de la race juive et de son vice originel se présente sous une forme humoristique. Heine soutient que cette opulence tant reprochée au peuple d'Israël lui fait le plus grand honneur. C'est le témoignage visible de la pureté de sa foi dans un dieu invisible. Qu'arriva-t-il? tandis que les aveugles païens, incapables de s'élever à l'Esprit pur, se faisaient toute espèce de dieux d'or et d'argent et gaspillaient ainsi les plus précieux métaux, que faisaient les juifs, bien avisés et récompensés de leur foi sublime par le vrai Dieu? Ils convertissaient en numéraire tout l'or et l'argent qu'ils pouvaient trouver; ils le plaçaient soit à gros intérêts, soit dans les emprunts d'État d'Assyrie et de Babylone, dans les obligations

---

1. *De l'Angleterre. Jessica et Porcia.*

de Nébukadnetzar, dans les actions de canaux égyptiens, dans le cinq pour cent de Sidon et autres valeurs classiques que le Seigneur a bénies, — comme il a coutume aussi de bénir les valeurs modernes[1]. »

Mélancoliques ou gaies, ces protestations révèlent l'idée fixe. Elle reparaît à chaque instant. La grande douleur juive devint ainsi la douleur particulière de Heine. Il ne faut pas trop s'en plaindre Nous devons à cette circonstance de sa naissance quelques-unes de ses plus touchantes inspirations. Ce fut pour lui l'occasion de prendre quelque chose au sérieux dans la vie. Il sentit, même dans ses souffrances fictives, la souffrance historique d'une race. Il y eut là une source d'émotions viriles et saines, qui donnent parfois à sa poésie un accent inattendu de tendresse et de compassion. Bien que sa personnalité méfiante et blessée en soit généralement l'occasion, le sentiment de ce long martyre d'un peuple enlève alors sa pensée à ses préoccupations égoïstes et vaniteuses ; il traduit, avec une véritable élévation morale et dans un langage magnifique, l'immense pitié qui s'est emparée de son cœur.

A un autre point de vue encore, il ne lui fut pas inutile d'être né israélite. De quelque manière

---

1. *De tout un peu*, p. 339.

qu'on l'explique, il est un fait que l'histoire comparée des races a mis hors de doute, c'est que de toutes les races, la plus naturellement religieuse, la race monothéiste par excellence, c'est la race sémitique. Nous n'expliquerons cela ni par la conformation particulière du cerveau des Sémites, ni par cette proposition célèbre qu'ils ont vécu longtemps dans le désert et que « le désert est monothéiste. » Nous constatons le fait, voilà tout. — Or, bien qu'il semble au premier abord paradoxal de rechercher l'élément religieux de la race à travers les plaisanteries immodérées et les blasphèmes dont est remplie la poésie de Heine, pour qui sait discerner les influences secrètes et les mouvements des âmes, il n'est pas douteux que de tous les poëtes contemporains, aucun n'a été plus intimement préoccupé de l'idée religieuse que ce poëte si souvent impie et révolté. Je dirai presque qu'il en est obsédé. C'est une lutte étrange entre l'instinct secret de la race qu'il porte en lui, et le doute qu'il a puisé dans les enseignements contradictoires de son temps comme de son propre cœur. Il raille, il blasphème ; mais une force inconnue le ramène comme malgré lui à ce Dieu dont il ne peut secouer le joug, tout en le maudissant. Impiété sans doute, mais impiété irritée comme celle de Lucrèce, impiété lyrique, bien différente de l'athéisme scientifique, sec et froid comme toute négation qui se croit sûre d'elle-même. Henri Heine n'est pas davantage ce pur hégélien, spectateur complaisant des tableaux variés de l'histoire qui ne sont pour lui que des évolutions nécessaires de l'idée, juge indulgent qui ne s'applique qu'à saisir la loi secrète de chaque phénomène historique, la raison d'être de chaque religion. Non ; c'est de la colère qu'il a contre Dieu ; il s'emporte, ne s'apercevant pas que la colère procède en une certaine manière de la croyance. On ne s'irrite pas contre des chimères. Tant qu'il reste de la passion dans une âme, c'est le signe qu'il y reste encore de la foi. — Pour tous ceux qui ont vécu dans l'intimité intellectuelle de Henri Heine, il est évident que l'idée toujours présente de Jéhovah est une des sources de son lyrisme. Elle est dans son sang ; elle a coulé dans ses veines. Ses injures et ses défis sont une forme de cet instinct qu'il ne peut arracher de son cœur. Il a beau combattre et railler le dieu de sa race, « le Dieu transcendant de la foudre, » à certains accents profondément humains, troublés et tristes, on sent qu'il tremble parfois sous les coups qu'il ose défier. Le poëte juif a pu être un révolté, il n'a pu réussir à devenir un athée.

III

Malgré tant de saillies du plus vif et du plus charmant esprit répandues dans chaque lettre, à tout propos et hors de propos, quelque chose fait de la *Correspondance* d'Henri Heine une lecture profondément triste. On y voit s'étaler au grand jour trop de misères morales. « Oh! les poëtes! s'écrie quelque part Henri Heine, ne les observons jamais de trop près! Ils sont comme ces charmantes lumières qui, par les beaux soirs d'été, brillent d'un si vif éclat sur les gazons et le feuillage, qu'on les prendrait pour les étoiles de la terre.... On croirait que ce sont des diamants et des émeraudes, de précieux joyaux que les enfants d'un roi, jouant dans le jardin, ont suspendus aux haies et y ont oubliés.... On les prendrait pour des gouttes ignées du soleil, qui, perdues dans les hautes herbes, se reposent à la fraîcheur de la nuit, jusqu'à ce que, le matin revenu, l'astre de flamme les fasse remonter jusqu'à lui.... Hélas! ne cherchez pas de jour la trace de ces étoiles, de ces diamants, de ces gouttes de soleil! vous ne trouvez plus à leur place qu'un pauvre petit ver de terre, d'une laide couleur, qui rampe misérablement le long du chemin, dont l'aspect vous dégoûte, et que, cependant, par une étrange pitié, votre pied ne veut pas écraser[1]. »

« Cette goutte de soleil » qui était la poésie de Heine, de combien de petites passions elle fut obscurcie, ternie, souillée! — La *Correspondance* est l'histoire d'une douloureuse maladie dont Heine souffrit toujours, maladie qui lui est commune avec plusieurs poëtes de notre temps : un amour-propre irritable, emporté, parfois même furieux et délirant, une sorte d'épilepsie morale qui a ses crises, ses accès, et dont l'étude est navrante. — Cette maladie fut la vraie cause de tous les malheurs dont Henri Heine accusa sans cesse soit la fatalité de sa race soit une conspiration imaginaire. C'est elle qui l'engagea dans de violentes querelles, toujours renaissantes, où il compromit son talent et discrédita même sa gloire.

Il n'était vraiment pas armé pour ces épreuves de la vie littéraire qui exigent tant de sang-froid, de possession de soi-même ou de dédain. On le voit, dans la *Correspondance*, épier tous les bruits qui se font autour de son nom, aux aguets de tous les échos qui lui renvoient la louange ou l'injure. Il sollicite de chacun de ses amis soit des témoignages publics, soit des protestations contre les té-

---

[1]. *De l'Angleterre. Les Héroïnes de Shakespeare*, p. 26.

moignages hostiles. — La vraie dignité consiste, dans cette rude carrière d'écrivain, à mépriser beaucoup de choses, à en ignorer autant. Quelle tâche ingrate, si l'on voulait relever toutes les inepties haineuses qu'inspire le dépit de la médiocrité! C'est donner trop d'avantages et trop de prise aux envieux que de se montrer sensible à l'excès aux inévitables attaques des passions mauvaises ou même des convictions blessées. Pour lui, il offrait de toutes parts une surface vulnérable aux traits de ses ennemis, dont chaque jour voyait croître le nombre. Il les attirait par son ardeur indiscrète de combattre, par ce goût funeste de la lutte où il excelle, par ce génie de l'invective qui l'emporte du premier bond aux extrémités des polémiques irréconciliables. — Mais aussi comme il faisait la partie belle à ses ennemis! On peut dire qu'il se découvrait tout entier aux coups qui le cherchaient de toutes parts. Pour le frapper mortellement on n'avait que l'embarras du choix. Son inquiétude maladive, son irritabilité nerveuse, le livraient aux représailles implacables des haines ameutées contre lui. Tristes luttes qui divisaient ses amis mêmes, aliénaient ou refroidissaient des sympathies dévouées, affligeaient les autres. De chacun de ces combats il sortait meurtri, affaibli, n'ayant d'ordinaire réussi qu'à mettre l'opinion du côté de ses adversaires, jusqu'au jour où il fut contraint de leur abandonner le champ de bataille, l'Allemagne.

Nous ne raconterons pas ces querelles successives, avec le comte Platen, avec Menzel, avec Bœrne, et les amis de Bœrne, avec M. Strauss qu'il avait diffamé. Cette dernière affaire eut pour conséquence, non-seulement le duel qui faillit lui coûter la vie, mais une tempête de fureurs germaniques, telle qu'il n'en avait pas encore soulevé, et dans laquelle son nom, sa célébrité, son honneur même furent sur le point de faire naufrage. Quelques-unes de ces querelles éclatèrent pour d'assez frivoles motifs et prirent des développements hors de toute proportion avec l'occasion qui les fit naître. Lorsque, las de combattre, Heine voit poindre dans son cœur des dispositions nouvelles à la mollesse et au pardon, il s'excite lui-même et pour cela, afin de bien régler ses comptes et de n'oublier personne, il dresse une liste de tous ceux qui ont voulu le blesser[1]. Bien plus, il tient cette liste ouverte au compte de ses amis; il s'engage à tirer sur tous les ennemis qu'on lui indiquera. Cela devient du *condottiérisme* littéraire. « Voulez-vous, écrit-il à M. de Varnhagen, m'envoyer votre liste de proscription? Je suis tout à vos ordres[2]. » M. de Varnhagen le remercia en

1. *Correspondance*, 2ᵉ série, p. 36.
2. *Ibid.*, p. 328.

riant, ajoutant que pour le moment il n'avait personne à lui désigner, mais qu'il se souviendrait de son obligeance.

Nous n'avons pas besoin de rappeler en détail ce que ces polémiques coûtèrent de temps et de forces au poëte, ce qu'elles firent perdre de dignité à son caractère et d'élévation à son talent. Que de belles inspirations anéanties dans ces vaines colères qui ne peuvent plus nous émouvoir ! Le châtiment de ce mauvais emploi du talent, c'est l'indifférence publique et le rapide oubli. Toutes ces violences nous laissent froids. La personnalité est une mauvaise conseillère pour le génie même. Il s'amoindrit en s'y abandonnant et se déconsidère.

En vain cet amour-propre maladif veut-il justifier ses excès et ses emportements, en s'identifiant avec de grandes idées et de grandes causes. Il est trop facile, dans la plupart des cas, de discerner la fragilité et la vanité de ces excuses. Examinez d'un peu près cette lutte avec le comte Platen, lutte si regrettable de tout point, Platen ayant pour lui tout ce qui, avec un talent véritable, rend un homme vraiment fort dans une polémique pareille : de la considération et des amis. Heine a beau vouloir enfler le sujet de la querelle, soutenir dans ses lettres qu'il s'agit de tout autre chose que d'un simple tournoi littéraire, qu'il s'agit « de la Révolution elle-même entrant dans la littérature; que ce n'est rien moins qu'un épisode de la guerre sociale; que c'est le prostitué effronté des aristocrates et des prêtres qu'il a voulu détruire, » on sent trop bien qu'il y a surtout là une personnalité exaspérée, et quand on relit l'*OEdipe romantique*, qui fut l'occasion de cette lutte à outrance, on s'étonnerait des proportions qu'elle a prises, si l'on n'apercevait bientôt les vraies causes : des allusions à la nationalité d'Henri Heine, à cette nationalité juive qu'il considérait comme la fatalité attachée à sa vie ; tout cela mêlé à des épigrammes contre sa *manière* poétique, contre ce qu'il pouvait y avoir d'artificiel et de *voulu* dans son talent poétique. — Tous les genres d'amours-propres blessés à la fois et du même coup! C'en était trop: dès lors plus de repos, plus de trêve dans la vengeance. On sait le reste. C'est une triste histoire.

Le rôle de Heine se relève un peu dans les rudes combats qu'il soutint pour la *Jeune Allemagne*, à laquelle, selon l'arrêt de proscription intellectuelle de la Confédération germanique, appartenaient nommément, avec le célèbre poëte, Charles Gutzkow, Henri Laube, Théodore Mundt. Cette école littéraire était accusée d'attaquer la religion chrétienne et d'ébranler les bases de l'ordre social; les gouvernements allemands étaient sommés de procéder contre elle avec la rigueur qu'autorisaient leurs législations respectives.—Nous n'aimons pas les décrets de ce genre qui, sans rien empêcher et sans rien prévenir, ajoutent l'intérêt du martyre à la célébrité des noms et à l'attrait des livres ainsi désignés. Nous ne réclamons pour la vérité religieuse ou philosophique que le droit commun; ce droit, si elle sait en user, doit lui suffire, et nous ne comprenons pas pourquoi il ne profiterait qu'à l'erreur.

Heine eut ici, avec le bénéfice des sympathies publiques, l'avantage d'avoir affaire à un assez triste adversaire, M. Menzel, le *dénonciateur* de la Jeune Allemagne. Mais il se moque un peu du monde et de la Haute Diète germanique quand il demande à Leurs Seigneuries de la Diète, dans une lettre célèbre, de lever momentanément l'interdit sur ses écrits pour la belle raison que voici : « Je me flatte, s'écrie-t-il dans une touchante péroraison, qu'aussitôt que vous m'aurez permis de me défendre, il me sera aisé de démontrer péremptoirement que ma plume a été guidée, non par une pensée irréligieuse et immorale, mais par une synthèse hautement morale et religieuse, à laquelle depuis longtemps ont rendu hommage la plupart de nos plus illustres auteurs, tant poètes que philosophes. » Je sais bien que, dès le lendemain, en écrivant à son éditeur, le grand railleur livre le secret de cette comédie : « A tout hasard, j'ai cru nécessaire de passer la main sur les vieilles perruques, et une lettre enfantine, sucrée et respectueuse, n'aura pas manqué de faire son effet.... *Messeigneurs! Vos Seigneuries!* On ne leur avait pas encore offert cela. « Voyez, dira la Haute Diète, c'est pourtant un homme qui a des sentiments humains, cet homme qui ne nous traite pas comme des chiens! Et c'est ce noble écrivain que nous avons voulu poursuivre! » Et trente-six mouchoirs de poche seront baignés de larmes confédérées. » Voltaire a joué quelques-uns de ces bons tours, et la dédicace de *Mahomet* au pape Benoît XIV est le chef-d'œuvre du genre.

Heine voudrait être sérieux quand il parle de sa synthèse morale et religieuse. Quelle est-elle donc, cette fameuse synthèse à laquelle il fait de si fréquentes allusions? Il l'a très-nettement exposée dans plusieurs de ses lettres à l'un de ses disciples dévoués, Henri Laube. Selon lui, la plupart des radicaux allemands, français, cosmopolites n'ont compris que le côté extérieur de la Révolution; les questions les plus profondes leur ont échappé. Le vrai problème ne concerne ni les formes, ni les personnes, ni l'établissement d'une république ou les limites d'une monarchie, mais *le bien-être matériel du peuple*[1]. « L'ancienne religion spiritualiste a été salutaire et nécessaire aussi longtemps que la ma-

---

1. *Correspondance*, 2ᵉ série, p. 148.

jorité des hommes a vécu dans la misère, et n'avait d'autres consolations que celles de la religion du ciel. Mais les progrès de l'industrie et des sciences économiques permettent désormais de tirer les hommes de leur misère matérielle et de les rendre heureux sur la terre... Vous me comprenez.... » Nous aussi, nous comprenons. Le bien-être universel, c'est la grande idée de Heine, celle qu'il poursuit quand il veut être philosophe ou politique, et qu'il cesse, à notre détriment, d'être poëte. Du reste, la grande idée seule importe ; les moyens n'importent pas. Aussi Henri Heine est-il fort indifférent aux formes politiques, lesquelles ne sont à ses yeux que des moyens, « que ce soit monarchie ou république, aristocratie *ou même absolutisme* (je n'ai aucune aversion pour ce dernier). » Et il ajoute qu'en scindant ainsi les questions on peut calmer les scrupules de la censure. Il engage ses disciples à laisser là toute discussion politique. Qu'ils s'enferment dans la discussion des principes religieux et moraux. Là on ne pourra les arrêter « sans annuler la liberté protestante de pensée et de jugement, et dès lors on pourrait compter sur l'assentiment des philistins. » D'ailleurs il ne lui échappe pas que le principe religieux et le principe moral se tiennent de près : « La morale n'est que la religion qui a passé dans les mœurs. Si la religion du passé est à l'état putride, la morale sentira aussi mauvais. Nous voulons une religion saine, afin que les mœurs s'assainissent aussi et soient mieux fondées que maintenant, où elles n'ont d'autre base que l'incrédulité et une hypocrisie vermoulue. » Il se déclare l'ennemi né du déisme juif-mahométan-chrétien. Lui seul a le mot d'ordre de l'avenir. « Je sais qui je suis. Dernièrement un de mes amis saint-simoniens a dit, en Égypte, un mot qui m'a fait rire et qui pourtant a un sens fort sérieux : c'est que j'étais le premier Père de l'Église des Allemands [1]. »

Le voilà Père de l'Église, grand-prêtre de la religion nouvelle, révélateur, apôtre. Il mérite bien d'obtenir quelques priviléges, un entre autres qu'il réclame pour tous les grands hommes voués au service des grandes causes, c'est d'être dispensé des arrêts absurdes de la morale vulgaire et d'être placé au-dessus de la loi commune [2].

Tout en faisant la part de l'ironie qu'il faut toujours faire dans ce que le poëte railleur écrit de l'air le plus convaincu, nous avons là de singulières révélations. Il semble bien que la politique de Heine est le contraire d'une politique libérale, puisqu'il s'arrange aussi bien de l'absolutisme que des autres systèmes de gouvernement. Il est d'ailleurs assez clair que le but du réformateur (si ce

---

1. *Correspondance*, 2ᵉ série, p. 183.
2. *Ibid*, 1ʳᵉ série, p. 375.

n'est pas abuser des mots que d'appliquer ici un nom pareil) ne va pas au delà « d'une démocratie de dieux terrestres égaux en béatitude » ; qu'il n'a jamais pu se former un idéal plus élevé que celui du bien-être matériel des peuples; que la justice pour lui n'est que le droit à l'égal partage des jouissances ; qu'à ses yeux enfin la Révolution n'a jusqu'à présent accompli qu'une œuvre de ruine, qu'il lui reste à fonder la religion de la chair glorifiée dont le moyen âge a été la sinistre et sanglante antithèse. Nous nous dispenserons de réfuter ce socialisme qui n'est qu'un rêve de colère et de haine contre la société actuelle, mêlé à des rêves de volupté universelle qui n'ont cessé de hanter le cerveau du poëte. Heine a pris au saint-simonisme sa morale, en laissant de côté toute la partie scientifique et industrielle, la seule sérieuse.

Il ne faut pas trop s'étonner, après cela, si Henri Heine est l'ennemi juré de l'Angleterre, de cette civilisation laborieuse et de ces institutions libérales, antipode de l'absolutisme bienfaisant qu'il invoque comme le dispensateur de la jouissance. Mais c'est surtout en poëte qu'il exprime et ressent son antipathie. Ce serait forcer la note que d'insister sur des utopies humanitaires qui n'ont jamais été pour lui qu'une boutade d'humoriste en révolte contre l'ordre social et religieux. Ses lettres datées d'Angleterre sont chargées d'un ennui pesant. Son refrain est mélancolique : « Ici rien que brouillard, vapeur de houille, porter et Canning. » Cela l'*écœure* de penser que Shakespeare est Anglais et qu'il appartient au peuple le plus maussade que Dieu ait créé dans sa colère. « Quel peuple disgracieux ! Quel déplaisant pays ! Sont-ils empesés, sont-ils mesquins, sont-ils égoïstes, sont-ils Anglais ! Un pays que l'Océan aurait englouti depuis longtemps s'il ne craignait que cela ne lui donnât des nausées !.. Un peuple, monstre gris et bâillant, qui exhale autour de lui un air suffocant, un ennui mortel, et qui certainement finira par se pendre à quelque câble colossal ! » Cependant quelques pages recueillies à la fin du volume sur l'*Angleterre* prouvent que Henri Heine est revenu à un sentiment plus juste des qualités propres à ce peuple, à un discernement plus exact des principaux ressorts de la grandeur anglaise. Au fond, toute sa sympathie est pour la France, et malgré quelques rudes épigrammes que notre orgueil national lui pardonnerait avec peine, c'est ici, parmi nous, dans la liberté de nos idées et de nos mœurs que le « Prussien libéré » a trouvé la patrie qui le console de celle qu'il a perdue. L'histoire de la Révolution française et celle des grandes guerres de l'Empire avaient le don de l'attirer et de le passionner. L'épopée du *Tambour Legrand* l'avait depuis longtemps désigné comme un ami des Français aux colères des partis rétrogrades. En ce temps-là le parti libéral en Allemagne faisait de l'opposition avec le souvenir, le nom et les sympathies de la France. Les choses, depuis ce temps, ont quelque peu changé, et le tambour Legrand serait aujourd'hui reconduit à la frontière, entre deux gendarmes, aux applaudissements du radicalisme allemand fanatisé par M. de Bismark.

S'il y eut des haines violentes dans la vie de Heine, il y eut du moins de vraies affections et des dévouements qui le consolèrent. Mais là encore, il serait aisé de signaler la funeste influence d'une personnalité inquiète et d'une humeur fantasque. Il obtint ces dévouements plutôt qu'il ne les mérita. On croit généralement, sur la foi d'un vers célèbre, que l'amitié d'un grand homme est un bienfait des dieux. Celle de Henri Heine, sans doute parce qu'il était brouillé avec les dieux, ne fut pour quelques-uns des plus dévoués qu'une longue épreuve. Quel plus triste exemple que l'histoire de ses relations avec le confident de sa jeunesse, Moïse Moser, un de ces hommes excellents et rares qui semblent avoir été choisis exprès pour cette épreuve délicate? Il était le Pylade prédestiné de ce fougueux et romantique Oreste. Pylade à la façon germanique, d'une érudition peu commune dans les langues anciennes et dans la philosophie transcendante, lisant Hegel et Valmiki dans l'original, un vrai penseur prodigue de ses idées et de son argent, toujours prêt à subvenir sans compter à la détresse littéraire ou pécuniaire de son ami, quelquefois maltraité dans les jours prospères, toujours invoqué dans les jours difficiles. Excellent type qui se fait tendrement aimer du lecteur à travers les frasques et les boutades du poëte.

Cette belle amitié eut un assez triste dénoûment qui n'est guère en l'honneur d'Oreste. L'imprudent Moser gardait son franc parler, dont il usait à l'occasion. Il en usa à propos de la déplorable polémique de Heine avec le comte Platen, discrètement sans doute, mais avec la dignité d'un ami qui nous doit la vérité. Après tant de services rendus, tant d'années d'un dévouement qui ne s'était jamais démenti, peut-être jugera-t-on que Moïse avait quelque droit de parler ainsi. Ce ne fut pas l'avis du poëte. Il faut voir de quel ton il répond aux réflexions discrètes de Moïse. Il ne veut pas se plaindre de Moïse, on ne se plaint pas d'un manque d'intelligence et de lumières, on le subit : « Je ne me plains que des dieux qui m'ont laissé si longtemps dans l'erreur sur ta manière de comprendre ma vie et mes ambitions. Tu ne comprends pas encore, tu n'as jamais compris ma vie et ses aspirations, et c'est pourquoi notre amitié n'a pas cessé d'être, mais plutôt n'a jamais existé. Ce n'est pas l'approbation, c'est l'intelligence de nos actes que nous demandons à notre ami; il peut selon ses principes à lui, les louer et les censurer; mais il faut, avant tout, qu'il les comprenne, qu'il en saisisse la nécessité à notre point de vue à nous, tout différent qu'il peut être du sien. »

Il nous paraît curieux de voir s'établir ainsi la théorie de l'infaillibilité du poëte, qui n'accepte ni l'approbation ni la censure et qui demande à ses amis non de *juger*, mais de *comprendre*. Cette lettre est du mois de juin 1831. La correspondance avec Moïse Moser s'interrompt pour ne reprendre qu'en novembre 1836. Est-ce Moïse qui la reprend? A-t-il acquis des lumières nouvelles dans l'intervalle de ces cinq années? L'intelligence lui est-elle venue enfin? Non; l'initiative, cette fois, appartient au poëte. Sans doute, c'est un bon mouvement de cœur, un repentir, le regret d'une noble amitié perdue. Je voudrais le croire et je l'espère d'après les premières lignes : « Comprendras-tu, Moïse, que ces lignes sont la preuve la plus forte que je puisse te donner de ma confiance et de mon amitié? Y verras-tu même le témoignage d'un sentiment grand? Je le crois, et c'est pour cela que je t'écris, le cœur attristé, oui, sans hésitation, et même avec une joie mélancolique de me retrouver enfin avec toi... Il n'y a pas longtemps, à Paris, lorsque malade à la mort, dans une nuit de fièvre, d'insomnie, je passais en revue les amis auxquels je pourrais remettre avec confiance l'exécution d'une volonté dernière, je trouvai que je n'en avais que deux semblables au monde : toi et peut-être mon frère Max. » Pour le coup, nous sommes touchés. Quelle douce chose qu'un bon sentiment qui a fini par vaincre les mauvaises inspirations de la vanité ! Quel charme que celui d'une amitié pareille, retrouvée après un si long malentendu ! Mais voici quelque chose qui me gâte de si agréables impressions : « Par suite de divers événements, je me trouve dans un embarras d'argent dont tu ne peux te faire aucune idée. Je t'aime trop pour t'affliger du récit de ce qui m'arrive ; mais tu peux me rendre un service important en me prêtant quatre cents thalers. » Je suis convaincu que Moïse les a prêtés. C'est une belle vengeance.

Je doute, en somme, qu'on ait rendu service à la mémoire de Henri Heine en publiant ses *Lettres intimes*. L'impression du lecteur impartial ne peut être en faveur du poëte, montré de si près dans la réalité de ses misères morales. Il faut, pour purifier son souvenir de ces misères et pour se rendre à soi-même le plaisir de l'admiration un peu compromise, mettre de côté la *Correspondance* et s'enchanter de nouveau de quelques strophes des *Poëmes* et de quelques pages bien choisies des *Reise-*

bilder. On pourra de cette manière tempérer la tristesse, l'amertume même des impressions reçues et s'enivrer de poésie en oubliant la réalité.

IV

Cette étude sur Heine d'après sa *Correspondance* serait par trop incomplète, si l'on n'y joignait l'analyse de ses publications célèbres sur l'*Allemagne* et *Lutèce*, qui font partie de sa correspondance publique. Ce sont des pages tour à tour étincelantes comme une vision, virulentes et enflammées comme une colère de tribun, grotesques et cyniques comme une raillerie de Rabelais. Nous les comprendrons mieux après la lecture de sa correspondance privée qui nous a donné bien des ouvertures sur cette âme étrange.

Lutèce est un recueil de lettres écrites pour la *Gazette d'Ausgbourg* de 1840 à 1843. Le but de ces lettres était de faire connaître à l'Allemagne la vie politique, artistique, sociale de Paris dans ces années florissantes qui marquent l'apogée du gouvernement de Juillet. Il y a de tout dans ces lettres : de graves discussions politiques et des études de mœurs plus que risquées. On passe du cabinet d'un ministre à un bal public, et de la question d'Orient à la description des danses prohibées. Le compte rendu d'un concert s'y rencontre à côté d'une esquisse de la philosophie de Pierre Leroux, et l'Académie des sciences morales et politique s'y coudoie avec le corps de ballet. Tout se mêle dans cette correspondance, depuis la bonne compagnie jusqu'à la dernière fraction décimale du petit monde. Il en résulte je ne sais quelle physionomie complexe, fort malaisée à définir, ambiguë et bariolée. On y sent trop peut-être le parti de n'être ni pédant, ni grave, ni ennuyeux, ni allemand ; mais cela serait mieux encore, si ce n'était pas un parti pris, et peut-être goûterions-nous avec plus de plaisir ce mélange de tons et cette agilité d'esprit qui passe avec tant d'aisance d'un sujet politique à une question d'art, et d'une question d'art à des familiarités équivoques, si nous n'étions trop avertis que nous avons affaire à un écrivain humoristique. J'adore l'imprévu, mais surtout quand l'imprévu ne m'est pas annoncé. A cela près que tout le livre est d'un décousu et d'une bigarrure inimaginables, et que l'auteur se fait gloire de sa désinvolture, il y a peu de lectures d'un effet plus original.

Disons tout de suite ce qui a vieilli dans le livre. La partie politique est sans doute ce qui faisait le plus grand intérêt de ces lettres, à leur date ; mais ce charme de l'actualité est bien défloré, et il nous est impossible de nous intéresser aux spirituelles allusions, aux diaboliques malices, à la hardiesse d'épigrammes qui défrayaient cette correspondance aux dépens de M. Guizot et du roi Louis-Philippe. Toute cette petite guerre est un tel anachronisme aujourd'hui, qu'il nous semble au moins étrange que H. Heine, dans les éditions ultérieures, n'ait pas eu la pensée de retrancher cette vieille polémique qui n'ajoute rien au mérite du livre et ne sert qu'à ralentir l'intérêt. Les épigrammes politiques n'ont de valeur qu'autant qu'elles sont une témérité; quand le péril est passé, elles me font l'effet d'un coup de fusil tiré sur un ennemi absent.

H. Heine a la prétention, on le sait, d'avoir des convictions politiques. « Celui qui ne s'attache qu'aux mots, nous dit-il gravement, trouvera aisément dans mes correspondances, à force de les éplucher, bon nombre de contradictions, de légèretés, et même un manque apparent de conviction sincère. Mais celui qui saisit l'esprit de mes paroles, y reconnaîtra partout la plus stricte unité de pensée et un attachement invariable pour la cause de l'humanité, pour les idées démocratiques de la Révolution. » Or, veut-on savoir quelle interprétation il nous donne de ces idées démocratiques ? Ces idées se résument pour lui dans le socialisme le plus avancé, ou *pour nommer le mons-*

tre par son vrai nom, le communisme. Il se vante du service qu'il a rendu à la secte. « Les communistes de tous les pays, dit-il, reçurent par nos lettres des nouvelles authentiques sur les progrès incessants de leur cause ; ils apprirent à leur grand étonnement qu'ils n'étaient pas le moins du monde une faible petite communauté, mais le plus fort de tous les partis ; que leur jour, il est vrai, n'était pas encore arrivé, mais qu'une attente tranquille n'est pas une perte de temps pour des hommes à qui appartient l'avenir. L'avenir leur appartient parce qu'ils ont pour eux *la justice, la vérité.* » Un terrible syllogisme tient l'esprit de H. Heine ensorcelé, et s'il ne peut réfuter ces prémisses : Que les hommes ont tous le droit de manger, il est forcé de se soumettre aussi à toutes ses conséquences. En y songeant, il court risque de perdre la raison, il voit tous les démons de la vérité danser en triomphe autour de lui, et à la fin un désespoir généreux s'empare de son cœur ; il s'écrie : « Elle est depuis longtemps jugée, condamnée, cette vieille société ! Que justice se fasse ! Qu'il soit brisé, ce vieux monde, où l'innocence a péri, où l'égoïsme a prospéré, où l'homme a été exploité par l'homme ! » Tout cela a l'air sérieux. Mais écoutez, et vous allez juger comme ce grand apôtre de l'*innocence* et de la *justice* va se moquer de lui-même : « Qu'ils soient détruits de fond en comble ces sépulcres blanchis, où résidaient le mensonge et l'iniquité ! Et béni soit l'épicier qui un jour confectionnera avec mes poésies des cornets où il versera du café et du tabac pour les pauvres bonnes vieilles qui, dans notre monde actuel de l'injustice, ont peut-être dû se passer d'un pareil agrément — *fiat justitia, pereat mundus !* » — Voilà la note exacte de ses convictions. Triple dupe qui s'y laisserait prendre !

Ce qui nous intéresse beaucoup plus que les convictions politiques de Henri Heine, ce sont ses jugements d'art et de littérature. Ici encore il procède par boutades, par plaisanteries très-équivoques, personnalités amères, jeux souvent cruels d'une humeur fantasque et d'un scepticisme acerbe, ou bien par élans inattendus d'une sympathie soudaine et retours imprévus d'une sensibilité sincère. Mais au moins, dans ce domaine des idées, dans cette libre sphère de l'art, les polémiques ne vieillissent pas aussi vite et le scrutin de l'opinion restera longtemps ouvert sur les mérites divers de George Sand et de Victor Hugo, de Delaroche et de Léopold Robert, de Berlioz et de Beethoven, de Pierre Leroux et de Cousin.

Nous ne sommes que bien rarement de l'avis de Henri Heine. Mais quelle piquante variété de points de vue ! Quelles fantaisies imprévues ! Quelle pointe aiguisée! Comme tout cela s'agite et se meut, comme cette mêlée de noms propres contemporains et de jugements aventurés produit un singulier effet ! Il faut voir comme il nous arrange nos grands écrivains. Chateaubriand est pour lui un fou, et j'ajoute un fou triste; son pathos a quelque chose de comique; à travers le glas funèbre de ces accents qu'on prend pour sublimes, Heine entend toujours le tintement des noires clochettes de son bonnet de fou. M. de Lamartine est le moins maltraité, si, en pareil cas, l'injure la plus cruelle n'est pas le silence. M. Victor Hugo n'est qu'un grand charlatan qui a fait accroire à ses compatriotes, et à la fin à lui-même, qu'il était le plus grand poëte de France. Il est forcé et faux, sans goût, sans naturel, froid et glacial, même dans ses effusions les plus passionnées ; son enthousiasme n'est qu'une fantasmagorie, un calcul sans amour, ou plutôt il n'aime que lui-même, il est égoïste, et pour dire quelque chose de pire il est *Hugoïste*. Il a la gaucherie d'un parvenu ou d'un sauvage qui s'affuble d'oripeaux bigarrés. Tout est chez lui barbarie, dissonance, difformité. On a dit de son génie : C'est un beau bossu. Celui qui a dit ce mot, a dit le dernier mot. — M. Villemain à son tour est grossièrement insulté. M. Cousin subit, dans le même livre, des fortunes assez diverses, tantôt maltraité pour avoir hautement proclamé ses répugnances à l'égard du panthéisme, puis défendu contre certaines attaques de M. Pierre Leroux. Il y a de la générosité dans cette apologie; Pierre Leroux est un philosophe selon le cœur de Henri Heine. L'auteur de l'*Humanité* prend tout à coup des proportions colossales et tout à fait inattendues pour le lecteur français. C'est la vertu même, quoique cette grande vertu, on l'avoue, se laisse parfois trop aisément emporter au souffle de la passion; c'est un ermite de la pensée, c'est un capucin philosophe, un *Pontifex maximus*, le plus grand producteur d'idées que possède la France. Parmi tous les titres pompeux dont il est affublé, j'en passe et des meilleurs. MM. Michelet, Quinet et Mme George Sand partagent avec Pierre Leroux les sympathies décidées de l'Aristarque allemand. Dans cette revue sommaire des lettres françaises, l'Académie n'est pas oubliée, et l'on plaisante agréablement, à plusieurs reprises, les dames qui ne manquent pas une des séances où tel immortel doit prendre la parole. Tout cela est de la haute fantaisie. Que cette lanterne magique de caricatures enluminées soit amusante, je ne le nie pas: mais je tiens à constater que c'est une lanterne magique.

Et pourtant, si parfois il arrive à Henri Heine de laisser là ce parti pris de parodie et de plaisanterie à outrance, s'il lui arrive de s'abandonner à l'émotion sincère et à l'inspiration sérieuse, il trouve des accents d'une justesse et d'une élévation incomparables. Qui pourrait lire sans être profondément touché, cette page sur la mort de Léopold Robert : « Ce qui poussa Robert à quitter la vie, ce fut peut-être la plus horrible de toutes les douleurs, celle où l'artiste découvre la disproportion qui existe entre ses désirs de création et ses forces d'exécution ; cette conscience du manque de puissance est déjà presque la mort, et la main ne fait plus qu'aider pour abréger l'agonie. Quelque vigoureuses et admirables que soient les peintures de Robert, elles ne sont cependant à coup sûr que les pâles ombres de ces florissantes beautés de la nature qui planaient devant son âme, et un œil exercé peut facilement remarquer chez lui les vestiges d'une lutte pénible avec le sujet donné qu'il n'a pu dompter que par les efforts les plus désespérés. » Il y a là tout un morceau d'une simplicité pathétique et d'un ton exquis, qu'on rencontre trop rarement, il faut le dire, au milieu des folles inventions où se joue cette imagination effrénée.

A tout prendre, ce livre de *Lutèce* est un composé de facéties outrées et d'injures grotesques, mêlées à quelques jugements sincères et à quelques peintures sérieuses. Ce qu'il y a de piquant, c'est la naïveté avec laquelle certains critiques de notre pays se sont laissé prendre aux protestations amicales du facétieux Allemand, et l'ont cru trop facilement sur parole lorsqu'il nous assure qu'il est Français et Parisien dans l'âme. Il l'est sans doute à sa façon, mais avec quelle liberté d'ironie ! On a pris pour monnaie de bon aloi tous les compliments dont il paye si largement notre vanité nationale. Hélas ! ce n'était que de la monnaie de singe. Ces bons critiques n'ont donc pas lu sérieusement ou n'ont pas compris ce singulier livre ? Est-il donc nécessaire de leur citer une longue lettre du 13 février 1841, bien faite pour donner à penser à notre orgueil patriotique ? Je la résume : « Si les Français agissent si vite et profitent du temps présent avec tant de précipitation, c'est qu'ils pressentent peut-être que le crépuscule du soir approche pour eux : ils accomplissent en hâte la tâche de leur journée. Mais leur rôle est toujours assez beau, et les autres peuples ne forment que l'honorable public qui assiste en spectateur à la comédie d'État jouée par le peuple français. Parfois, il est vrai, ce public éprouve la tentation de manifester un peu haut son approbation ou son blâme, ou bien même de monter sur la scène et de jouer un rôle dans la pièce; mais les Français, les comédiens ordinaires du bon Dieu, restent toujours les acteurs principaux du grand drame universel, qu'on leur lance à la tête des couronnes de lauriers ou des pommes cuites. Non, la France n'est pas encore finie, mais elle a passé sa période d'éclat, et il s'opère dans ce moment en elle un changement qu'on ne saurait nier : sur son front se répandent quelques rides, sa tête légère commence à grisonner, elle se penche soucieuse et ne s'occupe plus exclusivement du jour présent ; elle pense aussi au lendemain. Nous autres Allemands, nous allons lentement : qu'importe ? L'avenir nous appartient, et un très-long avenir. »

Voilà qui est assez clair, nous sommes la civilisation d'aujourd'hui, et c'est pourquoi Henri Heine a pour nous de si enivrantes caresses; mais l'Allemagne est la civilisation de demain, et si l'on nous laisse le présent, on voit à quel prix. Jouissons rapidement de notre reste; nos jours sont comptés. Notre grande et splendide civilisation n'est que le festin de Balthazar. Les mots fatidiques portent déjà l'arrêt de notre ruine, et c'est Henri Heine qui est venu les écrire sur les murs de Paris, Henri Heine, ce bon ami des Français !

Si l'Allemagne était plus perspicace, si elle savait mieux comprendre ses grands intérêts, au lieu de se tenir à l'écart, dans une défiance sottement ombrageuse, elle ferait comme Henri Heine, elle s'initierait à nos mœurs, à nos idées, à notre civilisation; elle nous prendrait notre esprit, notre politesse, les grâces et les élégances qui sont le charme et le prestige de notre génie national. Elle avancerait ainsi ses affaires de plusieurs siècles. En se tenant à l'écart, elle ajourne indéfiniment son avénement sur la scène du monde. Aussi le poëte pamphlétaire n'a-t-il pas assez d'invectives grotesques contre l'imbécillité de ses compatriotes les *Teutomanes*. Il épuise le vocabulaire de l'injure pour maudire ces soi-disants représentants de la nationalité en Allemagne, ces *faux patriotes* dont l'amour pour la patrie ne consiste qu'en une *aversion idiote* contre l'étranger. Oui, s'écrie-t-il, oui, ces descendants des Teutomanes de 1815, qui ont seulement modernisé leur ancien costume de fous ultra-tudesques, et se sont un peu fait raccourcir les oreilles, je les ai détestés et combattus pendant toute ma vie, et maintenant que l'épée tombe des mains du moribond, je me sens consolé par la conviction que le communisme, qui les trouvera les premiers sur son chemin, leur donnera le coup de grâce; et certainement ce ne sera pas un coup de massue, non, c'est d'un simple coup de pied que le géant les écrasera, *comme on écrase un crapaud*.

Si nous voulions rassembler en un jugement définitif nos impressions diverses sur ce livre de *Lutèce*, ce jugement serait sévère. Non pas que nous soyons insensible à ce charme de l'imprévu, à ce prestige du plus brillant esprit se jouant avec les idées les plus graves, et jetant une lueur soudaine de la plus haute raison au milieu des plus singulières plaisanteries. Non que nous prétendions méconnaître tous ces dons heureux d'une verve inépuisable, éclats d'une gaieté folle ou d'une tristesse presque désespérée, cette souplesse étonnante d'allures, cette cruauté incisive du mot, cette perfidie raffinée de l'allusion, cet art, cette perfection de l'assassinat littéraire et de la torture par l'épigramme. Tout cela nous est prodigué, mais tout cela nous laisse presque triste. Nous admirons les jeux fantasques de l'écrivain et les capricieuses hardiesses de sa plume, il n'éveille pas en nous la sympathie.

Sans nier la verve étincelante du détail, l'ensemble nous fatigue. Tant de méchancetés et tant d'injustices! tant de jugements à rebours! de si petits hommes élevés, ironiquement peut-être, et tant de grands hommes, de vrais talents, de nobles caractères même, abaissés, dégradés avec une sorte de fureur! M. Heine a donné une parodie de génie, je le veux bien, ce n'est pas un tableau de la France.

Si l'on veut se rendre compte des idées politiques ou plutôt des velléités d'idée persistantes chez Henri Heine, c'est dans son livre sur l'*Allemagne* qu'il faut les chercher. Là se révèle en même temps une des manies de Henri Heine, qui en a beaucoup, celle de faire peur. Il semble que cette manière de se divertir aux dépens du public ait beaucoup de charme à ses yeux. Il en jouit à la manière de ce terrible M. Proudhon, qui se plaisait de temps en temps, on s'en souvient, à lancer dans le silence effrayé de son auditoire, quelques-uns de ces axiomes néfastes qui sonnaient aux oreilles des bonnes gens comme le glas funèbre de la société : *La propriété, c'est le vol; — Dieu, c'est le mal.* Je m'imagine la joie secrète du grand railleur, en assistant à ces épouvantes dont il était la cause. Il devait rire de bon cœur des imaginations bourgeoises qui voyaient en lui l'anté-christ déguisé en socialiste, et j'ai de bonnes raisons de supposer que ce rôle sinistre ne déplaisait pas trop à sa vanité, avide de se singulariser. Henri Heine est un cousin germain de Proudhon pour la hardiesse de l'ironie. Lui aussi, il a de terribles sarcasmes contre toutes les choses humaines et divines; lui aussi, il aime à prendre à partie, dans une lutte à outrance, la religion et la métaphysique. Il chante sur un ton lyrique toutes les grandes défaites et les catastrophes de Dieu; il annonce, avec l'air d'un inspiré, les temps nouveaux où la chair va se relever victorieuse et reprendre sa place dans le monde et la vie; mais avant d'atteindre à cette ère fortunée, il faudra soutenir un effroyable combat. L'Allemagne aura sa révolution. C'est ici qu'il faut entendre le prophète enfler sa voix de menaces et promener la foudre dans chacune de ses paroles. Tremblez, bourgeois! Ne trompez pas le plus cher désir d'Henri Heine : mourez de peur pour lui faire plaisir.

En vérité, Henri Heine abuse un peu du rôle de Croquemitaine métaphysique et de terroriste religieux. Il y a quelque chose comme de l'enfantillage dans ces jeux violents de style, destinés à plonger le bon sens vulgaire dans la consternation et dans la stupeur. Prend-il donc ses lecteurs pour des enfants, quand il écrit cette prédiction trop amusante pour nous effrayer beaucoup : « Alors apparaîtront des kantistes qui ne voudront pas plus entendre parler de piété dans le monde des faits que dans celui des idées et bouleverseront sans miséricorde, avec la hache et le glaive, le sol de notre vie européenne pour en extirper les dernières racines du passé. Viendront sur la même scène des fichtéens armés, dont le fanatisme de volonté ne pourra être maîtrisé ni par la crainte ni par l'intérêt.... Mais les plus effrayants de tous seront les philosophes de la nature qui interviendront par l'action dans a révolution allemande et s'identifieront eux-mêmes avec l'œuvre de la destruction; car si la main du kantiste frappe fort et à coup sûr, parce que son cœur n'est ému par aucun respect traditionnel ; si le fichtéen méprise hardiment tous les dangers, parce qu'ils n'existent point pour lui dans la réalité, le philosophe de la nature sera terrible en ce qu'il se met en communication avec les pouvoirs originels de la terre, qu'il conjure les forces cachées de la tradition, qu'il peut évoquer celles de tout le panthéisme germanique, et qu'il éveille en lui cette ardeur de combat que nous trouvons chez les anciens Allemands et qui veut combattre non pour détruire, ni même pour vaincre, mais seulement pour combattre. » Après ce dénombrement des légions armées en guerre contre la société et la civilisation, suit une peinture fantastique de la révolution allemande déchaînée sur le monde. Quand la croix viendra à se briser, l'antique férocité se réveillera dans le sang national, les vieilles divinités se lèveront de leurs tombeaux fabuleux; Thor se dressera avec son marteau gigantesque et démolira les cathédrales gothiques. Le tonnerre en Allemagne est bien allemand aussi ; il n'est pas très-leste et vient en roulant un peu lentement; mais il viendra, et quand vous entendrez un craquement comme jamais craquement ne s'est fait encore entendre dans l'histoire du monde, sachez que le tonnerre allemand aura enfin touché son but. C'est alors que l'Allemagne verra commencer un drame auprès duquel la révolution française ne sera qu'une idylle. Et l'heure sonnera. Les peuples se grouperont comme sur les gradins d'un amphithéâtre autour de l'Allemagne, pour voir de grands et terribles jeux. Et alors, Français, mes amis, c'est Henri Heine qui vous le conseille, tenez-vous fort tranquilles, soyez sur vos gardes, et ne vous mêlez pas de l'affaire qu'on fera là-bas, en Allemagne; il pourrait vous en arriver mal !

C'est là le ton de la discussion politique et philosophique chez H. Heine : une exagération violente d'idées, un lyrisme effréné, mêlé de trivialités hardies, un style excessif et bruyant, cachant mal sous le tumulte des mots l'absence des convictions, une ironie outrecuidante qui se complait à jeter l'épouvante dans les âmes, en prenant à partie les plus hautes puissances de la terre et du ciel. D'ailleurs, un esprit étincelant, une verve inépuisable, le génie de l'*humour*, mais de l'*humour* avec préméditation. A force d'audace, Heine secoue l'âme la plus léthargique; il a des coups de style tellement inattendus, qu'il agite et passionne le lecteur, l'irritant par ses insolences métaphysiques et, l'instant d'après, le désarmant par la plus singulière des plaisanteries. Par intervalles, à travers ces jeux d'une raison délirante et d'une imagination exaspérée, brille un trait imprévu de bon sens, comme un éclair illuminant une orgie nocturne.

Nous ne nous donnerons pas le ridicule de réfuter les diatribes dans lesquelles s'exhalait il y a vingt ans le panthéisme sensuel d'Henri Heine. Il n'attacherait guère plus d'importance que nous au fond même de ses idées ; il les a presque entièrement désavouées dans l'*Avant-propos* de cette nouvelle édition et dans le fameux morceau qui a fait tant de bruit quand il parut : *les Aveux d'un poëte*. Il s'est chargé de sa propre critique, et il l'a faite consciencieusement, autant du moins qu'il peut faire quelque chose, c'est-à-dire en mêlant les plus amusantes bouffonneries à quelques idées sérieuses. Il nous avoue avec une sincérité du plus haut comique les motifs qui l'ont insensiblement détaché des saints-simoniens et autres apôtres de la réhabilitation de la chair. En ce temps-là il voyait en eux le parti le plus avancé de l'émancipation humaine, qui venait d'être terrassé par les gendarmes de la vieille société. Il s'intéressait à eux comme on s'intéresse à des vaincus, et il avait pour eux la sympathie d'une âme généreuse pour le martyre. Il ne craignait même pas, dit-il, de s'exposer au ridicule dont leur bonne cause était quelque peu entachée. Mais les choses ont bien changé : les martyrs d'autrefois ne portent plus la croix, si ce n'est par hasard la croix de la

Légion d'honneur; ils ne parcourent plus nu-pieds les déserts de l'Arabie pour y chercher la femme libre; ces émancipateurs des liens conjugaux, à leur retour de l'Orient, se sont mariés; — ils *sont devenus les épouseurs les plus intrépides de l'Occident, et ils ont des bottes.* La plupart de ces martyrs sont à présent dans la prospérité; plusieurs d'entre eux sont *néo-millionnaires;* on va vite avec les chemins de fer. Aussi l'enthousiasme d'Henri Heine pour ces grands prédicateurs persécutés de la chair glorifiée et de la femme libre a-t-il baissé sensiblement. Il a vu, à n'en pas douter, que ces illustres ennemis de la civilisation n'étaient ses ennemis qu'autant qu'ils n'y trouvaient pas leur place; ce qui est de nature à dessiller bien des yeux, même plus candides que ceux d'Heine. Il nous laisse donc entendre, dans son avant-propos, qu'il ne faut pas prendre trop au sérieux le ton agressif et les *crâneries* de ses Études sur l'Allemagne. Il est bien revenu, s'il faut l'en croire, de ses glorieuses illusions sur cette triste et pauvre déesse, l'Humanité.

Mais, il y a vingt ans, c'était la jeunesse emportée, intempérante, superbe de hardiesse injurieuse et de provocations turbulentes. On a reproduit devant nos yeux l'image de cette jeunesse philosophique; il faut bien en donner une idée.

Les études qui forment le premier volume de

l'*Allemagne* sont une protestation contre le demi-savoir et l'interprétation erronée de l'esprit allemand que le livre de Mme de Staël a propagés en France. M. Heine vient redresser les idées et rétablir les choses dans leur vrai jour.

La véritable origine de la philosophie allemande date de la Réforme. C'est Luther qui, en affranchissant la religion, a créé la pensée libre, mère du monde moderne. La religion elle-même change de caractère et presque de nature. Il faut vous apprendre ce que vous ignorez sans doute, c'est que l'Église romaine n'était au fond que le vieux spiritualisme indien gnostique; c'était le bouddhisme de l'Occident. La réforme de Luther donna naissance au spiritualisme judaïco-déiste, qui reçut, sous le nom de foi évangélique, un développement conforme aux temps et aux lieux. La chair reprend ses droits naturels; le prêtre redevient homme, prenant femme et montrant au grand jour ses enfants. D'un autre côté, Dieu redevient un célibataire céleste; les saints sont médiatisés, on coupe les ailes aux anges; la mère de Dieu est découronnée, les miracles cessent, les sciences naturelles font des progrès, un monde nouveau vient de naître; c'est le monde moderne. Tout cela est l'œuvre de Martin Luther, auquel Heine rend les plus grands honneurs. Le réformateur crée l'ère des siècles nouveaux par la liberté de penser ; il crée aussi la littérature nationale en lui donnant une langue, expression de cette littérature qui vient de naître. La révolution philosophique va suivre de près la grande révolution religieuse. C'est à grands coups de pinceau que Heine nous retrace ces événements d'idée qui changent l'Allemagne et qui plus tard, s'il faut l'en croire, par l'influence de l'Allemagne changeront l'univers.

Nous arrivons à la seconde période de la pensée allemande. C'est déjà l'avénement du panthéisme avec la doctrine de Spinoza dans laquelle l'Allemagne va se reconnaître, qu'elle va adopter avec entraînement et qui contient en germe Kant, Schelling, Hegel. Ici se révèlent en toute liberté les prédilections d'Henri Heine et ses espérances pour l'avenir, dans un vif parallèle entre le déisme et le panthéisme. Le dieu des panthéistes se distingue de celui des déistes en ce qu'il est le monde même, pendant que celui-ci est dans le monde ou, ce qui revient au même, au-dessus du monde. Le dieu des déistes gouverne le monde du haut en bas, comme un établissement séparé de chez lui ; ce n'est que sur le mode de ce gouvernement que les déistes se divisent entre eux. Les Hébreux se représentent Dieu comme un tyran armé d'un tonnerre ; les chrétiens comme un père rempli d'amour, les élèves de Rousseau et toute l'école genevoise en font un artiste habile qui a fabriqué le monde à peu près comme leurs pères confectionnent leurs montres, et en qualité de connaisseurs, ils admirent l'ouvrage et glorifient le maître qui est là-haut. Pour le déiste, il n'y a de saint que l'esprit, parce qu'il le considère comme le souffle divin. Les Juifs regardaient le corps comme quelque chose de méprisable; les chrétiens, qui sont les ultras du spiritualisme, proclamèrent le corps comme réprouvable, mauvais, comme inféodé à Satan, comme le mal même. Mais le corps réclame et la matière injustement humiliée se révolte. L'humanité soupire après des mets plus solides que le sang et la chair mystiques. Il faut réconcilier la matière avec l'esprit. Non, le mal n'est pas, comme le veut le christianisme, dans la matière. La matière ne devient mauvaise que lorsqu'elle est obligée de conspirer en secret contre l'usurpation de l'esprit, quand l'esprit l'a flétrie et qu'elle s'est prostituée par mépris d'elle-même, ou bien encore quand elle se venge sournoisement de l'esprit en cachant ses plaisirs secrets sous le masque béat de l'hypocrisie. Le mal, c'est le mensonge. Le panthéisme anéantira le mal et fera cesser ce long mensonge, en apprenant à l'humanité tout entière, âme et corps, matière et esprit, qu'elle est une incarnation de Dieu.

« Nous ne combattons point, dit M. Heine, pour les droits humains des peuples, mais pour les droits divins de l'humanité. Nous ne voulons ni sans-culottes, ni bourgeoisie frugale, ni présidents modestes ; nous fondons une démocratie de dieux terrestres, égaux en béatitude et en sainteté. Vous demandez des costumes simples, des mœurs austères et des jouissances à bon marché, et nous, au contraire, nous voulons le nectar et l'ambroisie, des manteaux de pourpre, la volupté des parfums, des danses de nymphes, de la musique et des comédies.... Point de courroux, vertueux républicains ! Au blâme de votre censure, nous répondrions comme le fit jadis un fou de Shakespeare : « Crois-tu donc, parce que tu es vertueux, qu'il « ne doit plus y avoir sur terre ni gâteaux dorés, « ni vins des Canaries ? »

Voilà la religion nouvelle, la philosophie nouvelle, celle de l'avenir, le panthéisme, le vrai catholicisme des peuples, parce que seul il sera universel, et que seul il suffit à tous les désirs de l'humanité, aux exigences impérieuses de son corps comme aux aspirations de son âme. Déjà, nous assurait Heine en 1835, le panthéisme est le secret public de l'Allemagne. Dans le fait, disait-il, nous avons trop grandi pour le déisme. Nous sommes libres et ne voulons point de despote tonnant ; nous sommes majeurs et n'avons plus besoin de soins paternels; nous ne sommes pas non plus les œuvres d'un grand mécanicien ; le déisme est une religion bonne pour des esclaves, pour des enfants, pour des Genevois, pour des horlogers.

Voici dans quel style burlesquement lyrique Henri Heine rend compte du grand événement philosophique qui prépara directement Schelling et Hegel, c'est-à-dire la consécration publique du panthéisme. Il s'agit de la publication de la *Critique de la raison pure*, d'Emmanuel Kant. C'est pour lui le 21 janvier du déisme.

« Un effroi respectueux, dit-il, une mystérieuse piété nous gagnent. Notre cœur est plein d'un sentiment de compassion.... car *c'est le vieux du ciel lui-même qui se prépare à la mort*. Nous l'avons si bien connu depuis son berceau en Égypte, où il fut élevé parmi les veaux et les crocodiles divins, les oignons, les ibis et les chats sacrés ! Nous l'avons vu dire adieu à ces compagnons de son enfance, aux obélisques et aux sphinx du Nil ; puis en Palestine, devenir un petit dieu-roi chez un pauvre peuple de pasteurs. Nous le vîmes plus tard en contact avec la civilisation assyro-babylonienne ; il renonça alors à ses passions par trop humaines, s'abstint de vomir la colère et la vengeance ; du moins ne tonna-t-il plus pour la moindre vétille. Nous le vîmes émigrer à Rome, la capitale, où il abjura toute espèce de préjugés nationaux, et proclama l'égalité céleste de tous les peuples; il fit, avec ses belles phrases, de l'opposition contre le vieux Jupiter, et intrigua tant qu'il arriva bientôt au pouvoir, et du haut du Capitole gouverna la ville et le monde, *urbem et orbem*. Nous l'avons vu s'épurer, se spiritualiser encore davantage, devenir paternel, miséricordieux, bienfaiteur du genre humain, philanthrope. Rien n'a pu le sauver. — N'entendez-vous pas résonner la clochette ? A genoux! on porte les sacrements à un dieu qui se meurt. »

C'est dans ces bouffonneries que se complaît cet esprit étonnant. En général, le scepticisme est froid et l'ironie a horreur du dithyrambe. Ici, par l'effet d'un mélange inouï, le scepticisme s'échauffe et le sarcasme devient lyrique. Il y a comme une ivresse, que nous avons signalée déjà dans la correspondance, dans ces injures contre le *vieux du ciel*. Ajoutez à cela des pasquinades philosophiques, une verve rabelaisienne de gros mots, qui appliquée à ces grands objets produit des contrastes violents et des surprises renversantes. Puis, toujours par l'amour du contraste, une page tout à coup émue, un mot du cœur, une larme presque céleste tombant au milieu de cette orgie de l'imagination pervertie et de la sensualité surexcitée. D'autres fois un jugement sain, modéré, profond, qui vient comme pour reposer l'esprit de toutes ces secousses et la raison de tous ces écarts, dont elle souffre et dont elle crie ; des portraits vifs et fins, gravés en deux mots, et d'une admirable justesse. A-t-on jamais mieux défini M. Schelling que dans cette phrase : « M. Schelling est un de ces êtres auxquels la nature a donné plus de goût pour la poésie que de puissance poétique, et qui, incapables de satisfaire les Muses, se sont enfuis dans les forêts de la philosophie, où ils contractent, avec des hamadryades abstraites, les liaisons les plus infécondes. » — Mais ces bonnes fortunes ne durent pas ; tantôt vous croyez tenir un poëte, d'autres fois un philosophe ; vous vous trompez, c'est Arlequin.

Les *Aveux d'un poëte* sont le complément naturel et le correctif de la première partie de *l'Allemagne*. Non pas que ce soit une palinodie absolue ; il faudrait être trop ingénu pour le croire ; mais enfin il y a moins d'assurance dans l'impiété ; le vieux du ciel est un peu moins maltraité ; on lui pardonne bien des choses qu'on ne lui pardonnait pas autrefois, et on finit par avouer, avec toutes sortes de plaisanteries très-drôles, que le bon Dieu n'est pas tout à fait mort. Quelque chose comme une veine de sensibilité religieuse circule à travers la plaisanterie. On devine, dans ces pages écrites à vingt ans de distance, au milieu des plus atroces souffrances, sous le coup de la mort presque suspendue sur ce lit de douleur, sous l'influence aussi des années croissantes et des pensées plus sérieuses qu'amène la vieillesse, on devine une émotion peut-être involontaire, quelque chose comme un regret des années folles, j'allais dire comme un remords. Il y a plus de naturel aussi dans la gaieté; elle n'est plus délirante comme autrefois. On la surprend dans une sorte de mesure agréable et de discrétion relative. Les souvenirs personnels, l'arrivée en France et à Paris, les bonnes et les mauvaises connaissances qu'on y fait, les fortunes diverses de la vie littéraire, y sont racontés avec finesse, avec un enjouement modéré, avec esprit. On se moque beaucoup trop de Mme de Staël et de sa pyrotechnie sentimentale; on répète contre cette femme illustre de vieux commérages qui n'ont plus cours en France et qui sont des contes de l'autre monde. Mais nous serions aussi injuste envers M. Heine qu'il l'est à l'égard de Mme de Staël, si nous prétendions nier le charme de ces pages étincelantes. Ce qui nous offre le plus vif intérêt de curiosité, c'est la partie de ces mémoires personnels où l'auteur nous raconte ses déceptions philosophiques. On sait comme il grossissait sa voix, il y a vingt ans, pour nous annoncer la révolution sinistre et prochaine de l'Allemagne. Il voulait nous effrayer, et il arrive que c'est Croquemitaine qui a peur.

« Ah ! s'écrie-t-il, ce qui semblait naguère si étrange, se prêche maintenant sur tous les toits au delà du Rhin, et l'ardeur fanatique de ces prédicants est épouvantable ! Nous avons maintenant des moines de l'impiété, des Torquemadas de l'athéisme, qui feraient brûler M. Arouet de Voltaire, parce qu'au fond du cœur, le seigneur de Ferney n'était qu'un déiste endurci.

« Tant que de semblables doctrines étaient restées le privilége secret d'une aristocratie de gens de lettres ou d'hommes d'esprit, et qu'elles se discutaient en un langage de coterie savante, que n'entendaient pas les domestiques placés derrière nous pour nous servir, pendant que nous blasphémions dans nos petits soupers philosophiques ; tant qu'il en était ainsi, j'appartenais, moi aussi, à ces frivoles esprits forts dont la plupart ressemblaient aux grands seigneurs libéraux, qui, avant la Révolution, cherchaient à désennuyer leur monotone vie de cour par le charme des idées nouvelles. Mais quand je m'aperçus que le populaire se prenait également à discuter les mêmes thèmes dans ses *symposions* crapuleux où la chandelle et le quinquet remplaçaient les bougies ou les girandoles ; quand je vis l'existence de Dieu niée par de sales savetiers et des garçons tailleurs décousus, quand l'athéisme commença à sentir le suif, l'eau-de-vie de *schnaps* et le tabac; alors mes yeux se dessillèrent; je compris par les nausées du dégoût ce que je n'avais pu comprendre par la raison, et je fis mes adieux à l'athéisme. »

Quelle leçon que la pratique de toutes ces théories dont se grise la raison, et comme Heine l'exprime d'une manière vive et franche! Mais tous n'ont pas entendu cette leçon comme lui ; même chez nous, il ne manque pas encore d'enthousiastes qui, après la catastrophe des saint-simoniens et consorts, nous prêchent la réhabilitation de la chair. Ils rêvent encore cette ère paradisiaque où chaque membre de la famille humaine jouira du nectar et de l'ambroisie promis, des manteaux de pourpre, de la volupté des parfums, des danses des nymphes.... Que cette ère de volupté universelle, qui a été si longtemps un rêve, s'accomplisse, et nous verrons s'accomplir en même temps bien des conversions du genre de celle de M. Heine. Le rêve de cette fête immense de la sensation peut avoir un certain prestige pour des imaginations épicuriennes. Mais combien la réalité offrirait à tous ces illuminés sensualistes d'étranges dégoûts ! et comme tous les communistes aristocrates se détourneraient vite de cette grande curée de la débauche ! Le rêve était une poésie, la réalité serait une nausée.

Rien n'égale la plaisante franchise avec laquelle

Heine nous raconte l'époque florissante de sa divinité. Il y a là une incroyable verve d'esprit et du meilleur. On ne peut pas se moquer plus spirituellement de soi-même, de son rôle divin, et de ce qu'il appelle lui-même son absurde orgueil. Il était jeune et superbe, nous dit-il, il n'avait jamais voulu croire que Dieu était devenu un homme; mais il crut Hegel sur parole quand il lui entendit dire que l'homme était Dieu. Il était lui-même la loi vivante de la morale, il était impeccable, il était la pureté incarnée; il remplissait avec ardeur son rôle, restaurant les virginités compromises et dépensant largement le budget de sa divinité, lorsque tout d'un coup, l'argent et la santé lui faisant défaut, il vit s'écrouler son rêve grandiose, il dut abdiquer ses fonctions divines et redescendre à l'état de simple mortel. Il avoue que l'idée du bon Dieu lui revint tout naturellement, ramenée dans son âme par la souffrance. Sur son lit de douleur, c'était pour lui un grand soulagement d'avoir quelqu'un dans le ciel à qui il puisse adresser ses gémissements :

« Qu'ils sont donc sots et cruels, ajoute-t-il avec une éloquence qui laisse percer un sentiment vrai, qu'ils sont sots et cruels ces philosophes athées, ces dialecticiens froids et bien portants, qui s'évertuent à enlever aux hommes souffrants leur consolation divine, le seul calmant qui leur reste. On a dit que l'humanité est malade, que le monde est un grand hôpital. Ce sera encore plus effroyable quand on devra dire que le monde est un grand hôtel-Dieu sans Dieu.... Hélas! la moquerie de Dieu pèse sur moi. Le grand auteur de l'univers, l'Aristophane du ciel, a voulu faire sentir vivement au petit auteur terrestre, au soi-disant Aristophane allemand, à quel point ses sarcasmes les plus spirituels n'ont été au fond que de pitoyables piqûres d'épingle, en comparaison des coups de foudre de la satire que l'*humour* divin sait lancer sur les chétifs mortels. Oui, l'amer flot de railleries que le grand maître déverse sur moi est terrible, et ses épigrammes sont cruelles à frémir. »

Et ici reparaît Arlequin :

« Mais j'ose faire observer à mon seigneur et maître que la plaisanterie atroce qu'il m'inflige me semble se prolonger un peu trop ; voilà plus de six ans qu'elle dure, ce qui finit par devenir ennuyeux. »

La raillerie persiste même après l'abdication du dieu. Malgré cela, il y a dans cette page et dans bien d'autres comme un cri involontaire du cœur qui tourne en éclat de rire, mais qui n'en est pas moins déchirant pour qui sait l'entendre. Nous plaignons également ceux qui, sur la foi de quelques bonnes paroles disséminées à travers *les*

Aveux d'un poëte, ont voulu croire à la conversion du satyre, et ceux qui, voyant à chaque instant reparaître la griffe et le pied fourchu, n'ont voulu trouver dans ces *Aveux* qu'une ironie et qu'un blasphème de plus. Les uns sont trop naïfs et les autres trop peu. Le poëte rit encore et rit sans pitié; mais au milieu de ses sarcasmes, on sent tout à coup une douleur, une souffrance, quelque chose comme une aspiration nouvelle. Ce n'était autrefois qu'un sarcasme, c'est aujourd'hui presque un homme. C'est un sceptique encore, mais qui semble avoir retrouvé un cœur et chez qui l'esprit s'est doublé d'une âme. — Tout cela est vrai, pourvu qu'on fasse encore la bonne part au diable dans la seconde période de cet esprit fantasque qui semble faire quelques avances à Dieu. — C'est à cette dernière phase de son livre qu'en est resté Henri Heine. On pourrait croire qu'après avoir passé tant de folles années de sa vie, comme il le dit lui-même dans le plus étrange des langages, à courir tous les *bastringues* de la mauvaise philosophie, après s'être livré à toutes les *cabrioles* de l'esprit, et avoir dansé avec tous les systèmes possibles sans y trouver sa satisfaction, pas plus que Messaline dans une de ces nuits de débauche, d'où elle sortait fatiguée, mais non assouvie, après toutes ces orgies de la raison, il va se trouver tout à coup, comme par enchantement, placé côte à côte avec l'oncle Tom, le nègre dévot, et qu'il s'agenouillera, sérieusement cette fois, avec le *bonhomme noir*, devant le Dieu de l'Évangile. — Ne nous fions pas trop cependant aux déclarations de ce grand railleur. C'est avec lui surtout qu'il faut toujours craindre d'être dupe.

Nous n'avons pas eu le loisir de parler des autres parties, plus spécialement littéraires, de ce livre de l'*Allemagne*. Nous ne voulions pas scinder l'histoire de la pensée philosophique d'Henri Heine, qui nous semblait plus curieuse que tous les systèmes littéraires. Il serait pourtant injuste de ne pas signaler, au moins en passant, la remarquable esquisse de la littérature jusqu'à la mort de Gœthe, et la galerie si animée, si vivante des poëtes romantiques. Mais ce que nous préférons à ces tableaux littéraires, où il entre toujours un peu de système et de parti pris, ce sont trois morceaux d'une originalité ravissante, *les Traditions populaires, la Légende de Faust* et *les Dieux en exil*. Ici, c'est le poëte seul qui paraît, et ce qui pour nous est le sujet d'un étonnement sans égal, ou plutôt ce qui est à nos yeux le signe d'une extraordinaire souplesse d'esprit, c'est que le sceptique effréné, l'athée railleur se transforme en un conteur inimitable, exprimant avec la plus singulière naïveté le sentiment intime et national de l'Allemagne, le sentiment du fantastique et du surnaturel, qui n'est qu'un écho du sentiment de l'infini. Il traduit, dans des récits vrais et colorés, l'*âme rêveuse et forte* de sa patrie. Il a recueilli sur les lèvres des pauvres gens, dans les nuits d'hiver, au foyer des pauvres cabanes, ces traditions féeriques et ces légendes qui sont la joie et la terreur des veillées. Il semble qu'il ait senti dans son cœur toutes ces épouvantes, qu'il ait éprouvé tous ces frissons; il nous les fait partager avec une émotion contagieuse, et celui qui tout à l'heure nous effrayait par ses négations désolées, celui qui nous montrait l'éternité muette et les cieux vides, c'est le même qui maintenant nous charme en nous troublant par des contes recueillis de la bouche de quelque gueux vagabond et de quelque grand'-mère aveugle. Étonnant privilège d'un esprit supérieur qui, par la force de l'imagination, se rend à lui-même, d'une manière artificielle dont il sait effacer la trace, les sentiments naïfs qu'il a perdus !

Les Dieux en exil ont un caractère à part. Le sentiment superstitieux et légendaire s'y fond harmonieusement avec le sentiment hellénique. Henri Heine est un Grec par certaines nuances de son imagination. Il est, de ce côté-là seulement, de l'école de Gœthe. Il a, au plus haut point, le sens de la beauté plastique; il raconte qu'un de ses amis, et cet ami c'est lui-même, pleura un jour en lisant la défense des temples grecs par Libanius. Il recueille avec une piété presque dévote les débris et les souvenirs, tous ces restes du paganisme qui n'appartiennent plus à une religion morte, mais à l'art, qui vit éternellement.

Il consacre dans l'urne pieuse de sa poésie cette cendre des dieux d'autrefois, *cette poussière des marbres brisés.* Il prend cette poussière, il souffle dessus avec le divin souffle de la poésie, et les marbres brisés se relèvent, les temples apparaissent dans leur majesté, l'art éternel reconnaît ses œuvres disparues. Il prend cette cendre glorieuse, et le souffle puissant du magicien en fait éclore tout un peuple vivant et jeune de dieux ressuscités. — Ces pauvres dieux sont les parias du moyen âge et les persécutés du christianisme. On les traque comme des bêtes fauves, on les force à s'enfuir dans la nuit des plus sombres retraites. La superstition populaire fait pis que les tuer, elle les avilit; ce ne sont plus pour elle que de méchants démons qui, se tenant cachés durant le jour, sortent, la nuit venue, de leurs demeures, et revêtent une forme gracieuse pour égarer les pauvres voyageurs et les faire tomber dans des piéges funestes. L'Olympe n'est pas mort. Hélas! il eût mieux valu qu'il pérît dans la grande catastrophe; il n'est pas mort, il est devenu une succursale de l'enfer. Eh quoi! ce bel Olympe, parfumé d'ambroisie, dans lequel les dieux savouraient sur des couches de pourpre des voluptés divines! Oui, cet Olympe est devenu une impure retraite où se préparent les sortiléges infâmes. La race de ces dieux si gracieux et si nobles, cette famille illustre de déesses idéalement belles et de héros majestueux, tout cela est maintenant inféodé au diable, et dame Vénus n'est plus qu'une enchanteresse qui travaille pour le compte de Satan ! Henri Heine assure qu'il l'a rencontrée un jour en passant par la place Bréda, qu'elle traversait d'un pas délicieusement leste, frisant le pavé de la pointe d'un magnifique châle des Indes. C'était Vénus, devenue femme galante. Oui, Vénus, cette radieuse divinité d'Homère, de Virgile, de Lucrèce, Vénus devenue une courtisane céleste et parfumée d'ambroisie, une divinité aux camélias, une déesse entretenue ! C'est de ce ton charmant et léger, juste assez convaincu pour être poétique et suffisamment sceptique pour être léger, que Heine nous raconte les aventures éplorées de ses pauvres dieux qui traînent sur la terre un exil flétri. Il s'y intéresse avec une sollicitude piquante; il raconte leurs fortunes diverses avec une apparente gravité qui est un charme. Il faut lire l'histoire du beau Dionysos, de Bacchus, devenu moine au fond du Tyrol, et tous les ans, au temps de l'équinoxe d'automne, célébrant sa fête par un immense sabbat qui lui rappelle, au moins pour une nuit, la gloire du temps passé. Mais vous êtes insensible, si vous ne donnez au moins une larme au sort de ce pauvre Jupiter, devenu l'unique habitant de l'*Ile des Lapins*. Quand il apprend de la bouche d'un jeune matelot que son beau temple de Grèce n'est plus qu'une ruine honteuse, habitée par les pourceaux, le vieux dieu s'affaisse et retombe sur son siége de pierre en pleurant comme un enfant. Son aigle fidèle et décharné pousse un cri terrible et les matelots s'enfuient épouvantés.

Henri Heine excelle à rendre l'impression vive de ce paganisme populaire transformé en légendes. Il n'y a pas de conte d'Hoffmann qui surpasse en intérêt fantastique ces récits étranges où les réminiscences des âges poétiques se nuancent de sentiments tout contemporains. L'ensemble de ces deux inspirations, mêlées d'une main si habile en ses apparentes naïvetés, est d'un effet saisissant. C'est attrayant comme un conte, poétique comme la mythologie, et en même temps tout cela est animé de l'ironie la plus moderne et de l'esprit le plus personnel.

Nous disions plus haut, à propos de la *Correspondance*, qu'elle servait de démonstration éclatante à cette thèse à la fois littéraire et morale sur les dangers de la personnalité, funeste conseillère du talent. Mais il faut s'entendre. J'ai voulu parler de cette personnalité inquiète, tracassière, préoccupée des petits intérêts de la vanité, se faisant centre de tout, reportant à soi la vie du monde entier, n'imaginant pas qu'il y ait de crime plus grand que de nier le droit divin de son génie, la légitimité de ses passions petites ou grandes, de ses vices mêmes, dont chacun a sa raison, sa nécessité, son emploi. Il y a beaucoup trop de cette personnalité dans les écrits comme dans les lettres de Henri Heine; tout cela est condamné à périr.

Mais il est une autre sorte de personnalité qui restera le caractère supérieur et distinctif de son talent. Il en avait le sentiment juste, bien que l'expression en fût exagérée, quand il opposait, dans une série de parallèles trop peu modestes, les tendances propres de son talent à celles du génie de Gœthe. Sa raison esthétique, son sens critique si fin et si délicat ne le trompaient pas quand il soutenait « que le principe de l'époque de Gœthe, l'idée de l'art, s'en va; qu'avec un temps nouveau commence un principe nouveau.... que le *monde objectif* du beau, créé par la parole et par l'exemple de Gœthe, le *goethisme* (*Gœthenthum*) s'écroule sous l'invasion d'esprits nouveaux et va faire place au règne de la *subjectivité* pure... L'art et l'antiquité, s'écrie-t-il fièrement, ne seront pas en état de refouler la nature et la jeunesse [1]. » Il y a du vrai dans ces déclarations de Heine. Bien qu'il s'exagère son rôle et l'importance du mouvement qu'il a commencé, il est chef d'école ; il a réagi puissamment par son exemple et par ses excitations aux poëtes contre la domination exclusive, devenue presque tyrannique de Gœthe. Il a été maître lui aussi, initiateur et créateur ; c'est du *Livre des Chants* et des *Reisebilder* que date, pour la poésie allemande, l'ère du lyrisme personnel, s'appliquant moins à reproduire exactement les formes plastiques de l'antiquité qu'à exprimer le mouvement et la vie de l'âme moderne avec ses inspirations libres et son accent original. Là est la durable grandeur de Heine. Il faut, pour la bien comprendre, distinguer nettement ces deux sortes de personnalités, l'une qui est un principe délétère pour le talent, l'autre qui le renouvelle et le vivifie ; l'une qui n'est qu'une forme de l'égoïsme passionné, vaniteux, irritable, despotique ; l'autre qui est une forme nouvelle, vraiment humaine et vivante de l'art ; l'une qui ne voit que soi dans la nature ; l'autre qui voit la nature en soi, qui sent la réalité dans chaque palpitation de son cœur, dans chaque mouvement de sa vie, et qui la traduit

---

1. *De tout un peu*, p. 225.

avec une note individuelle, dans toute sa sincérité et son indépendance. L'une est l'inspiration funeste de la vie et de la *Correspondance* de Heine; l'autre est le principe immortellement jeune de sa poésie, je dirai même de la poésie moderne dont il restera un des types les plus vrais et les plus vivants.

SIXIÈME ÉTUDE.

DES MŒURS LITTÉRAIRES

AU TEMPS PRÉSENT.

L'autre jour, en suivant d'illustres funérailles[1], qui ont été presque un événement public dans ce Paris si frivole pourtant, si facilement oublieux et ingrat, je fus naturellement amené à réfléchir sur les destinées différentes des générations intellectuelles qui se sont succédé en France depuis un demi-siècle, à comparer les circonstances où elles se sont produites sur la scène et les rôles divers qu'elles ont été appelées à y remplir. Quand on voit disparaître un à un ces représentants d'un passé si récent encore, n'est-on pas tenté de croire qu'il y a comme une décroissance dans la race intellectuelle et que le siècle se découronne? Ce sont de grands ancêtres qui se retirent devant les générations nouvelles, sans que l'on puisse voir bien

---

1. Celles de M. Cousin. Écrit au mois de mars 1867.

distinctement quelles consolations nous réserve l'avenir. Où sera la supériorité manifeste des inspirations, la nouveauté incontestée des aperçus, l'ampleur et la hauteur des conceptions, quand les derniers survivants de cette forte génération auront disparu? Où sera l'originalité du talent et ce qui en est le signe révélateur, l'autorité? J'aperçois bien une foule de noms qui se présentent à mon appel, confusément pressés sur les confins de la célébrité; mais, dans cette multitude disparate d'écrivains de toute opinion et de toute origine, y en a-t-il quelques-uns qui dépasseront la limite où s'arrête la foule et qu'une supériorité décisive du talent réserve au privilége de ces situations exceptionnelles consacrées par l'assentiment public, élevées au-dessus de la controverse vulgaire et comme à l'abri? A qui doit échoir, dans les nouvelles générations, la royauté intellectuelle? Et d'abord cette royauté doit-elle échoir à quelqu'un? Les conditions qui avaient fondé, il y a quarante ans, ces souverainetés de l'esprit, n'existent plus. Au malheur de perdre ces hommes qui ont été pendant tant d'années investis par l'opinion d'une sorte de magistrature intellectuelle, paraît se joindre un autre malheur, celui de ne les pas voir remplacés. C'est l'examen des conditions nouvelles où se trouve placée la génération présente, comparées aux conditions des générations précédentes que je voudrais faire rapidement, sans illusion rétrospective, sans autre parti pris que celui de voir juste. Il s'est produit dans la région de l'esprit un singulier phénomène : une sorte de démocratie ombrageuse tend à y régner désormais. Le trait saillant de ce régime tout nouveau dans l'ordre intellectuel, et qui peut-être est là moins à sa place qu'ailleurs, c'est d'une part l'affranchissement de certaines règles dont l'opinion publique était autrefois la gardienne jalouse, d'autre part l'affranchissement de cette autorité du talent que représentaient dans chaque génération quelques grands noms. — Aujourd'hui l'individualité des écrivains peut se produire dans sa pleine indépendance, à ses risques et périls, en dehors de toute tutelle et de toute discipline. Cette émancipation absolue est-elle un bien, est-elle un mal ? Constatons le fait d'abord, essayons d'en expliquer les causes diverses avant d'en apprécier les conséquences, qui d'ailleurs ne se développent encore que d'une manière assez confuse à nos yeux, et dont l'avenir seul pourra juger en dernier ressort les désastres ou les bienfaits.

Il est facile à un observateur impartial de comprendre à quel point les mœurs littéraires ont changé parmi nous depuis vingt ans. C'est un symptôme significatif d'entendre comme nous les avons entendues, dès le jour même de ces funérailles qui emportaient vers le silence éternel une des voix les plus éloquentes de ce siècle, d'ironiques protestations contre l'émotion de la foule. Eh! qui donc respectera-t-on, si l'on ne respecte pas, même au lendemain de leur mort, ces hommes qui ont été une des grandeurs visibles d'un pays? Autour de leurs cercueils, les sympathies du public ne rencontrent plus comme autrefois le silence et l'attitude volontairement désarmée des adversaires; on ne voit plus régner cette trêve de Dieu qu'il semblait de bon goût d'observer à l'heure de ces morts historiques qui sont une date dans un siècle. Il y a parmi les écrivains de tout rang comme une émulation d'indifférence railleuse ou d'hostilité systématique, et un empressement de triste augure pour se montrer affranchis de toute superstition à l'égard de la puissance tombée. De là ces flots d'anecdotes, de récits vulgaires répandus par des mains acharnées sur une illustre mémoire pour en éteindre au moins quelques rayons sous le ridicule. C'est la vengeance des petits esprits contre tout ce qui est grand. De là aussi ces sentences dures, hautaines, implacables, prononcées du haut d'un puritanisme qui se guinde. C'est la vengeance de certains orgueils austères qui, de leur autorité privée, ont pris parmi leur contemporains la charge de grands juges et se sont attribué dès le temps présent la mission de la postérité. — De là enfin cette critique dont j'admirerais le froid dédain, si elle remplaçait ce qu'elle détruit, et qui applique les formes du dogmatisme le plus hautain à la démonstration de la vanité des dogmes en philosophie. C'est la vengeance des sceptiques et leur revanche contre la longue domination de doctrines détestées. — A voir un pareil concours d'écrivains sans illusion, si empressés à exposer au jour les misères secrètes de l'homme ou les défaillances du talent, il semble que chacun d'eux n'ait rien de plus à cœur que de bien montrer qu'il n'est pas dupe, que l'attendrissement de la foule n'est pas contagieux pour les gens d'esprit, et que le privilége de la critique est de garder son sang-froid, même devant une tombe illustre. Quand cette preuve sera faite, où sera l'avantage? Qu'y aura-t-on gagné? Une chose seulement : on aura tué la dernière forme du respect en France, ce respect qui survivait à tant d'illusions détruites, le respect du talent. Le beau profit! et combien les écrivains qui conspirent en faveur de ce résultat auront lieu de s'en applaudir! Qu'on y prenne garde, ceux-là même qui ont été les premiers chefs et les instigateurs de cette révolution dans nos mœurs littéraires pourront un jour en devenir les victimes. La justice de l'opinion a de terribles clairvoyances, et se plaît parfois à des représailles sévères.

Dans ces manifestations de la critique frivole ou

passionnée, je vois un signe non équivoque des dispositions du public littéraire, de plus en plus ennemi des aristocraties intellectuelles, ombrageux à l'égard de tout ce qui s'élève au-dessus du niveau commun. Il semble que ces supériorités inquiètent cet amour de l'égalité qu'on n'avait pas encore vu régner dans les lettres avec ce zèle farouche. Combien de petits intérêts froissés et de misérables rancunes, combien de vanités alarmées et de jalousies littéraires entrent dans ces dispositions des esprits, je ne veux pas le savoir. J'aime à me faire cette illusion qu'au fond de ce mouvement très-vif d'opinion contre toute autorité de doctrine ou de talent il n'y a rien que le culte austère de l'indépendance de la pensée, que l'on craint de voir menacée par la tyrannie des grandes intelligences. Je veux croire que ce scepticisme à l'égard de la gloire ne cache que de nobles passions. S'il en est autrement, je dois l'ignorer. Tout cela n'est d'ailleurs qu'un symptôme particulier qui trahit de plus en plus clairement un état général de la société. Pénétrons plus profondément, sous cette surface mobile de la vie littéraire, jusqu'au cœur du public lui-même; analysons ses tendances et ses penchants, les pentes secrètes auxquelles il s'abandonne, cet ensemble de dispositions, d'habitudes et de goûts qui composent les mœurs intellectuelles d'un temps ou d'un pays. Nous y trouverons l'explication vraisemblable du phénomène que nous étudions, et qui se produit sous une forme singulière : un contraste marqué entre la population toujours croissante des écrivains et le nombre décroissant des talents supérieurs, reconnus et consacrés. Jamais il n'y a eu en France une plus grande quantité d'hommes faisant profession d'écrire. Je dirai même qu'il n'y a jamais eu plus de facilité littéraire, des dons plus heureux pour l'improvisation, plus d'apparences de talent, plus d'esprit courant sous des formes légères qui pénètrent partout, — et qu'en même temps jamais il n'y a eu rareté plus manifeste de ces intelligences qui portent en elles quelque chose comme un signe royal, qui semblent être nées pour prendre la direction philosophique ou littéraire d'une époque, pour exercer une sorte de dictature sur les idées. — A supposer que le public ne soit pas seul responsable de cet état de choses, il l'est jusqu'à un certain point. Comment l'est-il et dans quelle mesure peut-il l'être ?

Ces intelligences superbes n'avaient pas créé toutes seules leur empire ; elles l'avaient trouvé préparé par les circonstances, et quand on les a vues s'en emparer si aisément, c'est que tout était disposé en leur faveur. Pour qu'un grand talent se développe tout entier et s'impose, il faut qu'il y soit aidé par la société elle-même. Il doit trouver dans l'opinion une partie de ses ressources et de ses forces. Il est nécessaire que le goût public ne soit pas en opposition flagrante avec celui de l'écrivain, avec ses instincts de grandeur. Et quand l'inspiration personnelle d'un auteur se sent en rapport avec les sympathies de la foule intelligente, elle en reçoit un singulier accroissement de puissance et d'étendue. C'est de cette rencontre heureuse entre certains esprits supérieurs et le public préparé à les comprendre que se forment dans l'ordre intellectuel ces dynasties de talent et d'idée qui d'ailleurs, comme nous venons de le voir, ne sont pas plus que les autres dynasties à l'abri des coups imprévus et des révolutions.

Transportons-nous par la pensée dans ces années lointaines, de 1820 à 1830 environ, et voyons s'il y eut jamais un milieu plus favorable, un ensemble de circonstances plus heureuses pour l'éclosion et le développement des grands talents. J'ai déjà essayé de peindre ailleurs ce mouvement prodigieux que peut-être le siècle ne reverra pas. Il y eut là une époque unique pour la libre et féconde variété des talents, pour toutes les nobles curiosités en même temps éveillées et toutes les émotions du beau en même temps ressenties, pour l'activité presque héroïque de l'esprit, qui se précipitait dans tous les sens à la conquête de l'inconnu, et aussi pour l'ardeur sérieuse et la candeur du public, enthousiaste alors jusqu'aux illusions. Les témoins de cet âge déjà presque légendaire n'en parlent qu'avec émotion.

Tout était alors propice à la manifestation et au développement des intelligences supérieures, tout aidait au prestige et favorisait l'établissement de ces souverainetés éclatantes de la pensée. Ni la raison ni l'imagination du public n'étaient désenchantées. Au sortir de la révolution et de l'empire, après ces jours profondément troublés où la France avait été presque uniquement occupée d'abord des orages de sa liberté, puis des soucis de sa gloire, il y avait eu partout un retour vif vers l'esprit, vers ses manifestations diverses dans la philosophie, dans les lettres, dans l'art. Les idées avaient je ne sais quel éclat de nouveauté et quelle enivrante fraîcheur qui ravissaient la curiosité du public. On put croire un instant qu'on allait assissister à la naissance d'un grand siècle. Ce fut comme un renouvellement universel, une *instauratio magna* de l'esprit humain. Ce fut au moins une immense espérance de ces grandes choses. Tandis que la philosophie nouvelle combattait victorieusement les derniers représentants du sensualisme expirant, ou que, remontant jusqu'aux ancêtres des doctrines rivales, elle détruisait les derniers restes de l'empire de Locke et de Condillac, tandis que la poésie lyrique idéalisait dans des chants admirables les sentiments troublés de l'âme, ses vagues passions, ses tristesses ou ses aspirations, l'histoire se transformait, elle devenait à la fois plus savante par la précision des détails et plus philosophique par l'intelligence des civilisations diverses et par l'étude comparée des races. Des perspectives agrandies s'ouvraient de toutes parts. La critique, de plus en plus pénétrante, éclairée, conquérait chaque jour de vastes régions dans le moyen âge et l'antiquité ; on eût dit qu'on les découvrait pour la première fois. Les savantes recherches sur les langues, les civilisations, les philosophies religieuses de l'Orient, ouvraient la voie vers des horizons qu'on n'avait pas encore soupçonnés. Des mondes tout nouveaux se découvraient de toutes parts à la philologie et à l'ethnologie comparées, devant la science allemande et devant la science française, devenue sur certains points sa rivale. A la suite de ces conquêtes de l'érudition, la critique philosophique s'avançait d'un pas plus hardi au sein de ces régions inexplorées où elle avait sans doute à recueillir de précieux témoignages sur l'homme et sur ses origines, plus près des sources sacrées de l'histoire, là où la science place le berceau de l'humanité.

L'enthousiasme pour les idées rejaillissait sur les hommes eux-mêmes qui s'en faisaient parmi nous les interprètes, s'ils n'en étaient pas toujours les inventeurs. De beaux talents qui se révélaient alors grandirent merveilleusement par la faveur de l'opinion. Que de livres heureux naquirent sous l'inspiration commune des écrivains et du public! Que de leçons mémorables par la hardiesse des aspirations et par la nouveauté relative des aperçus se développaient, aux applaudissements de la jeunesse, sous ces vieilles voûtes de la Sorbonne, où l'on pouvait dire qu'à certaines heures palpitait le cœur de la France! Que d'espérances confuses dans cet auditoire frémissant sous la parole du maître, que d'élans précipités vers l'avenir! Combien de nobles idées et aussi de rêves généreux sortaient comme en brillants essaims des ombres émues de ce vieil édifice et de là se répandaient sur les générations nouvelles! Chaque siècle a sa jeunesse et comme son printemps. C'était vraiment alors la jeunesse du dix-neuvième siècle. Jours fortunés, ivresses sublimes, travail magnanime des idées, longs espoirs presque réalisés d'avance et comme animés par des volontés enthousiastes, tout cela n'a pas été stérile. Il est resté de ces tentatives hardies, de ces rencontres de grands esprits avec un public admirablement préparé par ses instincts plus que par ses études, comme un sillon électrique et une trace profonde de lumière dans le siècle. Les intelligences qui se sont formées en ces jours déjà lointains en ont ressenti le contre-coup ; elles en ont gardé le signe inaltérable et sacré.

Les temps sont bien changés. On peut le dire sans être taxé de pessimisme : l'esprit n'a plus aujourd'hui toute sa valeur, comme il y a quarante ans. Il a payé cher les enivrements de sa souveraineté passagère. S'il a commis quelques fautes par excès de confiance et d'orgueil, s'il s'est exposé parfois au ridicule qu'entraîne l'infatuation, ces fautes et ces ridicules, il les a cruellement expiés. Le culte des supériorités intellectuelles a baissé parmi nous dans la même proportion que le culte des idées. Où est-elle cette curiosité ardente et neuve des anciens jours, si empressée autour des talents qui semblaient promettre quelque chose de nouveau ? A sa place, je ne trouve qu'un scepticisme léger qui se défend par l'ironie préventive contre toutes les surprises de la pensée, et qui ne craint rien tant que de paraître dupe. Ce qui est simple et délicat semble maintenant trop simple et presque fade. Une nuance d'idée n'intéresse presque plus personne. Pour attirer l'attention, il ne faut rien moins qu'un paradoxe extravagant, quelque énormité de doctrine, quelque singularité de mise en scène, un coloris exagéré ou des poses d'athlète; ce n'est pas trop de ces efforts extraordinaires que nous voyons accomplir à des auteurs qui en des temps plus propices se seraient contentés d'être des écrivains. Pourquoi, sinon pour réveiller de sa torpeur l'indifférence publique, ces luttes de force, ces effets de muscles, ces contorsions et ces convulsions de style, cette gymnastique violente de talents surmenés? A ce prix, paraît-il, on peut encore ravir les faveurs du public; mais il faut se presser d'en jouir. Rien n'est plus passager que ces caprices de sultan blasé. L'ennui et la frivolité en ont bientôt effacé la trace sur le sable où s'inscrivent les enthousiasmes mobiles de la foule.

La philosophie critique, qui semble prévaloir depuis quelques années, n'a pas été sans influence sur les tristes progrès de l'indifférence publique. Elle a désenchanté l'imagination des générations nouvelles en faisant le vide dans leur raison. Elle leur a enlevé la foi aux idées, et avec cette foi la passion. Les doctrines seules peuvent passionner l'esprit humain. Quand les conclusions et les grands résultats sont niés systématiquement, quand on substitue à l'espoir d'un repos dans la vérité la poursuite laborieuse d'un but qui fuit toujours et l'agitation d'une recherche qui ne doit pas aboutir, ce qui paraît au savant digne encore de ses efforts et de sa vie ne mérite plus, aux yeux de la foule même intelligente, une heure de peine. L'humanité ne comprend pas ce plaisir supérieur des délicats : chercher pour ne trouver jamais. Elle n'estime l'effort qu'à son résultat au moins possible, et quand on lui enseigne que la science est condamnée par les lois mêmes et les limites de la raison à ne pas dépasser la sphère du probable et du provisoire, elle se détourne de la science et va chercher ses consolations ailleurs. La vérité approximative, la vérité relative, toutes ces ombres de vérités trompeuses qui ne sont qu'un mélange d'être et de néant, ne lui inspirent que le découragement d'abord, puis, par un enchaînement nécessaire, le goût des plaisirs faciles. Illusions pour illusions, celles-ci ont quelque chose de plus réel ; la sensation est bien quelque chose après tout. On peut bien la sacrifier à des réalités d'un ordre plus élevé, mais pourquoi la sacrifier à des chimères ? La vérité absolue mérite que l'on travaille pour elle, mais il ne faut pas moins que cela pour exiger la privation volontaire des joies que la nature met à la portée de nos mains et de nos cœurs. D'ailleurs la vie n'attend pas ; il faut faire son choix et on le fait à la hâte. Dès que la lumière des idées a pâli, il y en a une dont la vivacité redouble en nous, celle des sens, et c'est par elle que la foule se laisse guider, insouciante des choses de l'esprit par découragement plutôt que par haine de la vérité. Les philosophes de l'école critique se plaignent des goûts futiles qui entraînent une partie de la jeunesse contemporaine et remplacent pour elle les nobles enthousiasmes des générations précédentes. Qu'il y ait dans la triste histoire de ces jeunes énervés devenus incapables de penser de terribles griefs à leur charge, je le sais; qu'il y ait beaucoup et avant tout de leur faute, je n'en doute pas, et je ne voudrais pas déplacer une responsabilité qui doit peser sur eux. Mais si la grande curiosité est éteinte et glacée parmi nous, n'est-ce pas aussi en partie la faute de cette école qui ne nous présente dans le spectacle des systèmes que les formes changeantes de l'erreur? Comment une pareille philosophie pourra-t-elle inspirer les espoirs magnanimes, les dévouements héroïques à la science du relatif, les enthousiasmes sublimes pour les formes passagères de l'éternelle illusion? Quelques penseurs solitaires sont capables, de ce singulier désintéressement, de ce dévouement à une science qui nous trompera toujours. L'humanité n'est pas capable de cet héroïsme : il ne faut pas l'attendre d'elle. Quoi d'étonnant qu'elle ait perdu le goût des idées, quand on lui a révélé que les plus belles conceptions ne sont que la plus noble manière de se tromper? Cela était inévitable. — Je sais qu'à parler ainsi en général on s'expose à être injuste, et qu'il y a dans les générations nouvelles des groupes sérieux qui ne se sont pas laissé atteindre par la contagion. Je saurais où trouver, à l'occasion, des ardeurs intellectuelles, des impatiences généreuses de savoir, de grands courages et de nobles esprits qui maintiennent le niveau moral et nous préparent peut-être, dans le silence viril de leurs méditations, un meilleur avenir. J'ai été souvent ravi à la vue de ces jeunes gens qui n'ont pas laissé entamer par la frivolité malsaine des mœurs publiques la fière virginité de leur pensée; mais ceux-là, combien sont-ils? Et combien sont-ils au contraire ceux qui ont renié le culte des idées, au moins par leur indifférence?

La frivolité du public, c'est là le vrai mal du temps. On a souvent, en des termes trop solennels peut-être, dénoncé et flétri les dépravations de la raison à notre époque. Il m'a toujours paru que ces réquisitoires manquaient le but en le dépassant. Ce n'est pas tant la perversité de l'esprit humain qu'il faut accuser de nos jours que son incurable mollesse, sa répugnance à tout effort sérieux. Parlons légèrement des choses légères. Il serait faux de dire que le goût de l'esprit soit éteint. Non ; mais il s'est déplacé.

De quel côté se portent aujourd'hui de préférence les curiosités oisives de la foule? Nous ne voulons toucher qu'en passant à ces symptômes ; mais combien ils sont caractéristiques! Ce qui semble dominer dans les rangs divers de la société contemporaine, c'est, à la surface du moins, le désir des distractions faciles, sans excepter celles de l'esprit, pourvu qu'elles ne coûtent aucun effort, et qu'on puisse les recueillir en se jouant. De là différents ordres de plaisirs (oserons-nous dire plaisirs intellectuels?), que ne connaissaient pas nos pères et qui ont pris parmi nous, dans ces dernières années, un développement singulier. C'est de nos jours qu'on a inventé toute une littérature dont nous retrouverions difficilement l'analogue dans l'histoire de l'esprit français. Je ne veux pas feindre pourtant d'ignorer qu'à toutes les époques il y ait eu en France un goût vif d'indiscrétions, de scandales même, un empressement significatif à recueillir les commérages d'antichambre et d'alcôve. Les nouvelles à la main des derniers siècles et certaines parties de nos mémoires nous en ont conservé les frivoles monuments; mais alors ce plaisir n'était qu'à l'usage des raffinés dans les classes oisives ou des curieux parmi les écrivains. Il était réservé à notre temps d'en faire une institution au profit de la nation tout entière, une institution non d'utilité, mais de curiosité publique! Elle a ses moyens d'information, sa police, ses agents avoués ou secrets : elle tient à sa disposition d'innombrables instruments de propagande. Tous les soirs, vous pouvez être assurés qu'à la même heure une population affamée se disputera cette pâture des petits événements du jour, des incidents les plus futiles, des scandales de la vie privée, violée dans son intimité par une sorte d'effraction audacieuse, produite à la lumière d'une publicité brutale. Et comme il y a concurrence, c'est à qui pénétrera le plus avant dans les secrets d'autrui et devancera ses confrères dans l'indiscrétion du jour ou même dans celle du lendemain. Lancée sur cette pente, la curiosité ne s'arrête pas. D'une révélation à une invention il n'y a pas loin. Ce qu'on ne sait pas, on l'arrange à sa manière, on le dispose, on le complète. Les médisances dont on fait trafic amènent insensiblement la calomnie qui peu à peu fait son chemin dans les esprits, sous forme d'allusions perfides, assez claires pour être devinées, assez détournées pour ne pouvoir être combattues en face. Ce que la tranquillité et l'honneur des familles ont à souffrir de ces mœurs nouvelles, on le sait. Ce qui peut se cacher de rancunes secrètes, de représailles honteuses, de jalousies et de haines inavouables sous le commerce en apparence inoffensif de ces petites nouvelles, vous pouvez le deviner; mais ce que l'on peut marquer avec pleine certitude, ce que je veux signaler uniquement, c'est la triste influence que ce genre de curiosité inférieure et à quelques égards dépravée exerce sur l'esprit public, qu'elle déshabitue des nobles soucis de la pensée, qu'elle abaisse, qu'elle avilit. Comment le goût des grandes choses ne se perdrait-il pas à la longue dans la fréquentation de ces vulgaires entretiens où sont en jeu, non plus des doctrines comme en d'autres temps, mais des anecdotes et des noms propres? Quand la littérature de personnalités triomphe quelque part, c'est un signe infaillible que la littérature d'idées décline. Le public ne peut à la fois servir deux maîtres. Il faut qu'il fasse son choix entre les plaisirs subalternes de la curiosité et les mâles voluptés de la pensée que l'on achète au prix de la fatigue et de l'effort.

La vie de l'esprit se manifestait partout à cette époque déjà lointaine dont le souvenir nous préoccupe et à laquelle nous voudrions que notre temps empruntât quelques-uns de ses goûts sérieux. L'enthousiasme est en soi une si belle chose qu'il vaut mille fois mieux en être capable, dût-on même être dupe! Ne me parlez pas de ces désenchantés qui craignent toute surprise d'émotion ou de pensée à l'égal d'une mystification. Leur expérience sénile avant l'âge n'est au fond que la sécheresse du cœur et l'impuissance d'aimer une idée parce qu'ils sont incapables de la comprendre. — Quelle passion et quelle foi littéraire palpitaient dans le cœur de la jeunesse à l'époque des grandes luttes entre les écoles, du temps qu'il y avait des écoles, quand on se partageait entre les classiques et les romantiques, quand on discutait sur les droits de plus en plus triomphants de la poésie personnelle, intime, de la poésie lyrique, — ou bien encore quand on opposait aux nobles attitudes de la tragédie antique, à ses solennelles douleurs, à la pitié héroïque, le pathétique terrible et le vivant tumulte du drame moderne ! On disputait, on s'irritait, donc on croyait à quelque chose. On dispute et l'on s'emporte encore aujourd'hui, nous dit-on; mais est-ce au foyer de la Comédie-Française, au sujet d'un rôle nouveau de Talma ? Non, c'est dans un théâtre infime à propos de quelque travestissement dans une bouffonnerie à la mode, à l'occasion de quelque vulgaire idole.

N'insistons pas et craignons de nous égarer hors des régions où nous voulons maintenir cette analyse. — D'un autre côté de l'horizon, quelques symptômes plus heureux ont paru se montrer. Il en faut tenir compte dans une juste mesure. Nous avons tous été témoins dans ces dernières années d'un prodigieux mouvement vers l'instruction populaire et même vers l'enseignement mondain; il y a eu la plus louable émulation entre les hommes de bonne volonté de tout rang et de toute origine pour propager et répandre des vérités scientifiques ou des idées littéraires au delà du cercle où elles s'arrêtaient auparavant, pour aller atteindre par des cours, par des conférences de toute sorte, les classes laborieuses dans la torpeur fatale de leur ignorance, les classes oisives dans leur désœuvrement du soir. Sur tous les points de la France, dans plusieurs quartiers de Paris, des chaires se sont élevées comme par miracle, remplies avec un grand zèle, entourées d'un nombreux concours d'auditeurs. Voici pourtant ce qui m'a paru se dégager de cette vaste expérience sur la curiosité publique. Les classes populaires ont compris tout de suite que leur intérêt était là ; elles sont accourues sérieuses et résolues à faire l'effort d'esprit que tout maître digne de ce nom doit demander à ceux qui l'écoutent. Elles sont venues chercher dans ces leçons du soir le complément de la première instruction, défectueuse par tant de côtés, ou déjà effacée sous le travail manuel et l'âpre souci de chaque jour. Rien n'est plus touchant que de voir ces ouvriers de tout âge, après les longues heures occupées à tisser le coton ou à battre le fer, se reposer en traçant des lettres grossières de leur main calleuse, en appliquant leur rude intelligence à suivre une leçon de calcul ou l'explication de quelque loi scientifique qui doit rendre le travail plus facile et plus productif, enfin en essayant de comprendre et de s'approprier ces notions d'économie politique qui les éclairent sur leurs vrais droits, inséparables de leurs véritables intérêts. De ce côté il y a eu grand profit, et tous les honnêtes gens doivent aider de toutes leurs forces au développement de cette institution, déjà consacrée par la reconnaissance du peuple ; mais pouvons-nous dire la même chose des autres classes sociales et louer la direction, l'impulsion qu'elles ont donnée à la parole publique de quelques-uns de leurs maîtres improvisés en leur indiquant trop clairement leurs préférences pour certains sujets, leur inclination pour certaine nature de talent ou certain tour d'esprit ? Je craindrais de passer pour un censeur morose, si je disais tout ce que je pense à cet égard. Là encore cependant le goût public s'est-il montré suffisamment sérieux? N'a-t-il pas dévoilé son incurable mollesse, sa répugnance pour tout ce qui exige un effort, si faible qu'il soit, d'attention ou de gravité ? On aura un jour à lui demander compte d'avoir cherché là comme ailleurs une distraction piquante plutôt qu'un réel profit, d'avoir trop souvent détourné les maîtres de leur vrai devoir, qui est d'élever la raison, de former les idées de l'auditoire, de lui inspirer des sentiments nouveaux au lieu de s'inspirer des siens, de se faire enfin ses conseillers, non ses complices ou ses complaisants. L'action doit s'exercer de l'orateur sur l'auditoire. C'est trop souvent le contraire qui a eu lieu : l'action s'est exercée de l'auditoire sur l'orateur, et l'on a vu parfois l'instituteur volontaire se transformer en amuseur public. On a pu croire à certains jours qu'on avait affaire à des virtuoses de l'esprit fort indifférents sur le fond des choses, pourvu qu'ils plaisent, et qu'ils soulèvent autour de leur chaire le murmure des flatteuses exclamations ou des rires approbatifs comme au théâtre. On s'attriste à voir l'usage qui peut se faire de ces entretiens publics, changés parfois en un divertissement d'esprit, en une sorte de joûte sophistique, en exercices et jeux de parole jetés comme une amorce à de vulgaires ennuis. Pour qui une seule fois a senti la beauté et la grandeur de la parole humaine, pour qui en a éprouvé les fortes influences, ce sont là d'insupportables abus et presque des profanations.

A mon avis, la parole publique ne doit jamais devenir une curiosité. Elle est un devoir. Qu'elle s'applique à la discussion ou à l'enseignement, elle est une fonction, une des plus hautes fonctions de l'esprit. Elle doit servir à la propagation d'une vérité, à l'excitation de quelque noble sentiment, à la revendication d'une grande cause. Quelques-uns, parmi les maîtres de l'éloquence contemporaine, n'ont jamais failli à ce grand devoir. Mais d'autres l'ont trop facilement oublié, trop légèrement trahi. Quand la parole n'est plus soutenue par une doctrine, par une passion, par un intérêt d'un ordre élevé, elle tombe au-dessous de tout, dans la région des plaisirs les moins nobles. La pire corruption de la parole, c'est de la faire servir à l'amusement de la foule. Elle est le premier des arts humains, quand on la respecte ; elle en est le dernier, quand elle descend à cet emploi. *Pessima optimi cujusque corruptio.* Je ne connais rien de plus triste à imaginer que l'effort d'un homme d'esprit qui comparaîtrait devant la foule avec l'intention visible de lui complaire en toutes choses et de la divertir. Je me demande quelle différence il y aurait entre le personnage qu'il jouerait ainsi et celui du comédien. S'il y a une différence, elle est toute en faveur du comédien, qui ne livre au plaisir de la foule que son personnage extérieur, les jeux de sa physionomie, les effets plaisants ou tragiques de son geste ou de sa voix ; mais que dire de celui qui tire du fond le plus intime de ses idées ou de ses sentiments l'amusement de son public, livrant ainsi l'homme intérieur, l'homme tout entier à ce théâtre d'un nouveau genre ? — Formons-nous une si haute idée de la parole, qu'elle soit inséparable pour nous des plus grands intérêts et des plus grandes causes, la vérité, la patrie, la liberté, la justice. Que ceux qui ont l'oreille des foules prennent la résolution d'élever jusqu'à eux leurs auditoires et de ne leur jamais offrir que de mâles plaisirs et d'austères délices. Que la parole soit pour eux l'objet des plus nobles soins, l'objet d'un culte. A cette condition, ils rencontreront l'âme du public qui leur donnera la plus belle récompense dont il dispose, l'autorité.

J'ai indiqué par quelques traits la légèreté, l'insouciance du public, et par là j'ai marqué sa part de responsabilité dans la confusion des idées, dans la diminution de foi littéraire et l'absence de sérieux qui sont la plaie secrète de cette génération intellectuelle. Il est certain que toutes ces basses curiosités, cette répugnance à toute fatigue et à tout effort, ces impatiences de distraction à tout prix, ces ennuis sans grandeur, cette fièvre de plaisir, forment une sorte de climat moral fort malsain pour le talent. C'est sa faute sans doute, s'il ne trouve point en lui-même de ressort assez énergique pour s'élever au-dessus de cette atmosphère remplie des sottises et des trivialités humaines, et pour aller respirer plus haut un air salubre et pur; mais enfin il y a pour lui plus de difficulté qu'à d'autres époques pour se maintenir à ce niveau où ne le portent plus les nobles curiosités de la foule. Au lieu de recevoir du public ces impulsions, ces excitations fécondes qui doublent les forces du talent, il a d'abord à vaincre l'indifférence des autres, et souvent il lui arrive, au lieu de la combattre, de s'y laisser prendre lui-même et de s'y abandonner lâchement. Cette complaisance est mortelle à la grande inspiration. On a bientôt fait d'en perdre l'habitude et le goût. Voilà comment il arrive que tant d'esprits admirablement doués pour la haute poésie ou pour la lutte des idées se sont laissé peu à peu envahir à la vulgarité, et s'étonnent eux-mêmes quand ils comparent leurs fiers débuts dans l'art aux servitudes du métier dont ils traînent la secrète honte, esclaves de ce public qu'ils devaient conduire.

Grâce à Dieu, plusieurs ont résisté à la *mal' aria* et gardent vaillamment avec le respect de leur art la foi aux idées qui l'inspire; mais peuvent-ils au moins se reconnaître entre eux, s'entendre? Cela devient de plus en plus difficile et rare. Si nous nous élevons au-dessus de cette partie du public, la plus nombreuse, où l'on se soucie médiocrement de penser, jusqu'à cette région intellectuelle où l'on a conservé le goût des idées, nous nous trouvons en face d'une autre difficulté, d'un autre péril : le morcellement à l'infini des doctrines, la dispersion et l'anarchie des esprits. Parcourez par l'imagination quelques-uns des cercles les plus distingués que nous offre la société contemporaine : voyez quelle bigarrure d'opinions ! Par suite des révolutions intellectuelles et aussi des révolutions politiques qui ont agité le siècle et plusieurs fois renouvelé la société française dans sa mobile surface et jusque dans ses profondeurs, il est arrivé que les hommes sont séparés non plus par des nuances en politique, en philosophie, en religion, mais par des abimes. Cette divergence radicale amène à sa suite plusieurs résultats singuliers dont le premier est que toute discussion vraiment élevée et sérieuse devient impossible. Ces opinions si diamétralement opposées les unes aux autres sont pourtant forcées, par un heureux effet de la sociabilité moderne, de vivre dans l'apparence d'un bon accord ; mais qui ne comprend que cet accord éphémère n'est qu'une trêve tacitement consentie de part et d'autre par deux opinions qui savent vivre sur le terrain de la banalité ? Dès que l'entretien s'élève, les questions irritantes surgissent de toutes parts. Or, de quoi peut-on parler là où l'on parle de tout, sauf de politique, de religion et de philosophie ? Reste la littérature ; mais la littérature, à moins de n'être rien, n'a-t-elle pas ses mille nuances politiques, philosophiques et religieuses ? A cela près, la conversation est libre ; elle a un champ illimité, sauf ces points réservés qui sont tout. Remarquez bien qu'on n'essaye même plus de convaincre les autres. On se sent séparé par de telles distances qu'on ne tente plus de combler les intervalles. Il faudrait pour cela au moins quelques principes conservés d'un commun accord au-dessus de la controverse, et qui permettraient, sinon de s'entendre, au moins de se comprendre. Aujourd'hui où sont-ils ces points de repère dans l'infini mouvant des opinions humaines ? Les idées ne sont plus les mêmes, les mots n'ont plus le même sens. Quand des hommes se trouvent jetés ainsi aux deux extrémités et comme aux deux pôles de la pensée, ils ne parlent plus le même langage, ils ne sont plus du même pays intellectuel ; tout point de contact manque à leurs idées. Dès lors ils évitent sagement ces vaines rencontres dans un champ de bataille illimité, où leur victoire éphémère serait aussi inutile qu'une défaite, puisqu'il reste à l'adversaire vaincu l'infini de l'espace en échange du terrain qu'il aura perdu.

Ce qui sépare les intelligences aujourd'hui, c'est donc la contradiction absolue. Toute discussion s'éteint devant une négation radicale. Une autre conséquence non moins triste c'est que toutes ces forces intellectuelles, divergentes à l'excès, courent risque de se perdre. Cette dispersion infinie les stérilise. Ou bien elles s'exagèrent, s'exaltent, s'enflent pour ainsi dire elles-mêmes dans l'ivresse d'un orgueil trop solitaire. L'infatuation arrive vite et facilement dans de pareilles conditions. On perd le sens de la mesure et celui de la réalité, dès qu'on ne rencontre pas en dehors de soi la seule contradiction qui soit utile, celle des intelligences avec lesquelles on se sent d'accord sur les points essentiels. — Ou bien on se décourage, ne rencontrant pas l'adhésion et l'appui dont on aurait besoin pour donner tout ce que l'on sent en soi-même, pour produire au dehors cette part d'inconnu qui restera peut-être un douloureux secret. Au contraire unissez par l'imagination ces forces autour d'un centre commun, et voyez comme elles deviendront à la fois puissantes et sages, puissantes par cette union même, sages par cette discipline des justes contradictions, par ce contrôle assidu d'une libre et sympathique controverse, moins sur le fond des idées qui est le domaine propre de chacun que sur la manière de les conduire et de les appliquer au bien commun !

Cette division des esprits, poussée jusqu'à la contradiction, produit une dernière conséquence qu'il n'est pas sans intérêt d'examiner avec une attention toute spéciale. L'anarchie des idées a pour résultat inévitable dans le monde littéraire la confusion des rangs et le renversement de toute hiérarchie raisonnable dans le classement des réputations et des talents. Ici je voudrais bien que l'on ne se méprît pas sur ma pensée et que l'on ne profitât pas de quelque malentendu de mots, comme cela arrive trop souvent dans les polémiques contemporaines, pour me faire dire autre chose que ce que j'ai dit. Je ne me figure pas assurément les écrivains rangés d'après des lois fixes dans des bataillons, classés dans un régiment littéraire, chacun à son poste, à son rang, d'après la méthode de l'administration russe, qui distribue aux littérateurs de l'empire des grades correspondants à ceux de l'armée, fixés d'après la double règle du choix et de l'ancienneté. Toute intervention de ce genre, toute ingérence du pouvoir dans le classement des écrivains ne pourrait aboutir qu'à des résultats odieux ou ridicules. Laissons sans regret à la Russie le bénéfice de ce singulier tableau d'avancement. Il n'y a qu'une seule juridiction que les écrivains reconnaissent, celle de l'opinion publique. — A la bonne heure, mais encore faut-il, pour qu'elle puisse rendre des arrêts sérieux qui ne soient pas exposés à être cassés, que l'opinion publique soit vraiment libre, c'est-à-dire éclairée, libre des coteries, des partis pris, des misérables conjurations d'en bas. L'idéal serait qu'elle fût avertie et guidée par un tribunal suprême, composé d'esprits supérieurs qui, n'appartenant plus à la terre, n'auraient plus que d'impartiales raisons pour bien juger. A cette condition seulement, les sentences que rend l'opinion sur le mérite des écrivains auraient un prix absolu et la certitude de la durée. Mais ce n'est là qu'un rêve ; il faut voir les choses telles qu'elles sont et essayer seulement de faire prédominer la raison sur la passion dans la mêlée confuse des motifs d'où sortent les jugements de l'opinion publique.

Il y avait du moins quelque chance à ce qu'elle décidât d'une manière moins incertaine, quand il existait une élite de talents supérieurs, unanimement reconnus et consacrés par le respect public. On pouvait espérer que dans cette sphère élevée les petites passions auraient moins d'accès, que la hauteur même où l'opinion plaçait de tels hommes serait une garantie d'impartialité relative, enfin qu'il viendrait de là une direction plus élevée et quelques sages avis. Hélas! je ne prétends pas nier que cet espoir n'ait été souvent déçu, et que, dans ce tribunal même auquel à certaines époques l'opinion déléguait ses pleins pouvoirs, on n'ait jamais vu la passion régner à côté de la raison. Ces grands hommes, investis d'une sorte de dictature par la confiance publique, se sont montrés trop souvent hommes, je le sais, par leurs complaisances d'amitié, par la légère infatuation qu'amène le pouvoir absolu, par une certaine facilité à subir des influences qui n'étaient pas toujours d'un ordre purement littéraire. Tout cela est vrai : de là plus d'un jugement précipité que n'a pas sanctionné la génération suivante, plus d'une promotion arbitraire de talents secondaires, produits tout d'un coup en pleine lumière et retombés aujourd'hui dans l'ombre des rangs obscurs d'où ils n'auraient jamais dû sortir, d'où leur mémoire ne sortira pas. J'accorde à cet égard tout ce que l'on voudra : qu'il y ait eu bien des surprises et comme des abus d'autorité, d'inexplicables caprices, plus d'une iniquité à tout jamais regrettable, des dénis de justice à l'égard de quelques beaux talents méconnus que la postérité a remis à leur place. Soit ; mais dans l'ensemble il y avait pourtant une certaine raison générale qui fixait les degrés du mérite, une certaine justice littéraire qui, sans être infaillible, déterminait une hiérarchie assez plausible et sensée entre les réputations naissantes. En tout cas, dût-on être la victime des jugements de cette élite, du moins on n'éprouvait pas le même genre d'humiliation que si l'injustice était venue d'en bas, de ces régions où la jalousie règne de compagnie avec l'incapacité et l'ignorance.

Aujourd'hui que voyons-nous ? Nous n'apprendrons rien à personne en disant que c'est moins que jamais l'opinion éclairée, la raison publique qui distribue la réputation ; qu'à part quelques exceptions éclatantes de talents supérieurs qui finissent par dominer la foule, c'est le hasard qui se charge de ce délicat office, et qui s'en tire comme il peut. N'est-il pas avéré qu'à chaque instant on essaye d'improviser devant nous des réputations ridicules, d'établir des hiérarchies insensées de talents ? Que tout cela ne tienne guère, que le bon sens public, revenu de sa première surprise, renverse les idoles grotesques qu'on a voulu lui imposer, cela se voit chaque jour; mais ce qui se voit aussi, ce sont de nouvelles apothéoses substituées à celles dont l'opinion a fait justice. Des complaisants font ainsi, pour l'ébahissement du public, profession de découvrir chaque matin et de signaler aux mobiles adorations de la foule quelque célébrité inédite.

Tout cela n'est que plaisant. Voici qui est plus grave. Le premier venu ne se fait pas seulement aujourd'hui l'organisateur des réputations littéraires et le distributeur patenté de la gloire; le premier venu se fait en même temps, avec la même hardiesse, le fléau de Dieu, le destructeur des royautés littéraires le plus vaillamment conquises. C'est la contre-partie du tableau. On fait une telle consommation de louanges banales au profit des initiés de telle ou telle coterie, qu'il faut bien reprendre cela sur quelqu'un ou sur quelque chose. Ce ne sont pas seulement les travailleurs honnêtes et paisibles qui doivent payer les frais de cette prodigieuse consommation d'encens; on exerce des représailles sur les réputations qui semblaient le mieux à l'abri. On veut montrer son indépendance d'esprit en s'attaquant aux plus grands noms. On croit faire acte de talent en rabaissant des talents illustres. Cette émulation d'indépendance produit parfois des incidents comiques. On a vu des improvisateurs presque illettrés juger des systèmes que des vies d'étude et de méditation avaient édifiés à grand'peine. Ils n'ont pas l'air de se douter seulement, ces héros de la plume légère, du sourire qu'ils font naître sur les lèvres des lecteurs sérieux. Ils continuent intrépidement leur œuvre, sans qu'un ami charitable daigne les avertir qu'ils estropient à chaque trait les mots qu'ils écrivent ou les idées qu'ils touchent. Singulière entreprise, qui ne s'était jamais affichée aussi naïvement qu'aujourd'hui, d'écrire sans études et de parler sans pensée ! La première règle de bon sens ou de prudence autrefois était de ne parler que si l'on avait quelque chose à dire. C'en était une encore d'étudier les choses sur lesquelles on voulait écrire ; on a changé tout cela. L'heure presse et l'imprimeur attend, et puis qui s'en apercevra ? Il faut bien mépriser le public pour que l'ignorance infatuée s'étale avec cette effronterie, comme si elle était assurée de l'impunité.

On nous reprochera comme une servitude le culte des supériorités intellectuelles. On aurait tort. Il ne faut pas confondre le respect délicat et viril des grands talents et la docilité servile qui s'enchaîne à leur pensée. Ce que je voudrais voir rétablir, c'est uniquement le respect, qui n'est pas la docilité des idées, et qui reste parfaitement compatible avec la plus entière indépendance. Des adversaires habiles mêlent à dessein ces deux choses, espérant que le discrédit de l'une entraînera la ruine de l'autre. Ils ne se sont pas trompés dans leur espérance, et ce que nous avons vu souvent donne pleinement raison à leur calcul. Et cependant quel esprit sensé ne voit, en y réfléchissant un peu, combien ces deux choses diffèrent? Ne peut-on, même sans appartenir précisément à l'école d'un philosophe célèbre, tel que M. Cousin, honorer en lui la grandeur des inspirations, ces mouvements vifs de pensée, l'abondance et l'éclat des images qui venaient éclore sur ses lèvres, cette éloquence qui se soulevait de terre d'un mouvement si naturel et comme sur des ailes invisibles, cette flamme intérieure qui de l'âme de ce philosophe débordait dans ses yeux, dans son langage, dans ses gestes, et de là dans l'âme de ceux qui l'écoutaient? Niez l'école, j'y consens. Aussi bien n'y a-t-il pas d'école proprement dite en France depuis de longues années. Il y a des spiritualistes, où sont les éclectiques? — Mais sans être enchaînés dans les liens de l'école, sans jurer sur les paroles du maître, ne peut-on admirer impunément l'étendue et la puissance de cette intelligence et surtout cette prodigieuse activité qui jusqu'à la dernière heure d'une longue vie n'a connu que deux passions, celle du travail et celle de la pensée ? En vérité, si nous ne défendons pas cette dernière grandeur, celle de l'esprit contre la barbarie, que nous restera-t-il donc à honorer ?

Tout me le fait croire, il n'y aura plus de longtemps de ces grandes autorités de doctrine ou de talent qui s'imposaient à toute une génération, qui étaient comme d'éclatantes lumières placées sur des hauteurs, et de là rayonnaient sur de vastes régions intellectuelles, sur des parties entières d'un siècle. Avec le zèle égalitaire qui règne là même où la nature ne l'a pas établi, dans l'ordre des intelligences, je doute fort qu'il s'établisse de nouveau quelqu'une de ces souverainetés consenties par l'admiration du public et par le respect des écrivains. J'ai tâché de faire comprendre les causes diverses de cette révolution, désormais accomplie. Ces causes sont la frivolité des goûts, l'absence de sérieux et de foi littéraire, par conséquent de noble curiosité et d'enthousiasme, et, dans les régions du monde où l'on pense encore, la contradiction absolue qui sépare les hommes en politique, en religion, en philosophie, le morcellement et la dispersion des opinions à l'infini, qui empêchent les grands talents (s'il y en a encore) de faire reconnaître leur supériorité et de fonder un établissement durable sur ce sable mouvant, sur cette poussière d'idées sans cohésion et sans ciment, parmi cette population croissante d'écrivains sans études et sans pensée, acharnés à détruire ce qui s'élève par ses propres forces, de la même main qui chaque jour édifie des réputations fantastiques.

Eh bien! sachons accepter les conditions nouvelles de la vie intellectuelle, telles qu'elles sont, sans illusions et sans découragement. Chacun de nous n'aura plus à compter que sur lui-même. Soit : qu'il ne compte que sur lui, qu'il renonce à l'appui extérieur qu'il pouvait trouver pour le développement de son talent ou de ses idées dans ces grandes autoritées disparues. Qu'il s'habitue à vivre au milieu de la lutte et sans autre force que celle qu'il tirera de ses convictions personnelles. C'est une de ces situations, comme il y en a beaucoup dans l'histoire, amenées par de regrettables circonstances, et dont il est possible de tirer parti pour son perfectionnement et son progrès. — Et si nous avons besoin absolument d'un appui extérieur à notre faiblesse, si nous ne nous sentons pas assez fortement trempés pour affronter seuls les grandes luttes philosophiques et les épreuves suprêmes que le siècle tient en réserve, ne demandons ce secours et cet appui qu'au public lui-même, au grand public. Travaillons sous son regard et n'aspirons qu'à ses récompenses. Cherchons notre succès dans cette opinion générale qui n'est, à vrai dire, que la raison d'un temps et d'un pays. Elle peut être plus ou moins longtemps égarée, fascinée, séduite ; elle peut tomber dans des piéges indignes d'elle et subir des prestiges funestes ; elle a ses troubles momentanés et ses obscurcissements, ses défaillances et ses langueurs. Nous l'avons vue passer par de singulières alternatives d'inertie et de violence, paresseuse et fantasque, faisant aujourd'hui à certains écrivains ou à certaines idées des succès dont elle rougira demain, inexplicable pour elle-même, s'agitant par brusques secousses, au lieu d'avancer droit devant elle. Et malgré tout n'en désespérons pas. Il se peut déjà qu'une partie de l'histoire intellectuelle que je viens de mettre sous les yeux de mes lecteurs soit en train de devenir de l'histoire ancienne. A certains symptômes vagues encore, on dirait qu'il y a comme un effort du goût public pour se réveiller de sa longue torpeur. Ces étranges défaillances ne peuvent pas durer. L'espoir nous vient de ce même côté d'où les alarmes sont venues à beaucoup d'honnêtes gens, du côté des luttes philosophiques et religieuses. Il y a vers ce point de l'horizon de tels combats en perspective que l'opinion devra forcément s'y intéresser, et finira par y prendre parti. Peut-être aussi le réveil de la vie politique, que tout nous fait pressentir, aura pour résultat d'assainir l'atmosphère intellectuelle en substituant aux curiosités malsaines de nobles ambitions, en excitant dans les esprits des ardeurs et des passions qu'ils ne connaissaient plus. Ce qui est à craindre, ce n'est pas le mouvement, même en sens contraires, c'est la léthargie. Le grand mal n'est pas la lutte, c'est l'indifférence. Quant à moi, je veux espérer et j'espère. Une fois revenue de cette crise, l'opinion finira par se reconnaître elle-même, se démêler de ses incertitudes et nous donner raison, si vraiment nous avons pour nous la raison. En tout cas, elle saura reconnaître de quel côté auront été, dans le grand combat du siècle, la science sincère et la probité intellectuelle. Elle sera sans pitié pour ceux qui l'auront trompée, pour ceux qui lui auront manqué de respect en lui présentant les illusions du talent sans travail et les prestiges de la fausse science. Elle honorera, de quelque côté qu'ils viennent, ceux qui ne l'auront jamais entretenue, au milieu même des railleries, que de nobles et sérieuses pensées, d'art et de vérité, ceux enfin qui, dans cette atmosphère glaciale de l'indifférence publique, auront su garder au fond de leur âme la flamme pure des idées.

TABLE DES MATIÈRES.

I. Le Suicide dans ses rapports avec la Civilisation...... 1
II. L'Hygiène morale; ses principes et et ses règles..... 105
III. La Direction des âmes au XVIIᵉ siècle............... 145
IV. M. de Lamennais d'après sa Correspondance........ 205
V. Les Misères d'un Dieu. — Henri Heine d'après sa Correspondance............................. 249
VI. Les Mœurs littéraires du Temps présent........... 335

Impr. générale de Ch. Lahure, rue de Fleurus, 9, à Paris.

www.ingramcontent.com/pod-product-compliance
Lightning Source LLC
Chambersburg PA
CBHW070439170426
43201CB00010B/1158